JN416325

《욥기》

주 석

욥 기

순전한 사람, 욥
더욱 깊은 그리스도인의 삶에 관한 해석과 묵상

잔느 귀용 지음
이아미 옮김

순전한 나드
PURE NARD

JOB

by Jeanne Guyon

Published by The SeedSowers
P.O. Box 3317 Jacksonville, FL 32206

2f 16, Eonju-ro 69-gil Gangnam-gu, Seoul, Korea

욥기 주석

지 은 이 잔느 귀용
옮 긴 이 이아미

초판발행 2008년 9월 22일
5쇄발행 2019년 3월 29일

펴 낸 이 허 철
펴 낸 곳 도서출판 순전한 나드
등록번호 제2010-000128
주 소 서울 강남구 언주로69길 16, (역삼동) 2층
총 괄 허현숙
도서문의 02) 574-6702
Fax. 02) 574-9704
홈페이지 www.purenard.co.kr
인 쇄 처 예원프린팅

ISBN 978-89-6237-022-5 03230

주 석

욥 기

순전한 사람 욥
더욱 깊은 크리스천의 삶에 관한 해석과 묵상

차 례

발간사

우리는 이 책의 존재에 대해 전혀 몰랐다. 1880년대에 잔느 귀용의 성경 주석서 여섯 권이 영어로 출간되었다. 최근까지 우리는 그것들이 영어로 출간된 그녀의 주석서 전부라고 생각했다.

이 책은 1915년에 출판된 욥기 주석이다. 미국 내 모든 도서관에 소장되어 있는 고서(古書) 목록에 이 책이 포함되어 있지 않은 것으로 보아, 한정판으로 아주 적은 수량만 출간되었던 것이 분명하다.

우리가 대여받은 욥기 사본은 매우 상태가 양호했을 뿐 아니라, 문체가 명확하고 현대적이었다. 그래서 우리는 전문을 추가하거나 감하거나 변형시킴 없이 그대로 재판(再版)하기로 결정했다.

SeedSowers(출판사 발행인)

소개하는 말

창조 이래로 하나님께서 택하신 사람들이 있었고, 하나님께서는 이따금씩 당신의 위대하고 특별한 목적을 위해 그들을 세우셨다. 그들 가운데 결코 작지 않은 자로 잔느 귀용이 있다. 그녀의 출생지는 프랑스 남부에서 오십 마일쯤 떨어진 몬테그리스이며, 결혼 전 이름은 잔느 메리 부비에 드 라 모쓰(Jeanne Marie Bouviere De La Mothe)다. 많은 영혼들에게 사랑받고 있는 잔느 귀용의 저서는 40여 권에 이르는데, 그녀의 '인생', '시 모음집', '해명들', 그리고 다양한 분야의 저서들이 20여 권을 차지한다. 그러나 그녀의 삶에서 가장 위대한 업적은 20여 권에 이르는 4*6판짜리 성경 주석일 것이다.

가톨릭 집안에서 태어난 그녀는 유일한 참 가톨릭이라고 여기던 사도 교회(Apostolic Church)의 의례와 제도를 늘 존중했으며, 사도 교회의 의례를 경건하게 준수함에 있어 모범적이고 열정적이며, 일관되게 행하는 것이 마땅한 도리라고 생각했다. 그러나 교회와 성직자들, 신부와 고해성사자들 사이에 만연한 부패와 남용을 보고 괴로워했다.

우리가 그녀를 존경하는 것은, 스무 살부터 생을 마감할 때까지 50여 년의 인생 여정 동안 순전한 마음과 삶으로 하나님을 섬겼기 때문이다. 창조주를 향한 그녀의 뜨거운 사랑은 한결같았다. 그녀의 삶을 보면 다음이 뚜렷하게 나타난다. 그리스도인의 체험, 복음의 단순성과 영성의 혁신적인 진보, 거룩한 삶으로의 성장과 성숙, 급박한 위험 가운데서 인간적 혹은 노예적 두려움에서 벗어남(극심한 박해가 홍수처럼 맹렬히 몰아칠 때도 그녀는 움츠러들지 않았다), 박해에 직면할 준비, 그녀가 믿는 하나님은 모든 것에 충만하시다는 거룩한 신뢰, 하나님을 위해서라면 기꺼이 고통받겠다는 마음가짐, 그리고 그 가운데서 보여 준 인내와 평안, 기쁨은 이런 것들이 흘러나오는 거룩한 '샘(Spring)'이 존재한다는 확실한 증거가 되었다.

그녀의 글들과 순전한 삶에 많은 이들이 그녀에게 이끌림을 받았고, 이는 가톨릭 교회의 성직자들과 주교들의 시기심을 자극했다. "잔느 귀용은 전 세계적으로 새로운 교리의 선생으로 간주되었다. 새로운 것들은 모두 의심을 받던 그때, 그녀를 반대하는 외침이 일반적이게 될 것은 예상할 수 있는 일이었다. 교리뿐만 아니라 그녀의 성품도 공격을 받았다." 그녀는 '해명들'(Justifications)이라는 일련의 글들을 통해 자신의 견해를 설명하려고 시도했다. 이 작업에서 그녀는 체험적 신앙을 주제로 삼고 있는 수많은 저자의 글을 인용하면서, 자기의 글들을 지탱하고 정당화하기 위해 노력했다. 그녀가 인용한 저자들에는 세일즈의 성 프랜시스, 토마스 아 캠피스, 성 버나드 등이 있다. 하지만 그녀에게 반대하는 교회의 분노가 일어났고, 그녀는 자신의 글들을 철회하든지 아니면 감옥에서 길고 비참한 세월을 보내며 벌을 받든지 해야만 했다. 그녀는 후자를 선택했다.

거룩하고 신성한 잔느 귀용은 1695년 9월 27일에 빈센느에 있는 감옥에 수감되었는데, 그 후 바지라드에 이어 바스티유에 1705년까지 투옥되어 있었다. 잔느 귀용을 반대하는 모든 절차가 1700년에 종결되고, 같은 해에 그녀의 해명이 이씨(Issy)에서 선포되었음에도 불구하고 5년이나 더 수감되어 있었던 것이다(이씨 레 물리노 Issy-les-Moulineaux 프랑스 파리 근교에 있는 도시로, 파리 경계선에 접해 있다-역주). 바스티유 감옥에서 풀려난 그녀는 고향으로 돌아갔고, 생의 마지막 열두 해를 블루아(Blois) 지방에서 보냈다. 말년에는 석 달간 심각한 질병에 시달렸는데, 딸인 푸켓 백작 부인이 파리에서 데려온 유능한 의사의 처방에 잠시 차도를 보였다. 그러나 의사가 떠나고 이틀 만에 두 배로 악화되어 폐와 목이 치명적인 염증으로 부어올랐고, 음식물이라도 섭취하려고 하면 극심한 통증을 일으켰다. 딸이 잔느 귀용이 숨을 거둘 때까지 그 곁을 지켰다고 한다.

잔느 귀용의 생애를 통해 우리가 예상할 수 있듯이, 그녀는 온전한 쉼과 평안 속에서 무덤에 안장되었다. 그녀는 자신의 영혼을 하나님께 드렸고 하나님은 그녀를 받아 주셨다. 살아 있는 동안 그녀의 비전 위에는 구름이 덮인 적이 없으며, 그녀의 충만한 소망과 기쁨을 흔들리게 하는 의심도 전혀 찾아볼 수 없었다. 1717년 6월 밤 11시 30분에 잔느 귀용은 69세를 일기로 세상을 떠났다.

잔느 귀용은 자신의 수고로운 삶에서 안식을 누리고 있으며, 그녀의 글과 연구는 그녀를 따를 것이다.

'성서의 주석' 이라고 불리는 일련의 광범위한 영적 해석의 기원에 대해 그녀는 다음과 같이 설명한다.

> 나는 성경을 읽으라는 감동을 받았습니다. 성경을 읽는 내내 내 안에 채워져야 할 어떤 공허함도 발견되지 않을 때가 있었습니다. 읽기 시작하면, 내가 읽은 구절을 쓰게 되었고, 동시에 그것의 해석이 깨달아졌으며, 상상을 초월하는 탐험을 하면서 그 해석들도 함께 적어 나갔습니다. 내 안에 빛이 부어졌고, 이전에 알지 못하던 지혜와 지식의 보물들이 내 안에 있음을 발견했습니다. 글을 쓰기 전에 나는 내가 무엇을 적게 될지 몰랐습니다. 글쓰기를 마친 후에는 내가 무엇을 썼는지를 기억하지 못했습니다. 나는 이러한 지혜를 영혼들을 돕기 위하여 임의로 사용할 수 없었습니다. 하지만 내가 그들에게 이야기할 때에, 내 생각은 조금도 첨가되

지 아니한, 그들에게 필요한 모든 말을 하나님께서 나에게 주셨습니다. 그리하여 주님께서는 내가 성경을 계속 해석할 수 있게 해 주셨습니다. 나는 성경 외에는 다른 책이 없었고, 성경 외에 다른 것을 사용하지도 않았습니다. 그리고 그 외 어떤 것을 찾아본 적도 없습니다.

구약 성경에 대하여 쓸 때에, 내가 말한 것을 뒷받침하기 위해 신약의 구절들을 사용했는데, 그것들은 내가 찾은 것이 아니라 나에게 해석과 함께 주어진 것들입니다. 그리고 신약을 쓸 때에는 구약의 구절들을 사용했는데, 그것 역시 내가 찾은 것이 아니라 같은 방법으로 나에게 주어진 것입니다. 나는 밤 시간 외에는 거의 글을 쓸 시간이 없었기에, 한두 시간 밖에는 잠을 자지 못했습니다. 주님께서 나로 하여금 정확하고 분명하게 쓰게 하셨기에, 그분께서 기쁘게 명령하실 때면 나는 쓰던 것을 멈추고 새로 시작하곤 했습니다. 종종 낮에 쓰다가 갑자기 다른 일이 생기면, 나는 단어를 완성하지 못한 채로 두어야 했고, 나중에 주님께서 기뻐하시는 단어를 주셨습니다. 내가 쓴 것은 나의 머리에 있지 않았습니다. 나의 사고와는 자유롭고 무관한 것이었습니다. 만약 내가 어떤 묵상에 나만의 방법을 썼다면 나는 벌을 받았을 것이고 쓰기를 계속할 수 없었을 것입니다.

그런데 가끔 거룩한 성령님께 충분히 집중하지 못하는 경우가 생겼고, 그로 인해 성령님께서 조명해 주시는 감화와 움직임 없이도 내가 잘 쓰고 있다는 생각을 하게 되었습니다. 그럴 때면 나는 아름답고 일관된 부분과 맛도 감동도 없는 부분을 쉽게 구별할 수 있었는데, 그것은 하나님의 영과 사람이나 자연의 영과의 차이에 따른 것이었습니다.

나는 계속해서 놀라운 손놀림으로 글을 써 내려갔습니다. 내 손이 성령님께서 불러 주시는 것을 받아 적기 위해 가까스로 그 속도를 따라갔기 때문입니다. 한 작업의 전체 진행 과정이 아무리 길어도, 나는 결코 쉬지 않고 받아 적었고, 성경 외에는 다른 책을 사용하지 않았습니다. 필사자가 아무리 노력해도 내가 단 하룻밤에 쓴 것을 닷새 동안에도 다 베껴 쓸 수가 없었습니다. 낮 시간에는 나를 찾아오는 사람이 너무 많아서 음식 먹을 시간조차 없었습니다. 그럼에도 불구하고 나는 수차례 천상의 방문을 받았고, 하루 반나절 동안 '성가들'(Canticles: 성경 문구에 곡을 붙인 것 – 역주)을 썼습니다.

여기에 덧붙이자면, '사사기'의 많은 분량이 어떤 이유에서인지 분실되었습니다. 하지만 나는 그것을 제출해야 했기에 그 부분을 새로 써야만 했습니다. 그리고 오랜 시간이 지난 후에 아무도 상상하지 못한 곳에서 잃어버렸던 부분을 발견하게 되었고, 정통하고 정직한 이들이 새로 쓴 것과 나란히 두고 수고롭게 비교하고 조사한 결과 그 둘의 내용은 완벽하게 일치했습니다.

잔느 귀용이 사용한 성경책은 라틴어 성경의 프랑스어 번역판이었으며, 우리가 사용하는 것과 몇 가지 점에서 차이가 있다.

사상이 비옥하고 표현이 아름다운 그녀의 시들은 이루 말할 수 없을 정도로 빼어나며, 다른 책에서는 좀처럼 찾아볼 수 없는 복종과 헌신의 영을 내뿜는다. 여기에 카우퍼(Cowper)가 번역한 몇 구절을 인용한다.

긴 슬픔의 구덩이에 빠진 나의 영혼을
사랑하는 당신의 손에 드리네
두려움의 잔재 없어라
그분의 손은 내 눈에 흐르는 눈물을 닦아 주시며

즐겁고 반가운 미소로
떨어지는 눈물방울들을 바꾸어 준다오

나의 유일한 소유물은 당신의 사랑
이 땅 아래와 위로 하늘에서도
내게는 당신 외에 다른 창고가 없네
내가 타는 듯한 갈망으로 기도할지라도
밤과 낮으로 끊임없이
간구하는 것은 그것뿐이라네

길을 잃고 방황할 때
모든 길에서 슬픔이 나를 따르네
변치 않는 친구,
나의 고통이 커져갈 때
당신의 칭찬이 나를 만족시키거늘
슬픔은 그저 서 있거라!

당신과 나의 선택은 똑같은 하나여라
그 거룩한 불꽃의 격려자,
영원토록 활활 타오를지라!
십자가를 지고 당신을 따르오리니
사랑과 의무가 안내하는 곳에
나의 분깃과 찬양이 있을지라

여러분, 할 수만 있다면 오직 하나님의 뜻을 행하고 고통당한 잔느 귀용의 고귀한 본을 따라 살아갑시다. 그리하여 마침내 정의의 아들 곁에서 그분의 빛으로 인하여 더욱 밝아지면서, 그 빛이 결코 사그라지지 않고 영원히 빛날 존귀한 무리에 그녀와 함께 우리도 속할 수 있도록 합시다.

M. W. 러셀 여사(영문 번역가)

서 문

욥기는 논쟁의 여지 없이 성경에서 가장 신비로운 책 중 하나입니다. 우리는 욥기에서 하나님께서 기쁨으로 모든 종류의 부유함을 부어 주신 한 사람을 발견하게 됩니다. 그는 개인적 차원을 떠나 모든 세대들 가운데 선택받은 가장 훌륭한 영혼들 중에서도 칭찬받을 만한 대표적인 인물입니다. 또한 하나님께서는 그에게 가장 특별한 은총을 부어 주셨습니다. 욥은 그가 거주한 지역에서 가장 탁월한 영혼들 중에서도 칭찬받을 만한 대표적인 인물이었습니다.

성경에서 욥기보다 내면의 상태가 더 자연스럽게 묘사된 곳은 없습니다. 우리는 욥기에서 한 사람이 내면에서부터 들어 올려지는 모습을 보게 됩니다. 하나님께서 어떻게 그에게 축복으로 관을 씌우셨는지, 그리고 그가 들어 올려진 상태에서 어떻게 추락하게 되었는지, 반드시 통과해야 하는 과정으로 내면과 외면이 모두 벗겨진 후 그의 영혼이 어떻게 크나큰 낙망에서, 즉 모든 본성적 특성에서 더욱 구원받고 정결하게 되어 훨씬 더 풍성한 은혜 안에서 다시 세워지게 되었는지 그 모습을 봅니다.

나는 서문에서 욥이 대표하는 모든 것을 설명하지는 않겠으나, 그가 실재했던 사람이라는 것을 분명히 말하고 싶습니다. 그는 온갖 축복을 다 받은 사람이었습니다. 그는 하나님의 은총에 존경스러운 방법으로 보답했으며, 내적인 사람의 가장 핵심이 되는 정직함과 단순함을 지니고 있었습니다.

욥은 그의 가정에서 하나님의 마음을 상하게 하는 일이 일어나지 않게 하려고 자녀들이 매우 순결한 방법으로 함께 모여 기쁨을 나눈 후에도, 하나님께 제사를 드렸습니다. 자녀들이 그 기쁨에 조금이라도 마음을 빼앗기는 일이 없이 순전하게 보존되게 하려는 것이었습니다. 욥은 자녀들이 그들이 받은 모든 좋은 것들에 대하여 하나님께 영광을 돌리지 않고, 하나님을 잊을까 두려워했습니다.

사람에게 합당한 의로움과 거룩함의 수준에서, 욥은 의롭고 거룩한 사람의 가장 완전한 초상임에 틀림없습니다. 욥은 늘 눈에 띄는 은혜 속에 거했으며, 하나님의 은총과 많은 선물을 받았습니다. 그럼에도 불구하고 이 의롭고 거룩한 사람은 성경을 통틀어 또 다른 예를 찾아보기 힘든 이상한 방법으로 시험을 받고, 훈련받고, 정결하게 되어야만 했습니다.

이토록 거룩한 사람도 하나님의 훌륭한 사람이 되기 위해 이와 같이 호된 시련을 겪어야 했다면, 하나님께서 택하신 자들을 같은 방법으로 다루신다는 것에 우리가 왜 놀라야 하겠습니까? 시련이 다소 혹독하고 크고 긴 것에는 사람들마다 타당한 이유가 있을 것입니다. 즉, 그들의 올바름에 대한 확고한 만족, 완고하고 옹졸한 기질, 벗겨짐을 당하고 자신의 전부를 잃는 것을 허락하지 않으려는 마음 등 그들이 깨어질 만큼 충분히 준비되지 못했기 때문일 수도 있지만, 그것뿐만 아니라 하나님께서 사람들에게 관심을 갖고 그들을 만들어 가실 때일 수도 있습니다.

내가 영혼이 굴복하는, 극심한 비참함을 보여 주는 시련에 대해 말할 때, 여기에 고의적으로 짓는 온갖 종류의 죄는 제외된다는 것을 분명하게 밝혀 둡니다. 왜냐하면 유혹이 얼마나 강하든지 간에, 사람은 결코 고의적으로 죄를 지어선 안 되기 때문입니다. 생각이 어두워지고 하나님께서 사탄에게 내어 주신 힘이 너무 커서 사람이 악에게 고통당하는 것이 하나님의 뜻처럼 보일 때가 있는 것도 사실이지만, 그럼에도 이는 고의적으로 죄를 짓는 것과는 거리가 멉니다.

욥은 오히려 고통당하는 모든 원인을 하나님께로 돌리는 것을 보게 됩니다. 그는 완전히 단념하며 하나님의 손에서 그 고통을 받습니다. 그리고 "좋은 것들이 주님의 손에서 왔는데, 왜 그분으로부터 악한 것들은 받으면 안 되는가?"라고 말합니다. 우리는 하나님께서 주신 자비의 충만하심 가운데 기쁨으로 채움 받았으니, 고통 속에서도 기뻐합시다. 하나님은 그분께 속한 것이지만 우리가 지각없이 우리의 것으로 삼은 것들을 다시 찾으셔서 당신에게 공평을 행하십니다. 또한 오직 우리에게 속한 것만 남겨두심으로 우리에 대하여도 공평하게 행하시고, 그것을 통하여 우리가 어떤 존재인가 보게 하십니다.

여기에서 욥이 인내심 없는 자처럼 보일 수 있지만, 실제로는 조금도 그렇지 않습니다. 욥은 그가 받은 재앙이 그릇 행함과 죄 때문이라고 믿고 있는 친구들에게 맞서서 하나님의 동기를 고수하기 위해 일어섭니다. 친구들의 주장과는 반대로, 욥은 그 시련들이 자신의 무죄와 자신이 하나님을 기쁘시게 한 자임을 알리는 가장 확실한 표시라는 것을 보여 줍니다. 한 천사가 토비트(Tobit)에게 말한 것처럼 말입니다(토비트 12:13, 토비트서는 구약 외경으로, 토비트는 이 책의 주인공이며 유대인이다-역주).

욥이 자신을 방어한 것처럼 보일 수 있지만, 실제로 그는 의로우나 유혹을 받으며 고통받는 자들의 동기를 변호한 것입니다. 그러므로 욥은 자기 자신을 생각하지 않았습니다. 욥이 자신에게로 돌아가려는 것처럼 보일 때에는, 매우 깊은 겸손과 자신의 비참함에 대한 예리한 감각을 가지고, 예언자로서 말한 것이 분명합니다.

하나님께서는 엄청난 재앙의 무게로 욥을 짓누르신 후에도 여전히 욥에게 맞서 그의 원수들의 편을 드시는 것처럼 보입니다. 하지만 만약 하나님께서 그러한 방식으로 욥의 비탄을 충만한 분량대로 끝까지 가득 채우려 하셨다면, 그분은 거기서 종지부를 찍으셨을 것입니다.

그러나 하나님께서는 욥에게서 가져가신 것을 갑절로 되돌려주십니다. 이것은 부활의 상태를 아름답게 묘사한 것입니다. 성경은 이 주제에 관해 거의 언급하지 않습니다. 왜냐하면 첫째, 그 빛 속에서 빛을 보며 부활에 이른 자들은 약간의 지도가 필요하며, 더욱이 그들이 이것에 관해 들을 수 있는 것보다 더 많은 경험을 하기 때문입니다. 둘째, 하나님의 계획하심을 따라 단계를 밟아 나가면서 정결해질 만큼 충분히 하나님을 순수하게 사랑하는 영혼의 수가 너무 적어 부활의 상태에 도달한 이가 극히 드물기 때문입니다.

이 책은 반드시 진실로 영적이며 이미 이런 경험으로 나아간 자들만 읽어야 합니다. 그러면 욥과 그의 행복한 결말처럼 감탄할 만한 사례를 통해 위로와 지지를 받을 수 있을 것입니다. 만약 내가 잘못 해석한 것이 있다면, 현명한 분들께서 고쳐 주시도록 맡겨 드립니다. 나는 하나님의 영광과 거룩한 영혼들의 번영 이외의 것에는 관심이 없습니다.

사실 욥기서와 다른 많은 곳에 언급되어 있는 좁은 길을 통과한 영혼들은 매우 드물다는 것을 덧붙여 말씀드립니다. 하지만 죽어 가는 사랑의 모진 경험을 시험하는 것을 두려워하지 맙시다. 이 죽음은 몹시 짧고, 그 슬픔은 몹시 가벼우며(몹시 끔찍하게 보일지라도), 반면에 그것이 낳는 축복은 대단히 크고 광대하며 무한합니다. 그리하여 이를 이해하기만 한다면, 백 배나 더한 고통도 그것들을 감수하기에 아무것도 아닌 듯 보일 것입니다. 다만 약간의 용기와 충성과 정절이 필요할 뿐입니다.

오, 하나님을 순수하게 사랑하기 원하는 이들이여, 시도하십시오! 순교자들은 이 상황을 경험하지 않았다고 할 수 있습니다. 하지만 짧고 격렬한 순교는 다른 사람들 안에서 얼마나 더 길고 덜 상식적으로 이뤄질 수 있는가를 알려 주고 있습니다. 사도 바울도 자신이 순교의 고통에서 제외되지 않았음을 분명하게 말합니다.

잔느 귀용

욥 기

내면적 삶에 관한 이해와 묵상들

1장

1. 우스 땅에 욥이라는 사람이 있었는데, 그는 온전한 사람이요 마음이 정직하며 하나님을 경외하는 자였다.

이러한 성품은 하나님의 뜻을 따르고 그분을 기쁘게 해 드리는 자, 그리고 욥처럼 **온전**하고 **정직**하게 되기 위해 진실로 자기를 포기한 자의 참된 본질입니다.

온전함은 너무나 필요합니다. 다수가 아니라 단일을 지향하는 온전함이 마음 깊은 곳에 있어야 합니다. 그것은 변절하지 않는, 속이지 않는, 그리고 꾸미지 않고 아무것도 가장하지 않는 단순함입니다. 그리하여 내면과 외면 모두 온전한 것입니다.

욥은 오직 하나님만을 목적으로 삼고, 자기 자신이나 다른 피조물을 보기 위해 조금도 곁눈질하지 않았습니다. 그는 오직 범사에 하나님만을 바라본 내적으로 **의로운** 사람입니다. 그는 외적으로도 정직한 사람이었는데, 세속적인 이유로는 절대 아무것도 행하지 않으며, 어떤 두려움 때문에 하나님께서 그에게 바라시는 것에서 돌아서지도 않았습니다. 그는 다른 것은 생각하지 않았고, 오직 하나님 한 분만을 두려워했습니다.

6. 하루는 하나님의 아들들이 와서 여호와 앞에 섰고, 사탄도 그들 가운데 있었다.

하나님의 임재와 그분께 가장 소중한 무리들 속에 사탄이 있다는 것이 이상하지 않습니까? 사탄은 모든 길로 침투합니다. 영혼이 인간의 모든 본성적 특성에서 자유로워질 때까지 사탄이 섞일 수 없는 상태란 지극히 드뭅니다. 사탄을 드러낼 수 있는 것은 참된 하나님의 영 외에는 없습니다.

그러므로 하나님의 임재와 기도의 길로 들어서는 즉시 우리는 사탄의 유혹을 예상해야 합니다.

8. 여호와께서 사탄에게 말씀하셨다. "네가 내 종 욥을 유의하여 보았느냐? 세상에 그와 같이 온전하고 정직하여 하나님을 경외하며 악에서 떠난 자가 없다."

하나님께서는 이 구절에서 모든 곳과 하나님의 자녀들 가운데서 사탄을 찾을 수 있을지라도, **정직**하고 **온전**한 사람들 안에서는 사탄을 찾을 수 없다고 말씀하십니다. 사탄은 거리를 두고 하나님의 자녀들을 지켜볼 수는 있지만, 하나님의 명령 없이는 다가갈 수 없습니다. 하나님은 이 땅에 욥과 같이 정직하고 온전하여 하나님을 기쁘시게 하는 자가 없다고 말씀하셨습니다.

9. 사탄이 여호와께 대답했다. "욥이 어찌 까닭 없이 하나님을 경외하겠습니까?

10. 주께서 그와 그의 집과 그의 모든 소유물을 두루 보호해 주지 않으셨

습니까? 주께서 그의 손이 하는 일들에 복을 주셔서 그의 소유가 이 땅에서 더욱더 배가되게 하셨습니다.

사탄은 은혜가 달콤하고 축복이 풍성하여 우리가 능히 하나님을 섬기고 싶어질 때, 그분을 섬기고 하나님께 신실한 것보다 더 쉬운 일은 없다는 것을 잘 알고 있기 때문에 이런 식으로 말하는 것입니다. 우리가 안팎으로 **보호**받을 때 죄를 피하는 것은 쉽습니다. 이를 알기에 선지자이자 왕인 다윗이 자신의 입술에 파수꾼을 세워 달라고 구한 것입니다 (시 141:3).

하나님은 영혼을 안에서 **에워싸시고** 은혜의 기름부음으로 그 영혼을 **보호해** 주십니다. 그리고 밖으로는 하나님의 지혜로 그 모든 행실을 조정해 주시면서 인간의 본성적인 연약함을 지켜주십니다. 그러면 그 영혼은 덮어 놓은 샘, 우물(아 4:12)이 됩니다. 하나님께서 돌봐주시는 것들은 모두 **번성**합니다. 하나님께는 그분을 사랑하는 사람의 마음을 기쁘게 해 주시려는 것 외에 다른 갈망이 없는 것 같습니다. 하나님은 그러하신데 인간의 사랑에는 여전히 자신의 유익을 위하는 마음이 섞여 있습니다.

11. 이제 주의 손을 펴서 그의 모든 소유물을 쳐 보십시오. 그러면 분명 주님 앞에서 주님을 저주할 것입니다.

12. 여호와께서 사탄에게 말씀하셨다. "가라, 그의 모든 소유물이 다 네 권세 안에 있으나, 그의 몸에 손대는 것은 내가 허락하지 않는다."

사탄은 하나님께 **손을 펴서 욥의 모든 소유물을 치실 것**을 탄원합니다. 마치 이렇게 말하는 것 같습니다. "주님, 그에게 주어진 모든 축복과 그가 가진 모든 은혜와 은사들을 그에게서 전부 빼앗으십시오. 그는 대단히 많은 소유를 가지고 있으니, 당신께서 그렇게 하시자마자 인내심을 잃을 뿐 아니라, 당신께 보이던 복종을 버리고 반항심이 가득하여 당신을 대적할 것입니다. **당신 앞에서 당신을 저주할 것**입니다. 당신의 전능하신 뜻에 맞서 욕하는 것은 주님을 거역하는 것입니다."

사탄은 잘 알고 있습니다. 모든 것을 박탈당해서 순종하지 않는 것은, 하나님께 대항하는 심술궂고 신성모독적인 생각들을 야기한다는 것을 말입니다. 사람이 순종에 앞서 이런 조건을 다는 것은 이상하게 보이며, 실제로도 이상합니다.

그러나 이것은 곤고와 궁핍의 상태에서 우리 자신을 철저하게 버리지 않기 때문에 발생하는 것일 뿐입니다. 그 영혼이 너무 완강하기에 우리 자신을 전적으로 포기하는 것 외에는 이런 결과가 나타날 수 없고, 그리하여 결국 깨달음과 조명을 받지 못하게 되기 때문입니다. 하나님께서는 종들의 충성을 시험하시려고 사탄에게 당신의 종들을 외적으로 건드릴 것을 허락하십니다. 외적으로 벗겨지고 박탈당하는 것을 허락하시면서 하나님은 그들의 내면도 파헤치십니다.

13. 그리하여 하루는 욥의 자녀들이 맏형의 집에서 먹고 마시고 있었는데

14. 한 심부름꾼이 욥에게 와서 말했다. "소는 밭을 갈고 나귀는 그 곁에서 풀을 뜯고 있었는데

15. 갑자기 스바 사람들이 와서 그것들을 덮쳐 모두 끌고 가 버렸습니다.

그리고 칼날로 당신의 종들을 죽였는데, 나만 홀로 피하여 이렇게 주인께 고하러 왔습니다."

16. 그가 아직 말하고 있는데 두 번째 사람이 와서 말했다. "하늘에서 하나님의 불이 떨어져 양떼와 그들을 지키는 종들을 전부 태워 버렸습니다. 나만 홀로 피하여 이렇게 주인께 고합니다."

하나님께서 사탄에게 욥을 유혹하고 괴롭힐 수 있는 권세를 주실지라도, 저절로 발생하는 방식은 허락하지 않으십니다. **스바(기괴한 나라) 사람들이 갑자기 와서 밭을 갈고 있는 소와 멍에를 메고 있는 짐승들을 약탈해 갔습니다.** 약탈은 고행과 혹독한 선(善)의 훈련 성과와 사람이 자기 영혼의 땅에서 수고하여 일굴 수 있는 모든 것을 빼앗는 것을 상징합니다.

곁에서 풀을 먹는 나귀는 영혼이 낮은 차원의 훈련을 통해 얻게 되는 평온을 나타냅니다. 수고하여 땅을 경작할 수 있는 능력과 그러한 능력 안에서 사람이 누릴 수 있는 안식도 함께 빼앗기는 것입니다.

하나님께서는 내적인 영혼들을 돌보시기에, 내적인 것이든 외적인 것이든 사람에게서 가져가시는 모든 것에 대해 무지한 것을 허락하지 않으십니다. 만약 어떤 것이라도 그들에게 적대적으로 말하고 행해졌다면, 그 영혼은 그것을 반드시 알고 이해해야 합니다. 알려지지 않은 비방자는 어떤 방법으로도 우리에게 고통을 줄 수 없습니다. 우리는 우리가 상실했다는 것을 알 때 ,그 고통을 느낄 수 있습니다. 내면에 관해서도 마찬가지입니다. 우리가 상실에 대해 무지하면 우리는 손실을 느낄 수 없습니다. 그래서 하나님께서는 언제나 우리가 잃어버린 것들을 알게 하시는 것입니다.

후에 **하나님의 불이 하늘에서 떨어져 양떼와 종들을 불살라 버렸습니다.** 양들을 살라 버린 이 불은 내면의 순전한 사랑을 가리킵니다. 이 불은 우리가 하나님께 가지고 있는 즐거운 생각과 그분을 향한 우리의 부드러운 애정을 완전히 태워 버립니다. 여기서 한 불이 앞서 오는데 바로 하나님의 불로, 이 모든 것을 태우기 위해 오는 것입니다. 그렇기 때문에 하나님에 대한 즐거운 생각과 그분을 향한 우리의 애정을 잃은 영혼들은 하나님의 사랑을 잃는다고 생각합니다. 사실 사랑의 달콤함을 잃어버린 것이지, 사랑 그 자체를 잃은 것은 아닙니다. 왜냐하면 다름 아닌 하나님의 사랑으로 이 모든 것이 소멸되었기 때문입니다. 훨씬 더 깊은 사랑이 사랑의 달콤함을 빨아들인 것입니다.

이 불은 우리가 대단한 관용으로 행하는 구제 행위, 참회, 또 기도를 계속하게 하는 어떤 능력을 **불살라 버립니다.** 이 무자비한 불이 다 파괴합니다. 파괴된 것들은 다시는 회복될 수 없습니다. 이것이 바로 그 영혼을 가장 고통스럽게 만드는 것입니다. 왜냐하면 오직 빼앗긴 것만 다시 받을 수 있고, **불로 태워진 것**은 더 이상 찾을 수가 없기 때문입니다.

갈망, 좋아하는 마음, 그리고 기도와 구제, 참회 등을 행하고자 하는 생각까지도 빼앗깁니다. 이것은 선한 일을 행하게 돕는 종들과 같았습니다. 하지만 이제는 오직 한 종만 남았는데, 그는 그 영혼에게 손실을 알리는 지식이며 모든 쓰라림을 느끼게 만들 뿐입니다. 하나님께서는 먼저 욥의 외적인 축복들을 박탈하기 시작하셨고, 이어서 그와 가까이 있는 것들을 가져가십니다. 하나님께서는 내적인 영혼들에게 이 같은 방식으로 행하십니다.

17. 그가 아직 말하고 있을 때, 세 번째 사람이 욥에게 와서 말했다. "갈대아 사람들이 세 무리를 지어 갑자기 낙타들을 습격하여 끌고 갔습니다. 그리고 칼로 종들을 전부 죽였는데, 나만 홀로 살아 남아 주인

께 고하러 왔습니다.”

욥이 경험한 외적인 상실은 인내심이 깊은 사람들에게는 아주 사소한 일일 것입니다. 만약 하나님께서 계속해서 더욱 강력하게 그의 내면의 것을 빼앗아가지 않으신다면 말입니다. 우리가 외적으로 겪는 고통은 대개 내면의 고통들입니다. 질병과 재산 상실은 내면을 짓누르는 슬픔을 동반합니다. 이해할 수 없는 박탈을 너무나도 많이 경험했는데, 그가 회복하거나 숨 쉴 틈도 없이 연달아 타격이 가해집니다. 이것은 하나님께서 이토록 근심하도록 짓누르는 한 영혼에 대한 위대한 계획을 가지고 계심을 의미합니다.

세 무리의 갈대아 사람들은 영혼의 세 능력을 한꺼번에 공격하는 모든 유혹을 상징합니다. 그들은 영혼을 지탱시키고 자신 있게 행하게 하는 모든 것을 빼앗아 갑니다. 가장 먼저 총명(understanding)이 어두워지고, 신성에 대한 불손하고 거룩하지 못한 유혹으로 가득해지며, 악한 생각과 두려움, 비열함이 한꺼번에 모여들고, 의롭지 못한 만족과 죄에 대한 수많은 갈망, 그리고 이것들에 명백하게 동의하고자 하는 갈망이 일어납니다. 그러면 그 영혼은 눈이 멀어 고통을 받아들이고 더 이상 죄를 구별할 수 없게 되고, 모든 고통이 마치 죄처럼 보입니다. 게다가 이것은 기질적으로 무척이나 자연스럽게 마음의 특정 애착과 문제를 일으키는데, 마치 모든 행복을 파괴시키는 것처럼 보입니다.

18. 그가 아직 말하고 있을 때, 네 번째 사람이 욥 앞에 와서 말했다. “주인님의 아들딸들이 큰 아드님 댁에서 먹고 마시고 있는데,
19. 갑자기 광야에서 광풍이 일어나더니 그 집 네 모퉁이를 흔들었습니다. 그로 인해 집이 자녀분들 위로 무너져 그들이 모두 깔려 죽었습

니다. 나만 홀로 피하여 주인님께 와서 이렇게 고합니다."

여기서 욥에게 행하시는 하나님의 행사는 매우 감탄할 정도입니다. 하나님께서는 욥에게 어떤 휴식도 주지 않으십니다. 이어지는 타격이 너무나도 강하고 극심해서 욥은 숨 쉴 틈도 없으며, 그 공격은 점점 더 상상을 초월합니다.

말을 전한 이는 **강풍, 곧 큰 바람**이라고 말했습니다. 이는 마치 유혹의 큰 바람처럼 보이지만, 그 지역에 실재하는 매우 센 바람입니다. 이 바람은 지극히 황폐한 **거친 들**에서부터, 눈에 띄지 않는 믿음의 한복판에서, 그리고 가장 혹독한 모든 박해에서 옵니다. 이 바람은 예상할 수 없는 **힘**으로(이런 것은 우리가 전혀 생각지 않았을 때, 닥치기 때문입니다) 어느 하나 성한 것이 없도록 집 네 모퉁이를 쳐서 완전히 뒤집어엎어 버립니다. 무자비하게, 흔적도 없이, 이전에 그것이 기쁨을 주었던 만큼 훨씬 더 무섭게 오직 두려운 혼란만 있을 뿐입니다.

하나님이 사랑하시는 자녀들이 그 무게에 짓눌리고 폐허 아래에 묻혀 버렸습니다. 하나님께서는 언제나 가장 가벼운 시험을 시작으로, 가장 예민한 부분들을 건드리신다는 것에 주의하십시오. 신실하게 행해지던 선은 욥이 자녀들을 잃는 것으로 그 목적을 다한 것입니다. 선은 마치 기쁨의 집에 있는 것처럼 그 영혼 안에 있었고, 그 속에서 매우 즐거운 방식으로 존재했던 것 같습니다. 하지만 이제는 오직 더한 슬픔과 수치로 학살당하고 말았습니다. 오, 이것이야말로 욥이 받은 가장 기괴한 타격입니다! 선을 잃고 영혼 안에서 멸망당하는 것을 보는 것은 상실 중의 상실입니다. 오, 욥이여, 당신은 너무나도 기괴한 이 마지막 타격을, 다른 많은 것에 앞서 행해진 것을 어떻게 견딜 수 있었습니까?

20. **이에 욥이 일어나서 그의 옷을 발기발기 찢고, 머리털을 밀고, 땅에 엎드려 하나님을 경배하며**

21. **말했다. "내가 모태에서 맨몸으로 나왔으니 맨몸으로 그리로 돌아갈 것입니다. 하나님께서 내게 모든 것을 주셨고, 주께서 모든 것을 가져가셨습니다. 주께서 나에게 기뻐하시는 일을 행하셨으니, 여호와의 이름이 찬송을 받으소서."**

이때 욥은 그를 완전히 압도하는 타격을 받고 무기력한 상태에서 **일어났습니다.** 그리고 이러한 박탈 안에 있는 하나님의 뜻을 깨닫고, 하나님께서 행하신 것에 잠잠히 순종합니다. 난폭하고 거칠게 자기 자신을 괴롭히지 않았습니다. 오직 자기 **겉옷**만 찢었습니다. 그리고 **머리털을 민 것에서** 잘 보여 주듯이, 욥의 영혼은 자기의 우월함에 근거했던 모든 애착에서 해방되었습니다. 그는 자신을 아무것도 아닌 상태로, 그가 있어야 하는 곳, 즉 비참하고 미천한 **땅**에 엎드렸습니다. 그리고 하나님의 뜻에 전적인 항복과 온전한 복종을 드림으로 하나님을 **경배**합니다. 욥은 이미 벌어진 모든 일과 하나님께서 그에게 요구하실 수 있는 모든 것에 자신을 내어 드립니다.

욥의 역사는 모든 외적인 것들을 인내하는 거울로 우리에게 주어진 것입니다. 또한 우리에게 내면의 상태를 가장 잘 표현해 주는 본보기이기도 합니다. 우리 영혼이 통과해야 하는 박탈이고, 우리가 경험해야 하는 방식입니다. 경전 중에서 욥기보다 더 주목할 만하게, 신앙적으로 뒷받침하며 교훈을 주는 것은 없습니다. 모든 말씀을 숙고합시다.

지금까지 욥은 그의 고통을 말하기 위해, 불평하기 위해서는 입을 열지 않았습니다. 그는 고백합니다. **'내가 모태에서 맨몸으로 나왔으니 맨몸으**

로 그리로 돌아갈 것입니다.'

오, 인내심 강한 예언자여, 당신은 무슨 말을 하고 싶은 것입니까? 당신이 진정 어머니의 태 안으로 다시 들어갈 수 있습니까? 그렇습니다. 나는 새롭게 창조되어야 합니다(요 3:7). 만약 내가 새롭게 창조되지 못하면, 나는 하나님의 왕국에 들어갈 수 없습니다. 그렇다면 이 길이 무엇인지, 성장한 어른이 다시 모태 안으로 돌아가는 것이 과연 가능한 것인지 가르쳐 주십시오.

여기에서 **어머니**는 하나님이며 전멸(全滅, annihilation)입니다. 하나님께서는 인간의 모든 본질적 특성이 온전히 드러나는 상태로, 모든 축복의 벌거숭이 상태로 무(無)에서 우리를 창조하셨습니다. 그러므로 나는 무의 상태로 하나님 안으로 들어가야만 합니다. 내가 철저히 소멸되고 완전한 알몸이 되지 않으면 하나님께 들어갈 수 없습니다. 이 사실은 아직도 나에게 경험해야 할 다른 상실들이 많이 있다는 것을 깨닫게 합니다.

그러나 마지막에 잃은 것보다 더한 것을 당신이 잃을 수 있겠습니까? 당신은 당신의 모든 축복을, 당신의 자녀들과 외적인 모든 것들, 심지어 내적인 것까지 박탈당할 수 있습니까? 나는 아직도 나 자신을 포기해야만 하는 또 다른 희생을 치러야 합니다. 내가 모태에서 나왔듯이, 다시 모태로 돌아가기 위해서는 이것을 인내할 수 있어야 합니다.

그러나 나는 이것이 하나님의 뜻 안에 있기 때문에 만족합니다. 내가 가진 것을 내게 **주신 분**이 바로 하나님입니다. 나는 하나님의 뜻이 내 안에서 온전히 성취되는 것을 보는 것 외에 다른 갈망이 없기에, 그 분께서 원하시는 대로 **다시 가져가셔**도 만족합니다. 그리고 이 거룩한 의지는 내가 가질 수 있는 모든 것보다 나에게 더욱 가치 있는 것입니다. 그것이 아무리 불리하게 보일지라도, 하나님께서 행하시는 것과 하실 일로 인해 하나님을 **찬송합시다!** 이것이 박탈당함을 인내하는 진정한 방법입니다.

22. **욥은 이 모든 일에 그의 입술로 범죄하지 않았고, 경솔하게 하나님을 거스르는 말도 하지 않았다.**

이상하게 보이지만, 이러한 상태에서 영혼은 결코 죄를 지을 수 없습니다. 하나님의 뜻에 항복하고 복종하는 것에서 스스로 물러서지 않는다면 말입니다. 복종과 위탁에 머물러 있는 한 **범죄할 수 없습니다.**

2장

3. 여호와께서 사탄에게 말씀하셨다. "네가 내 종 욥을 잘 살펴보았느냐? 온 땅에 그와 견줄 자가 없으니, 그 마음이 온전하고 정직하며, 하나님을 두려워하고 악을 멀리하며, 계속해서 그의 순결을 지키는 자이다. 그럼에도 네가 나를 부추겨 까닭 없이 그를 대적하여 괴롭히게 만들었다."

우리의 유익을 위한 것인데도, 하나님께서는 어쩔 수 없이 우리를 **대적하시는**(쓰러트리시는) 것처럼 보입니다. 그분은 우리가 그분의 행복에 참여할 수 있도록, 오직 우리를 무한히 행복하게 하시려고 창조하신 것이 틀림없습니다.

하지만 첫 번째 사람 아담의 타락으로 인해 반역을 저지르게 되었고, 그로 인해 그를 위해 계획된 행복을 누릴 수 없는 상태가 되었습니다. 그를 다시 세우고 회복시키려면, 정반대의 과정을 따라야만 했습니다. 슬픔과 회개를 지극히 높으신 하나님께 다시 올라가기 위한 사다리의 발판으로 써야 합니다.

그러나 범죄한 자의 슬픔은, 비록 그의 회복을 위해 필요한 것이지만, 열매가 없습니다. 사람의 회개가 가치 있는 것이 되게 하시려고, 그리고 순결한 상태에서는 행복에 이르는 이 길이 죄를 범한 후에는 고통의 길이라는 것을 가르쳐 주시기 위해, 하나님 아버지의 독생자가 충만한 기쁨과 자원하심으로 자신을 큰 슬픔에 내어 놓으셨습니다.

하나님께서 **사탄에게 그의 종 욥을 칭찬하시는** 것은 그분의 무한한 선하심과 더불어 마음의 **순전함**과 **정직함**을 얼마나 높이 평가하시는지를 보여 줍니다. 그분은 욥이 많은 재앙과 박해 속에서도 **'여전히 자기의 온전함을 굳게 지켰다'** 고 덧붙이십니다. 이런 단계에 있는 사람들은 온갖 종류의 강력한 유혹이 속일지라도, 오히려 그로 인해 더욱 순결해집니다.

여기서 하나님께서 말씀하시는 어조로 우리는 욥을 시험하는 분이 바로 하나님이시며, 이러한 상황이 욥의 불신앙의 열매가 아니라는 것을 분명히 깨닫게 됩니다. 우리는 하나님이 정결하게 하시려고 고난을 주시는 모든 이들을 이와 같이 분별해야 합니다. 그들의 헌신이 부족해서라고 생각해서는 안 됩니다.

4. 사탄이 여호와께 대답했다. "사람은 언제나 가죽으로 가죽을 바꿉니다. 그리고 그는 자기 생명을 위해 모든 것을 버립니다.

이 말에는 매우 깊은 의미가 담겨 있습니다. 하나님께서는 심지어 원수의 입을 통해 처음에 얼마나 가혹하게 빼앗겼는지 또는 그 슬픔이 얼마나 극심했는지 상관없이, 결코 이어지는 고통과 비교하지 말라고 가르쳐 주십니다.

악이 외부에 있어 영혼 깊은 곳에 이르지 않는 한 그리고 소망이 남아 있어 하나님이 언짢아하지 않으신다는 어떤 안정된 확신이 있다면, 십자가의 길은 구원의 길이며, 우리가 소망하는 바로 그 구원이기에 수월하게 고통을 견뎌 냅니다. **영혼이 온전하고** 어떤 질병도 없는 것처럼 보인다면, 우리는 다른 것에는 아무 관심도 없습니다.

5. 그러나 이제 주의 손을 펴서 그의 뼈와 살을 쳐 보십시오. 그러면 그가 주의 면전에서 주님을 저주하는지 보시게 될 것입니다."

그러나 이 어둡고 교활한 영은 만일 하나님이 욥의 영혼 가장 깊은 곳을 건드리시면, 다시 말해 그의 육신에 손을 대시는 것처럼 그의 권세들을 치시면, 즉 그에게서 모든 축복을 빼앗은 후 질병이 몸에 가득하게 하시면, 그리하여 **뼈**와 같은 그의 중심까지 내려가시면, 욥이 **"틀림없이 주의 면전에서 당신을 저주하는 것을 보게 될 것"**이라고 말합니다.

사탄은 자신이 무슨 말을 하고 있는지 잘 알고 있습니다. 이렇게 극도의 흥분 상태에 있는 영혼은 하나님을 가장 사랑하고 있을 때 그분을 저주하는 것처럼 보이기 때문입니다. 이것은 그 영혼의 가장 큰 슬픔입니다. 사탄은 너무나도 적절하게 중심의 아픔을 뼈에 비유하고 있습니다. 분명 그것은 가장 깊은 곳을 관통하는 아픔이기 때문입니다.

6. 여호와께서 사탄에게 말씀하셨다 "가라. 그가 네 손 안에 있다. 그러나 그의 생명은 건드리지 마라."

이 말씀을 어떻게 이해할 수 있을까요? 악한 영은 오로지 생명만을 요구했고, 하나님께서는 그것을 허락하시면서 **"그의 생명은 해하지 말라"**고 말씀하셨습니다. 이것은 하나님께서 사탄에게 그의 외관에 부패를 일으키는 것을 완전히 허락하셨음을 의미합니다. 그러므로 이것은 그의 가장 깊은 곳을 관통하는 고통처럼 보입니다. 하지만 이는 오직 외관에만 한정될 뿐이며, 죄의 모양을 가지고 있으나 죄는 아닙니다. 이처럼 예수 그리스도는 사람의 모습으로 모든 죄를 짊어지시고 부패와 악취를 참아내야 하셨지만, 그럼에도 죄의 악성에는 감염되지 않으셨습니다.

7. **사탄이 이에 여호와의 임재에서 물러나와 발바닥에서 정수리까지 끔찍한 종기로 욥을 쳤다.**
8. **욥은 가축의 똥과 거름더미 가운데 앉아 토기 조각으로 궤양에서 흘러나온 고름을 긁어내고 있었다.**

이 **병**은 사람에게 임할 수 있는 가장 끔찍한 것입니다(신 28:35). 욥으로 대표되는 이 영혼은 가장 우월한 부분인 **정수리부터 발바닥**으로 상징되는 가장 열등하고 낮은 부분에 이르기까지 문둥병으로 뒤덮였습니다. 이 문둥병은 죄를 알게 하는 것입니다. 이 영혼의 본성에는 건강한 부분이라곤 한 군데도 없습니다. 이 영혼은 문둥병에 걸렸고, 이 영혼은 온통 죄로, 그리고 끔찍하고도 동의할 수 없는 죄의 냄새들로 덮여 있는 자신을 발견하게 됩니다.

이것은 소름 끼치는 상태입니다. 병 들지 않은 부분이 한 군데도 없습니다. 그 영혼은 자기 안에서 오직 자만심과 불경건, 불결함, 신성모독, 분노, 질투, 혐오, 격정, 그리고 참을 수 없는 심정을 발견할 뿐입니다. 한순간에 감정이 격앙되어 터질 것 같습니다. 끔찍하고 소름끼치는 냄새에 정신을 잃고 근심으로 죽을 지경입니다.

문둥병이 덮인 곳에서 고름이 엄청나게 흘러나옵니다. 병을 낫게 하지는 않지만 통증을 줄여 주는 **토기 조각**으로 매일 썩은 곳을 **긁어야** 합니다.

이것은 반성하는 것으로, 깨진 토기 조각이 그러하듯이 고름을 닦아내는 것처럼 보이나 오히려 악을 증가시킬 뿐입니다.

그런데 어떻게 욥이 이토록 끔찍한 상태를 견디고 있습니까? 그는 하나님의 뜻 안에서 안식하며 자신의 부패의 **거름 더미 가운데 앉아** 있습니다. 가장 끔찍한 비참함 가운데 있으면서도 고통 받거나 불안해하지 않습니다. 이렇게 말하는 이유는, 그가 거기에 **앉아 있**는 모습이 보이기 때문입니다. 이것은 그가 이 일들을 허락하신 하나님의 뜻 가운데 안식하며 그분이 자신을 구원해 주실 것을 바라고 있음을 보여 줍니다.

그런데 저런 상태에서 쉬고 있다니 뭔가 잘못된 것 아닙니까? 악한 질병으로 덮여 있는 자신을 보고 두려워하지 않는 것, 혹은 고치려 하지 않는 것, 이것은 정신 나간 게 아닌가요?

오, 불쌍한 욥이여! 무슨 생각을 하고 있습니까? 왜 치료받기 위해 반성하며 자신을 돌보지 않습니까? "아닙니다, 나는 그렇게 하지 않을 것입니다. 나는 모든 약재들이 소용없음을 너무나도 잘 알고 있습니다. 나는 모든 시도를 해 봤습니다. 나를 박해하신 분께서 나를 고쳐 주시기를 기다려야만 합니다. 오직 그분만이 그리하실 수 있습니다. 나는 고름과 썩은 상태로 있는 것에 만족합니다. 이것이 그분을 기쁘시게 한다면 말입니다."

그러나 당신이 그렇게 하는 것은 하나님을 언짢게 하는 것이고, 자신을 아프게 하는 것입니다. "상관없습니다. 이것이 하나님께서 허락하신 것이라면, 나는 만족합니다. 이것은 하나님의 예정하심으로 나에게 일어난 것이며, 나의 노력으로 여기서 벗어나려고 해서는 안 될 것입니다. 나는 기꺼이 끔찍하게 보이겠습니다."

그러나 당신은 자신을 속이고 있습니다. 그것은 하나님의 예정하심으로 일어난 일이 아니라, 악한 성향으로 인해 당신의 육신이 스스로 부패한 것입니다. "저런! 나는 그것을 알고 있으며 또한 생각하고 있습니다. 하지만 나는 이 부패함 속에서 항복하고 만족해야만 합니다. 어떤 방법으로 이를 감하거나 더하지 않고 이 상태 그대로 말입니다."

부패(혹은 타락)는 언제나 우리 자신으로부터 일어나고 발생하는 것처럼 보입니다. 그리고 이것은 그 영혼에게 가장 큰 고통입니다. 하지만 우리는 다른 모든 것들에 만족하듯 이것에도 만족해야 합니다.

9. 그러자 그의 아내가 와서 그에게 말했다. "아니, 아직도 당신의 순전을 굳게 지키겠다고요? 하나님을 저주하세요. 그리고 죽어 버려요."

욥의 아내가 그를 괴롭히는 일에 가담하지 않았다면, 그의 고통은 그나마 견딜만 했을 것입니다. 마땅히 그의 슬픔을 함께 나눠야 할 아내가 오히려 그를 모욕하며 괴롭힙니다. 여기에 이르기까지 이미 근심과 슬픔에 지쳐버린 그녀가 말합니다. 그런데 그녀가 뭐라고 말합니까? **"당신이 그래도 자기의 온전함을 굳게 지키겠다고요?** 이것이 당신의 불행의 이유라는 것을 알지 못하나요?" 욥의 아내는 고통 가운데 있는 영혼에게 이성을 휘두릅니다.

오, 나의 영혼이여, 이런 길에서 물러서십시오. 지금 당신은 이렇게 말하는 것이나 다름없습니다. "영혼의 창조자이자 당신을 이 상태로 몰아넣은 하나님을 저주하세요. 그리고 죽어 버려요. 당신은 파멸했으니, 이렇게 사느니 죽는 것이 더 나아요." 이런 제안은 종종 약한 영혼들을 절망 속에 빠뜨립니다.

이 모습은 남편과 아내처럼 이런 영혼들과 밀접하게 연합되어 있는 사람들이 그들의 빼앗김에는 이유가 있다고, 그것이 하나님 때문이라고 믿고 있음을 보여 줍니다. 부패와 썩은 냄새가 나는 상황에 처하면 그들은 그것을 혐오하고 견디지 못합니다. 이런 사람들은 이성으로 이해할 수 있는 한도까지는 이 과정을 받아들이지만, 그 정도가 끔찍해지기 시작하면, 그리고 병이 난 곳에서부터 썩어 가고 있음을 발견하면, 온전함과 자기 포기의 상태에 머물러 있으려는 것이 얼마나 어리석은지를 질문합니다. 그리고 자기 포기를 중단하면 안 되는지, 이 길을 가는 것을 단념하면 안 되는지, 헐뜯고 저주하면 안 되는지, 그런 다음 조용하고 안전하게 죽으면 안 되는 것인지에 대해 질문을 던집니다.

10. 욥이 그녀에게 말했다. "당신은 분별 없는 여자처럼 말하고 있소. 우리가 하나님의 손에서 선한 것들을 받았는데, 어찌하여 악한 것들도 받지 않겠소?" 욥은 이 모든 일에 입술로 범죄하지 않았다.

자신이 받은 축복보다 고난으로 더 많은 교훈을 얻은 욥은(우리는 가장 극한 포기를 훈련하지 않고는 결코 포기를 이해할 수 없습니다), 이 이성 혹은 가장 가깝지만 거짓된 친구에게 그런 말을 하는 것은 **어리석은 것이**라고 **대답합니다.**

만약 우리가 **이제까지** 이 길이 선하다고 믿어 왔고, 하나님께서 그분의 축복들을 우리에게 넘치게 부어 주신다는 것을 의심치 않았다면, 그래서 장미꽃 잎이 뿌려진 그 길을 즐거움으로 걸어 왔다면, **왜** 이제 장미꽃 다음에 가시들을 보인다고, 즐거움에 슬픔이 뒤따른다고 해서 그 길을 떠나는 것입니까? 우리를 그 길로 인도하신 주님께서 우리에게 넘치게 축복을 부어 주셨다면, 그래서 그것을 받았다면, 어째서 주님이 주시는 악한 것들도 받으면 안 되는 것입니까? 받지 않는 것이 어리석은 것 아닙니까? 욥은 극도의 근심과 슬픔 가운데서도 **입술로 범죄하지 않았습니다.** 비록 종기로 덮여 있었지만, 그는 죄를 범하지 않고 그 모양만 가지고 있었습니다.

11. 그럼에도 불구하고, 욥의 친구 세 사람이 그에게 이 모든 재앙이 임하였다 함을 듣고, 각각 자기 지역을 떠나 그를 찾아왔다. 그들은 데만 사람 엘리바스와 수아 사람 빌닷과 나아마 사람 소발이었다. 그들이 욥을 위로하려고 한 날을 약속하여 함께 왔다.
12. 그리하여 그들이 멀리서 눈을 들어 그를 봤을 때 알아보지 못했다. 그들은 큰 소리로 울기 시작하더니 자기 옷을 갈기갈기 찢고, 하늘에 티끌을 날려 머리에 뒤집어썼다.
13. 그들이 칠 일 밤낮을 욥과 함께 땅바닥에 앉아 있었으나, 욥의 곤고함이 극심함을 보고 한마디도 하는 자가 없었다.

욥에게는 이 모든 재앙으로 고통 받는 것으로 충분하지 않았습니다. 그가 당한 재앙이 모든 이들에게 드러나야 했습니다. **그의 친구들**이 그의 재앙을 보고 분개해야만 했습니다. 그를 능히 이해할 수 있는 사람은 아무도 없습니다. 불쌍한 욥에 대한 소식이 온 땅에 가득합니다. 욥이 받은 축복을 들었던 자들은 그의 고난에 대해서도 들어야 했습니다. 욥의 명성보다 그의 수치와 굴욕이 끝없이 퍼져 나갔습니다. 욥의 상황이 너무나도 비참하다는 소식은 욥의 가장 관대한 영적 친구들, 그의 슬픔과 근심을 가장 잘 공감할 친구들의 관심을 끌었고 지금 그들은 그를 **위로하러** 오고 있습니다.

하지만, 오, 하나님, 위로 받을 것이 없는 자에게 그들이 무슨 위로를 줄 수 있으며, 오직 그를 괴롭게 하신 분의 손길로만 구제받을 수 있는 자에게 무슨 구제를 줄 수 있겠습니까? 위로는 곧바로 비난으로 바뀔 것입니다. 그러나 그때까지 **침묵**해야만 합니다.

세 친구는 진실로 각자의 상황에 따른 세 부류의 영적인 사람을 의미합니다. 그들은 각각 학식 있는 자, 경건하게 행하는 자, 그리고 거룩하게 묵상하는 자입니다. 이 세 부류의 친구는 우리의 슬픔과 근심을 나누고, 치료하고, 그 원인을 알고 싶어 합니다. 이들은 또한 영혼의 세 가지 능력을 가리킵니다. 반성을 위한 생각, 회심을 위한 기억, 그리고 즐거워하고 경험하기 위한 의지입니다.

친구들은 모두 욥을 **위로하려고** 왔습니다. 그러나 그들은 욥을 보며 고난에 대해 곰곰이 생각해 봅니다. 욥이 이제까지 어떤 모습이었으며, 지금은 어떠한지 되돌아봅니다. 하나님께서 기뻐하시는 사람들 가운데서도 가장 은총을 입은 자였다가, 지금은 가장 버림 받고 고통 받는 자가 되었음을 봅니다. 욥이 모든 축복을 잃었을 뿐만 아니라, 가능한 모든 재앙들로 고통받고 있는 모습을 봅니다.

이성적인 생각은 욥이 그런 길을 따른 것을 정죄합니다. 기억도 마찬가지이고, 의지는 마치 배우자의 향기와 향취를 맡고 말할 수 없이 만족하고 즐거워한 후, 더 이상 싫은 냄새를 맡지 못하고 쓴맛 외에는 아무것도 맛보지 못하게 된 것처럼 그렇게 합니다.

영적 친구들은 놀랐습니다. 왜냐하면 이전까지 욥은 모든 의로운 자들에게 존재만으로도 위로를 주는 기쁨이었기 때문입니다. 이제 그들은 욥을 혐오의 대상으로밖에는 볼 수가 없습니다.

한 사람씩 "멀리서 **눈을 들어 그를 보고는 욥인 줄 알아보지 못했다.**" 하나님은 욥을 더욱 곤고하게 하시려고 친구들이 알아보지 못하게 하셨습니다. 그러므로 사람들은 사실상 주의 종들을 알아보지 못합니다. 주님은 무한한 굴욕 아래에 위대한 고결함을 감추시는 분입니다. 그들은 오직 겉모습만을 알아보며, 부패 아래에 있는 위대한 정결함을 발견하지 못합니다. 사람들이 알아차리지 못하게 하는 것은 완전히 소멸될지도 모르는 영혼들의 위대함을 당사자나 다른 사람들이 보지 못하도록 감추기 위해 필요합니다.

욥의 친구들은 욥을 보고 있으면서도 욥의 한탄스러운 상태에 눈이 가려지고, 극심한 어두움 때문에 숨겨진 진실을 발견하지 못하게 되자, 한 사람씩 스스로 고통스러워하며, 동정을 나타내는 분명한 겸손의 행위로 **땅에 앉습니다.**

욥의 고통에 대해 말할 수 있는 힘을 키우기 위해, 그들은 곁에 아무 말 없이 머물러 있습니다. 그들은 너무 놀라서 말을 할 수가 없습니다. 욥이 위로 받을 자격이 없고 오직 형벌을 받아 마땅하다고 믿고 있는데, 어떻게 그를 위로할 수 있겠습니까? 그들은 욥의 비통함이 너무 커서 누그러질 수 없다고 보았습니다.

그들의 무모함은 그들이 욥에게 약간의 위안을 줄 수 있다고 생각하게 만들었습니다. 그들은 이 지독한 재난을 모두 살펴보기 위해 칠 일 밤낮을 침묵 속에 앉아 있습니다. 그 원인을 이해할 수 없기 때문에 칠 일 동안 그를 살펴보았습니다. 그들은 욥이 통과해 온 사랑과 빛이 비쳐진 상태에 관하여 욥의 행사가 어떠했는지를 낱낱이 파고들었습니다. **칠 일 밤**은 빛이 비친 일곱 낮에 비례하여 빛이 소멸된 일곱 밤을 상징합니다. 빛이 가장 밝은 곳에서 밤이 가장 어두운 것입니다. 그리고 그들은 칠 일 밤낮을 앉아 있었던 것에 만족하며, 자신들이 본 것에 대해 욥이 어떻게 반응할지 알고 싶어 합니다.

욥에게 고난을 허락하신 분이 하나님이시기에, 오직 하나님만 이해하실 수 있는 상태를 경험하지 못한 이들은 욥을 정죄의 대상으로 삼을 수 없습니다. 그리고 하나님은 욥에게 정죄 받을 여지를 조금도 남겨 두기를 원치 않으십니다. 하지만 그분은 이 탐색하는 조사관들이 신성을 모독하기 위해 당신의 말을 사용하는 것을 허락하십니다. (이 말은 욥의 고통을 알리기 위해 세상에서 가장 잘 표현되고 가장 잘 가르치는 말입니다.) 이는 영혼이 견딜 수 있는 가장 강력하고도 극심한, 가장 최후의 훈련 중 하나입니다.

하나님께서는 두 가지 이유에서 이 같은 훈련을 행하십니다. 첫째는, 하나님께서 욥과 같은 영혼들을 이런 고난을 이해하지 못하고 신성을 모독하며 넘치는 교만으로 자신들이 가장 진실하며 기교가 없다고 여기는 자들에게서 숨기기 원하시기 때문입니다. 둘째, 순전한 영혼들이 그 어느 것에도 위로나 지지를 얻지 못하게 하심으로 온전히 깨어지게 하려는 계획 때문입니다. 온전한 깨어짐은, 다른 것에서 위로나 지지를 받고 그 길이 올바른 것이라고 확신시켜 주는 사람을 찾는다면 결코 이루어질 수 없는 것입니다. 순전한 영혼들의 진심은 공격받고 실족당해야 하며, 그들을 위한 어떤 피난처도 남아 있지 않아야 합니다.

욥은 이제까지 자기 포기로 자신을 지탱해 왔습니다. 그것은 그에게 지대한 버팀목이 되었습니다. 성경이 단언했듯이, 욥에게서 조급한 말이나 꾸짖을 만한 말은 조금도 찾아볼 수 없습니다. 하지만 지금부터는 그의 말을 주의하여 볼 필요가 있습니다. 그의 말이 죄이자 명백한 저주(욕)일 수 있기 때문입니다.

3장

1. **그 후 욥이 입을 열어 자기가 태어난 날을 저주했다.**
2. **그는 이런 식으로 말했다.**
3. **"내가 태어난 날이, 남자가 잉태되었다 하던 그 밤이 사라져 버리기를!**

모든 고난에 대해 입을 꼭 다물고 있던 욥이 **입을 엽니다.** 그는 자신이 태어난 날, 거룩하고 완전한 사람이 되기 위해 보냄 받은 날이라고 여겨 왔던 자신의 빛의 날을 저주합니다. 바로 이 점에서 욥은 하나님에 대하여 신실하지 못하게 됩니다. 욥은 "내가 지나 왔던, 내가 잉태되었다고 믿었던 그 **첫 번 어둠**이 멸망해 버렸다면"이라고 말합니다. 부패가 드러난 영혼은 그 날이 실수였음을 너무나 잘 알기 때문입니다. 약간의 빛을 경험한 다음에 어둠에 처한 영혼들은 다시 빛을 보게 되면 그들이 이제 마지막 단계를 지나온 것이라고 생각하며 스스로 속고 맙니다.

욥이 **'내가 태어난 날이 사라져 버렸다면'** 이라고 말한 것은, 자신이 어둠과 미천함에서 나왔다고 믿었기 때문입니다. 이것은 속고 있는 것입니다. "내가 어둠과 미천함에서 나왔으니, 나는 그것이 내 기억에서, 그리고 다른 모든 사람의 기억에서 지워지기를 바랍니다. 그래야 아무도 비슷한 실수를 저지르지 않을 것입니다. 새 삶을 살도록 **사람이 잉태되었다고 하던 그 밤** 또한 모든 기억에서 지워지기를 원합니다." 이것이 욥이 친구들에게 전한 가르침이며, 자기 자신에 대한 비난입니다. 그러나 친구들은 이것을 그렇게 이해하지 않았습니다. 이것은 상당히 흔한 일이지요.

4. 그날이 어둠으로 변해 버리기를, 하나님이 다시 빛을 비추라고 명령하지 않으시고 빛이 그날을 비추지 말게 하라.

욥은 계속 자신에게 기쁨의 날이었던 **그날이 캄캄하고** 슬픈 날로 변해 버리면 좋겠다고 생각합니다. "하나님, 내가 주의 은총을 남용한 것에 대해 변명을 요구하지 마시고 이전에 내 모든 행복이었던, 하지만 내가 잘못 사용한 그 빛들로 더 이상 내 상태를 비추지 않으시기를 구합니다."

5. 그날이 흑암과 사망의 그늘로 덮였더라면, 침울한 어둠이 그날을 둘렀더라면, 그리고 그날이 쓰라림 안에 잠겼더라면.

믿음의 밤과 가장 끔찍한 사망의 그늘이 그날을 덮게 하십시오. 오 나의 하나님이여, 나는 당신의 생명이 아닌 다른 모든 삶보다 오히려 당신을 위한 죽음이 더 영광스럽다는 것을 알고 있습니다. 이 모든 빛이 주님으로부터 왔을지라도 당신 자체가 아니라면, 차라리 어둠이 당신을 훨씬 더 기쁘게 한다는 것도 압니다. 고백하건대, 나는 당신의 빛을 보았습니다. 하지만 나는 나의 빛 속에서 당신의 빛을 보았고, 그것이 나의 불행을 야기했습니다. 우리는 반드시 다른 것이 아닌 당신의 빛 안에서 당신의 빛을 보아야 합니다. 나는 그 빛이 어둠으로 바뀌기를 원합니다. 어둠아, 빛의 날을 덮어라. 그리고 내가 그날에 누린 거짓된 기쁨아, 쓰라림으로 바뀌어라.

6. 검은 회오리바람이 그 밤에 불어 닥치게 하라. 그날이 한 해의 날들 속에 계수되거나 달들의 수에 들지 않게 하라.

욥은 회오리바람과도 같은 **어둠**이 그 밤의 모든 소유물을 맹렬히 날려 버리기를 소원하고 있습니다. 그날은 그가 가장 아름다운 날이라고 생각한 밤입니다. 영혼의 잘못된 생각으로는 그랬습니다. 진실한 날에는 별이 거의 반짝이지 않습니다. 왜냐하면 별들이 반짝이면 그 영혼은 그것을 구별해 낼 수 있기 때문입니다. 그리고 그 어둠이 참 빛이며 어둡게 하고 눈부시게 하는 엄청난 밝음이라는 것을 알지 못합니다. 밤 동안에 믿음의 낮이 있고, 낮 동안에 빛이 비치는 밤이 있습니다. 믿음은 오직 캄캄하게 나타나는데, 밝음이 우리를 현혹해서 빛을 알아보지 못하게 가로막기 때문입니다.

우리는 태양을 바라보거나 구별할 수 없습니다. 태양의 엄청난 빛 때문에 눈을 감고 어둠 속으로 들어갈 수밖에 없습다. 이런 현상은 우리가 달과 별들을 또렷이 알아볼 수 있는 밤에는 일어나지 않습니다. 제한된 지식을 가진 영혼은 낮 동안에 빛이 비치는 상태(이는 밝게 빛나는 밤이며 우리가 모든 빛을 알아볼 수 있는 때입니다)와 밤 동안에 엄청난 빛으로 인해 우리가 눈이 먼 채 그 어떤 것도 구별할 수 없는 믿음의 낮을 경험합니다.

이것이 바로 욥이 아름다운 날이었다고 여긴 **'그날이 날들 속에 계수되지 않았더라면'** 이라고 기도한 이유입니다. 그날은 날 수에 들어서는 안 됩니다. 욥은 그 기억을 잃는 것이 차라리 낫기에 그날이 달의 수에도 들지 않기를 원합니다. 그날의 기억을 더 잊어버리려면 그렇게 되어야 하는 것입니다. 우리가 받은 축복에 대한 기억과 그것에 두는 가치는 여전히 우리의 현재 상태가 하나님으로부터 말미암았다고 믿거나 소망하도록 만들기 때문입니다. 그것은 우리가 그토록 빛나는 때를 지나온 까닭입니다.

더욱이 우리는 이 상황에 뒤따라온 어둠이 유익하다고 믿는데, 이는 그 영혼으로 하여금 그 다음에는 반드시 참 빛으로 들어갈 것이라는 소망을 품게 합니다. 사실 아직도 미묘하고 알아채기 어려운 속임이 남아 있습니다. 때때로 우리는 축복에 대하여, 우리 자신을 지탱한 그 빛이 참 빛이라고 확신하기 위해 우리가 속았던 것이라고 말합니다(마음 한구석에서는 그렇게 믿지 않으면서도 말입니다). 욥은 모든 축복들이 잊혀지기를, 더는 셀 수 없게 되기를, 조금이라도 기억되거나 언급되지 않기를 갈망합니다.

(인간의 본성을 은밀히 탐구하면, 때때로 우리는 잘못 사용된 축복에 우리가 속은 것처럼 가장합니다. 마치 우리가 참 빛, 욥이 증오했던 밤인 그 빛으로 조명 받을 일만 남았다고 믿는 것처럼 말입니다.)

7. 그 밤으로 적막하게 하고 찬양 받지 못하게 하라.

아름다운 날이라고 여기던 그 밤을 혼자 있게 두십시오. 더는 그 밤에 대해 이야기하지 마십시오. 더는 그 밤을 인식하거나 생각하려 하지 마십시오. 그것은 너무나도 악하고 해로운 것입니다. 그 밤은 완전히 망각된 채로 버려져야 합니다.

8. 그날을 저주하는 자로 그 밤을 저주하게 하라.

이상하게 눈이 멀어 믿음이 벗겨지고 어둡게 된 상태(실은 분명한 낮이건만)를 불평하는 자들이 **그 낮을 저주하게 하십시오.** 내가 말합니다. 그들이 **그 밤도 저주하게** 하십시오.

어떤 사람이 방금 내가 한 것처럼 이 구절을 적용할 수는 있어도, 욥이 생생하게 보여 주고 있는, 고통에 짓눌린 자들 가운데는 차라리 존재하지 않거나 침례 받은 후에 죽기를 바라는 사람들이 더 많을 것입니다.

또 다른 사람들은 여전히 하나님께서 그들에게 주신 축복의 선명한 기억을 간직하며 더욱 비탄에 빠집니다. 엄청난 고통 속에서 일종의 절망에 빠지고, 그들이 받았지만 남용했다고 생각하는 축복을 회상함으로 슬픔이 커지는 것입니다. 그들은 자비가 충만했던 그때에 차라리 죽었기를, 혹은 그 축복을 받지 않았기를 바랍니다. 그것이 그들의 슬픔과 양심의 가책, 그리고 절망의 끝없는 이유라고 생각하기 때문입니다.

그들은 이렇게 말하곤 합니다. "오 하나님이시여, 내가 당신을 결코 사랑하지 않았다면, 당신이 주시는 그 달콤함을 즐거워하지 않았다면, 당신의 혹독함과 나의 능력으로는 당신을 도무지 기쁘게 할 수 없는 이 상황을 좀 더 잘 견딜 수 있었을 것입니다!" 그리고는 조명해 주심을 뒤로하고 더욱 분개하며 속았다고 생각합니다.

9. 그 별들이 그 밤의 어둠에 숨겨지게 하라. 그 밤이 빛을 기다리게 하며, 그 빛을 보지 못하게 하라. 그리고 아침빛이 떠오르기 시작할 때, 그 밤에 비취지 못하게 하라.

이 영혼이 이렇게 말하는 이유가 감탄할 정도입니다. 그 이유는 다음과 같습니다.

10. 그것은 나를 나오게 한 모태의 문을 닫지 않았고, 내 눈이 환난을 보지 못하게 막지 않았다.

마치 이렇게 말하는 것 같습니다. "그 밤이 나를 죽게 하지 못했는데, 내가 불행한 상태에 빠지지 않게 막아 주지 못했는데 그날이 내게 무슨 소용이 있겠습니까? 도리어 아기가 어머니의 태중에서 자라듯이, 나는 밤중에 재산이 더욱 늘어가기만 했습니다. 그것은 **내 눈**에서 환난을 거두어 가지 못했고, 교만밖에 되지 않았습니다." 완전히 넋을 잃은 욥은 **'왜?'** 라고 덧붙입니다.

11. 어찌하여 나는 어머니의 태에서 죽지 아니하였던가? 또 어찌하여 태어나자마자 사는 것을 그만두지 아니하였던가?

모든 것이 불명예가 되도록 예정된 한 영혼에게 행복은 너무도 컸습니다. 넘치는 자비로 내 모든 행복을 제정하신 분께서 넘치는 혹독함으로 모든 환난의 원천이 되실 수도 있다는 것을 보는 것만큼 엄청난 치욕이 무엇이겠습니까?

12. 어찌하여 나를 무릎으로 받았던가? 어찌하여 그 가슴의 젖으로 나를 먹였던가?

"오, 하나님이여, 왜 그때에 당신의 **무릎에** 이 부드럽고 가냘픈 아이를 앉히시고 당신의 은혜로 나를 안으시고 붙들어 주셨습니까? **나는 당신의 자비와 보호의 무릎 위에 있었습니다.** 그리고 **왜 가슴의 젖으로 나를 먹이셨습니까?** 왜 나로 하여금 당신의 선하심과 사랑의 달콤함을 즐기게 하시고, 그칠 새 없이 나를 채우시고 돌보시는 당신의 사랑스러움을 기쁨으로 즐기게 하셨습니까?"

13. 그렇지 않았더라면 지금 내가 침묵 안에 잠들고 평안히 잠자고 있었을 텐데.

"오, 나의 하나님이여, 만약 내가 그것들을 맛보지 않았다면, 그 달콤함으로 취하지 않았다면, 지금 이 끔찍한 죽음의 잠에 짓눌릴 때에 **나는 침묵했을 것**이고 아무 말도 할 수 없었을 것입니다. 마치 당신을 모르는 사람들이 넋을 잃은 상태에도 평안하게 사는 것처럼, 나도 안식을 얻었을지 모릅니다. 그러나 나는 당신이 주시는 기쁨들, 당신 은혜의 달콤함을 즐겼고, 나의 고통이 더 아프고 쓰다는 것을 알았습니다."

14. 자기를 위하여 은둔처를 세운 세상의 임금들과 조언자들과 내가 함께 있었을 것이요.

15. 혹은 내가 금을 소유하고 은으로 집을 채운 왕들과 함께 있었을 것이며

"그리고 만약 당신께서 그처럼 많은 축복을 나에게 주지 않으셨다면, 나는 불쌍하고 죄밖에 보이지 않는 이 길로 들어서지 않았을 것입니다. 아마도 나는 이 땅에서 자신들의 권세로 **왕들처럼 높임 받는 자들과 함께 있었을 것이며,** 그들에게 주어지는 존경과 명예, 명성이 나에게도 주어졌을 것입니다. 나는 모든 사람이 조언을 얻고자 열망하는 훌륭한 영혼이 되었을 것입니다. 나는 비방당하고 비난받는 것만큼이나 높은 존경을 받았을 것입니다. 나는 아마도 그들처럼 **혼자만의 은둔처**를 세웠을 것입니다."

여기에서 말하는 집들(은둔처)은 쓸모없이 버려진, **외딴** 장소를 의미할 것입니다. 왜냐하면 그 안에서 사람이 사는 것을 발견할 수 없기 때문입니다. 이는 아주 훌륭한 표현입니다. 욥이 말하는 높임 받는 자들이, 곧 모든 이들이 감탄하는 대저택이라는 것은 사실입니다. 그러나 아무도 살지 않는 고독한 곳(렘 2:6)이고 텅 비어 있습니다. 산 돌이신 예수님 위에 지어지지 않았기 때문에 그것은 하나님의 집이 아닌 사람의 집이며, 언제나 홀로 서 있습니다. 하나님께서는 결코 홀로 그곳에 거하지 않으시기 때문입니다. 그럼에도 불구하고 그런 집을 지은 자들은 가장 존경받는 **이 땅의 왕자들**입니다. 그들은 언제나 은혜를 풍성히 **소유**한 것처럼 보입니다. **금**으로 표현되는 위대한 순결함까지 가진 듯합니다. 그리고 그들의 **집은 그들의 선한 업적인 은으로 가득 차 있는 것** 같습니다.

고난받은 영혼은 말합니다. "내가 내가 아니라 저들처럼 되는 것이 더 낫지 않겠습니까? 안전하게 살면서 이토록 많은 시험을 통과하지도 않고, 멸망에 대한 두려움도 없는 저들 말입니다!"

16. 혹은 내가 어머니의 태중에서 미숙하여 아직 시기를 얻지 못한 아이

같이 될 수도, 아니면 빛을 보지 못한 채 잉태된 사람들같이 되었을 수도 있었는데.

"만약 내가 **당신의 은혜의 빛**을 한 번도 보지 못해서 한 번도 덕을 행하지 않은 자들의 수에 들었더라면, 차라리 지금의 나보다 더 행복했을 것입니다. 치러야 할 대가도 알지 못한 채, 그 덕을 상실하는 슬픔을 경험하지 않았을 테니까요. 아니면 내가 참된 회심의 축복 가운데 **잉태된 사람들과** 같았더라면, 그리하여 많은 즐거움으로 보게 하셨던 **그 빛**을 보지 못한 자들과 **같았더라면**, 내가 지금보다 더 낫고, 더 안전하지 않았겠습니까?"

17. 그곳에서 악한 자가 그들의 역경이 그치는 것을 보며, 거기서 강한 자가 수고하고 지친 후에 안식을 찾으니

악한 자들은 회심의 첫 번째 단계로 **그들의 죄가 초래한 불안이 그치는 것을 보았습니다.** 회개하려고 애쓰다가 지쳐 버린 자들은 더 이상 앞으로 나아가지 못하고 거기서 **안식**합니다. "그들은 지금 나에게 너무나도 치명적인 깨달음을 빼앗겼는데도, 만족한 상태로 있습니다. 만약 당신이 나도 이러한 방법으로 대하셨다면, 내가 더 만족하고 행복하고 안전하지 않았겠습니까?"

이것이 문자적으로 육체의 죽음을 의미한다는 것을 나도 압니다. 그렇지만, 여기에서 그 신비로운 지각은 매우 적절합니다.

18. 그곳에는 이전 시대에 갇힌 자들이 함께 있어 아무 고통도 당하지 않

으며, 그들은 감독자의 소리를 들은 적이 없다.

여기서 욥은 보통 사람들 혹은 종교적인 사람들을 이야기하고 있는 것으로 여겨집니다. 그들은 선한 일을 하기 위해 자발적으로 연합했지만, 모든 것을 취해 가시는 **감독자의 소리를 듣지 않는** 자들입니다. 그들은 듣는 법을 알지 못하기 때문에, 감독자의 소리에 방해받지 않습니다. **감독자**는 바로 하나님이십니다. 그분은 자신이 주셨던 것을 세속적인 것이 하나도 섞이지 않은 상태로 온전히 돌려 달라고 하십니다. 그러면 그 영혼은 자연적인 상태로 남게 되는데, 그것은 생명을 빼앗긴 상태입니다.

영혼과 몸이 분리되면, 생명의 수단은 모두 사라지고, 몸은 부패와 감염으로 침식됩니다. 섬세하고 아름다웠던 몸일수록 더욱 흉하게 변형됩니다. 이것이 바로 보수자요 **감독자**이신 하나님께서 하시는 일입니다. 하나님께서는 우리의 의를 살피고(시 74:3) 심판하십니다. 그리고 범사에 타당함을 보시고, 그분께 속한 모든 것을 도로 가져가십니다. 즉, 생기를 불어넣어 살아 있게 한 것을 가져가 버리시면, 그 영혼은 흉측한 시체처럼 변해 버립니다. 하나님께서 한 영혼에게 생명을 주었던 영의 호흡을 가져가 버리시면, 그 영혼은 곧바로 불결하고 흉하게 변형되어 이전의 아름다움은 아무것도 남지 않습니다.

연합해 살면서 감독자의 소리를 듣지 않는 이들, 평범한 영혼들은 다음과 같이 말하는 자들에게 부러움과 갈망의 대상이 됩니다. "아, 나 자신을 하나님께 내어 드리지 않았다면 이런 고난을 당하지 않았을 텐데." "만약 내가 나를 하나님께 내어 드린 다음 이 여정으로 들어서기 위해 평범한 길을 떠나지 않았다면, 지금 이 같은 처지에 있지 않았을 텐데."

19. 그곳에는 큰 자나 작은 자가 일반이고, 종이 그 주인의 지배에서 풀려난다.

욥이 말합니다. **"그곳에는** 높이 존경 받는 **큰 영혼들**이 있고, **작은 영혼들도** 있습니다. 그들은 모두 스스로를 구원하며, 주님의 자유 안에서 죄의 속박에서 **풀려난 종들**과 같습니다. 그에 반해 처량하고 불행한 나는 죄에서 해방된 후에 가장 높은 은총으로 칭송을 받았다가, 다시 죄의 노예가 되었습니다."

20. 어찌하여 그처럼 망가진 자에게 빛이 주어졌고, 영혼의 쓰라림 안에 있는 자에게 생명이 주어졌는가!

여전히 욥은 자신에게 **주어**져 자신을 더욱 처량하게 만든 그 **빛**에 대해 불평하고 있습니다. 빛에 비례하여 슬픔이 있고, 생명이 있고, 죽음이 있기 때문입니다. 삶이 성대할수록 죽음은 더욱더 충격적인 것입니다.

여기서 욥은 여전히 빛을 받은 어떤 날들에 대해 이야기하고 있는데, 그 조명은 어둠 가운데 이 영혼을 강건하게 하려고, 연약함 때문에 모든 것을 버릴지도 모른다는 두려움 때문에 주어진 것입니다. 그럼에도 그 조명은 목적이 완성되는 것을 늦추거나 손상시키기 위하여 중단되지 않았습니다. 욥이 **"마음이 아픈 자에게 생명을 주셨는가"**라고 덧붙인 이유가 바로 여기에 있습니다. 마음이 아프다는 것은 그의 마음이 너무 약해서 죽을 지경이라는 뜻입니다. "그들에게 주어진 생명이 그들의 죽음을 방해하고 오히려 더 고통스럽게 만드는 까닭에, 생명을 받지 않는 것이 더 낫지 않았겠습니까?"

오, 불쌍한 욥이여, 과도한 슬픔이 당신이 누구에게 생명을 받았는지조차 알지 못하게 가로막고 있군요. 장래에 있을 엄청난 빛이 당신으로 하여금 소외된 영혼들이 이 같은 상태에서 할 수 있는 말들을 하게 만드는군요.

21. 죽기를 간절히 바라는데도 죽음이 오지 않는 자요, 보물을 찾기 위해 땅을 파는 자처럼 죽음을 찾는 자들이요,

이 영혼들은 **죽음에 이르지 못하고 죽음을 갈망합니다.** 이들은 모든 행복이 죽음에 있다는 것을 알기에 그토록 죽음을 갈망하고 사모하는 것입니다. 하지만 그들이 갈망하고 사모하고 소망하는 죽음은 오지 않습니다. 죽음은 죽음을 피해 달아나는 자들은 찾고, 죽음을 찾는 자들은 도리어 피합니다. 죽음은 잔인하고 무자비합니다. 죽음은 자신을 사랑받게도 하고 두렵게도 만듭니다. 우리가 죽음을 사랑할 때, 죽음은 자신을 감추어 버립니다. 그러나 우리가 죽음을 두려워할 때, 죽음이 나타납니다. **숨겨진 보물을 찾기 위해 땅을 파는 사람들이** 그 보물을 열망하는 것처럼, 죽음을 기다리는 자들은 죽음을 만나기를 갈망합니다.

22. 마침내 무덤을 찾아내고 심히 기뻐하는 자들이다.

그들은 찾던 것을 소유했다고 확신할 때 **심히 기뻐합니다.** 생명과 마찬가지로 죽음이 안으로 들어오기 전에는 우리가 그것을 소유했다는 것을 결코 믿지 못하는 본성이 태어날 때부터 우리 생각 속에 있었던 것이 틀림없습니다. 고통받는 자들이 죽음을 보지 않고는 죽음 안에서 어떤 즐거움도 발견할 수 없는 이유가 바로 이 때문입니다. 마치 슬픔이 극에 달한 후에야 끝나는 것과 같습니다. 영혼이 무(無)의 상태인 **무덤** 안에서 안식할 때, 그때야 그 영혼은 대단히 기뻐하기 시작합니다.

23. 그의 길이 숨겨진 자에게, 그리고 하나님께서 어둠으로 둘러싸신 자에게 [어찌하여 생명이 주어졌는가!]

이 영혼의 **길**은 그가 그 길을 걷고 있는 한 항상 감춰져 있고, 오직 그 끝에 이르러야만 알 수 있습니다. 그것은 **하나님께서 어둠으로 그 영혼을 둘러싸고** 계시기 때문입니다. 이것은 그 길을 감추기 위해 어둠이 안이 아니라, 오직 밖에만 있다는 것을 알려 줍니다. 내면의 존재는 외적인 것이 어두울수록 더욱 빛을 냅니다.

어둠에 덮인 태양은 구름을 뚫고 땅을 따뜻하게 할 수 없을 때, 모든 열을 스스로에게 비춘다고 합니다. 이 상태도 그와 같습니다. 바깥에 어둠이 짙을수록, 안에서는 빛과 열이 더욱 강해집니다. 하지만 이것은 이런 상태를 통과하기 전에는 그 영혼에게 드러나지 않습니다.

24. 내가 먹기 전에 한숨지으며, 내 앓는 소리가 넘쳐흐르는 물의 소리와도 같구나.

여기서 욥은 또다시 그와 같은 상황에 처한 영혼이 겪는 가장 큰 고통 가운데 하나를 묘사하고 있습니다. 그는 **음식**을, 가장 거룩한 성찬**을,** 그것을 오용할지도 모른다는 두려움 때문에 **한숨 없이는 먹을 수 없다**고 합니다. 그것은 더 깊이 들어가서 내키지 않는 상태가 될 때까지 계속됩니다. 그러면 그 영혼은 이 황홀한 음식을 먹어 보면서 끔찍한 고통 가운데 있는 사자처럼 울부짖습니다. 그 **앓는 소리가 마치 물이 쏟아지는 소리**와도 같습니다. 그것은 이 영혼이 스스로 엄청난 혼란 속에 있다고 생각하기 때문입니다. 사실 그것과는 크게 상관이 없는데도 말입니다.

하지만 여기서 멈춰서는 안 됩니다. 거리낄수록, 이 거룩한 음식을 향해 더욱 나아가야 합니다. 성찬은 소멸시켜야 하는 다른 방법들과 같지 않습니다. 성찬은 방법이자 목적입니다. 목적으로서의 성찬을 보호하기 위해, 방법으로서의 성찬을 잃어 버릴 필요가 있습니다. 이런 이유로 욥은 장사된 단계 후, 먹기 전에 한숨짓는 것에 대해 말하는 것입니다. 그는 자신을 살아 있는 존재로 여기고 있음을 보여 주려고 그렇게 하는데, 이것은 그가 생명의 단계에서 먹는다는 것을 의미합니다. 그는 죽음의 공포 속에서 울부짖는 것입니다. 이로 인해 우리는 그가 그런 상태에서 먹었다는 것을, 이 모든 단계에 성찬을 먹을 필요가 있다는 것을 깨닫게 됩니다.

25. 내가 가장 두려워하는 것이 내게 임했고, 내가 무서워하는 모든 악한 것들이 내게 닥쳤다.

가장 두려워하던 일들이 내게 일어났다는 사실이 나를 이처럼 불안하게 만듭니다. 내가 가장 무서워하던 유일한 일이 갑자기 내게 일어났습니다. 우리가 가장 겁내고 두려워하는 일들이 일상적으로 일어난다는 것은 지극히 사실적인 경험입니다. 하나님은 이런 방법으로 영혼들을 모든 두려움에서 구원하기를 바라십니다. 소원하거나 소원하지 않는 모든 갈망에서 구원하셔서 우리를 완전한 자기 포기로 이끄시고, 하나님이 선택하시거나 허락하신 모든 것을 갈망하며 그것에 만족하기를 바라십니다.

26. **내가 나의 고통을 숨기지 않았던가? 내가 나의 침묵을 지키지 않았던가? 내가 안식 가운데 머물지 않았던가? 그러나 화가 내 위에 임했도다!"**

욥은 이런 상태에 있는 영혼이 할 수 있는 최선의 것을 표현하고 있습니다. 그런데도 그는 고통이 사라지지 않았다는 것을 보여 줍니다. 이런 상태에 처한 사람들은 거기서 빠져나오기 위해 모든 노력을 다 기울입니다. 처음에는 자기들이 그러한 상태에 있다는 것에 관심을 갖거나 관여하지 않으면서 그 사실을 스스로에게 **숨깁니다.** 그들은 나중에 그것을 알아차리지만, 하나님이나 사람에게 불평하지 않고 **침묵을 지킵니다.** 그리고 하나님의 뜻에 자기를 내어 드리고 그 상태에서 **안식합니다.** 그것은 그처럼 끔찍한 상황을 견뎌내는 가장 완벽한 방법입니다.

하지만 고통 받는 이 영혼은 "내가 이 **모든 것을 했음에도 불구하고,** 하나님께서 나를 이 상태에서 건져내지 않으셨습니다. **그분의 분노가 항상 내 위에 임하고 있습니다.**"라고 이어서 말합니다.

오, 하나님, 진실로 그렇습니다. 위로 받지 못하는 이 영혼에게는 거기서 벗어날 수 있다는 소망이 조금이라도 남아 있어서는 안 되기 때문입니다. 욥이여, 모든 소망을 잃어버린 후, 당신은 더 이상 살 수 없을 것입니다(7:16).

4장

1. 그때 데만에서 온 엘리바스가 운을 떼며 욥에게 이렇게 말했다.

2. "만약 우리가 자네에게 말하기 시작하면 자네는 싫어하겠지만, 품은 말들을 누가 억누를 수 있겠는가?

죄를 지은 것보다 더 고통 받는 영혼이여, 당신의 언어를 이해해 줄 사람, 당신과 슬픔을 함께할 친구가 어디에 있습니까? 당신은 한 사람도 찾지 못할 것입니다. 그것은 당신을 위한 것이 아닙니다. 위로는 당신이 받기에는 너무도 큰 것입니다. 게다가 당신은 모두에게 버림 받을 필요가 있습니다. 사랑하는 친구들이 당신을 반대하고 비난할 필요가 있습니다. 더욱이 그들은 당신을 모욕해야 합니다.

첫 번째 친구가 오직 욥을 꾸짖기 위해 침묵을 깨뜨립니다. 그는 오로지 당신을 비난하려는 목적으로 "**내가 말하면** 당신이 화내거나 **언짢아**할 지도 모르지만, 그럼에도 나는 내가 미리 생각한 것을 당신에게 말하지 않을 수가 없군요." 하고 말했습니다. 이 지혜로운 사람들은 미리 생각했거나 보지 않은 것은 말하지 않습니다. 지극히 단순하게 행동하는 사람들과는 다릅니다.

3. **자네는 많은 사람들을 가르쳤고, 연약한 손들을 강하게 하지 않았는가?**

4. **이전에 자네의 말은 넘어지려는 자들에게 힘을 주었고, 떨리는 무릎을 강하게 했었지.**

5. **그러나 이제 하나님이 자네를 괴롭게 하시자마자 낙심하고, 하나님이 자네를 치시니 힘들어 하는구나.**

이런 말은 욥과 같이 고통받는 사람들에게 일반적으로 주어지는 질책입니다. 그들은 말합니다. "이전에 당신은 **다른 사람들을** 가르치고 **교훈**하며 사람들을 하나님께로 인도할 때 참으로 능력 있고 효험 있는 말씀을 하던 사람입니다. 사람들이 염증을 느끼고, 선한 행실을 버리고 기도를 포기하고 싶을 때, 당신은 **연약한 영혼들을 강하게 했고,** 그들이 맡은 길을 열렬히 따라가도록 용기를 북돋아 주었습니다. **죄에 빠지려 하는 자를 강하게 붙잡아 주었으며,** 결정하지 못하고 흔들리는 자들을 확고하게 자리 잡게 해 주었습니다. 그러나 이제 유혹의 시험이 당신에게 닥쳤고, 당신은 용기를 잃었고 자신을 지탱할 수 없습니다. 이 **고난이 당신에게 임하자마자 당신은 괴로워합니다!"**

6. **하나님을 경외함이 어디에 있고, 네 모든 길에 나타나던 그 힘과 인내와 완전함은 어디에 있는가?**

이 히브리 사람은 욥의 **기다림**(혹은 단절)이 하나님께로부터 온 것이라고 말합니다. 아, 하나님의 박탈과 몰수를 견뎌 내는 것에 익숙해진 한 영혼에게 얼마나 기가 막힌 선언입니까? 하지만 이런 것이 그에게 큰 슬픔을 일으키지는 않습니다. 그러기에는 그의 사랑이 너무도 순전합니다. 그의 슬픔은 훨씬 더 깊은 근원에서 나오며, 바로 이것이 그에게는 손 쓸 도리도 없는 모든 쓰라림의 원인입니다.

그들은 다시 말합니다. "욥이여, 이전에 당신은 아주 작은 죄를 범하는 것도 두려워했습니다. 그런데 그 그 **경외**감은 **어디에 있습니까?** 하나님께서 당신에게 정해 주신 그 모든 상황 가운데 당신을 지탱해 주고, 약해지는 것을 막아줄 **힘**은 어디에 있습니까? 당신 위에 임한 모든 십자가와 불명예를 견딜 만한 **인내**는 어디에 있습니까? 당신이 걸어 왔던 **완전함**이 어디에 있습니까? 이 모든 것이 어떻게 된 것입니까? 당신이 진리에서, 거룩하고 의로운 길에서 떠난 것을 분명하게 보지 못합니까? 당신이 정말로 무죄하다면 결코 고난을 받지 않았을 것입니다.

7. **곰곰이 생각해 보게. 부탁이네. 죄 없는 자가 망한 적이 있는가? 혹은 마음에 정직**한 **자가 파괴된 적이 있는가?**

죄 없는 자의 삶에 죄와 자기기만이 가득하면 더렵혀지지 않는 자가 없다는 것을 기억하십시오. 당신처럼 되지 않는 것을 본 적이 없습니다. 비난받을 것이 없는 삶을 살았는데, 당신처럼 멸망에 이른 자를 본 적이 있습니까? **정직한 자**가 죄가 없는데도 오직 실수와 기만으로 이런 상태에 이르렀다는 말을 들어본 적이 있습니까?

8. 반면, 나는 언제나 잘못을 행하는 자와 악을 심는 자가 그것을 거두는 것을 보았다네.

오, 황폐함 가운데 있는 자신을 발견한 자에게 그가 당하는 고난이 바로 그의 죄로 인한 형벌이라고 설득하는 이 위로는 영광스럽기 그지없군요. 도대체 사람이 불행한 것은 그의 죄 때문이라고 말하는 근거가 무엇입니까?

죄 때문에 받는 형벌과 하나님께서 당신의 소유에 고난을 주셔서 정결하게 하시는 시련은 같은 것입니다. 사람들은 자기가 이해하지 못하는 것을 정죄하는 큰 과오를 저지릅니다. 욥은 자신과 배운 자에게 받는 이런 질책과 정죄가 그가 경험할 수 있는 가장 무거운 십자가이지만, 여기서 그치도록 허락받지 못했습니다. 사람은 오직 그의 잘못에 대한 유죄 판결을 받아야 죽기 때문입니다. 자신의 생각 속에 있는 질책과 유죄 선고가 다른 이들의 정죄와 합해지면, 정말로 그를 죽음에 이르게 합니다.

9. 그들은 다 하나님의 입김에 뒤집혀 멸망하고, 그분의 분노의 영에 휩쓸려 사라진다네.

하나님의 입김에 멸망하고 그분의 **분노의 영에 소멸되는 것**은 의로운 자가 아니라 악한 자입니다. 오, 이상한 무지여! 사람들은 거룩한 공의의 풍성을 하나님의 징벌로, 사랑의 입김을 **분노의 입김**으로 여깁니다. 죄인은 하나님의 분노의 입김에 징계를 받고, 분노의 영에 소멸되는 것입니다. 그러나 정직한 영혼은 다릅니다. 정직한 영혼은 하나님께로부터 나오는 순전한 사랑의 입김으로 활력을 얻고, 오직 하나님 한 분만 남기고 다른 모든 것을 가져가시는 하나님의 거룩한 공의의 영에 의해 소멸됩니다. 그런데도 거룩한 조명을 받지 못한 자들에게는 이 두 가지가 유사하게 보이고 서로 전혀 다름에도 불구하고 같은 것으로 여겨집니다.

10. 숫사자의 우는 소리와 암사자의 소리가 그쳤고 젊은 사자들의 이가 부러졌으며

11. 먹이가 없어 호랑이가 죽고 젊은 사자들은 흩어졌네.

사자는 어디서나 **우는 소리로** 자신의 명성을 나타냅니다. 여기서는 욥에 대한 힘과 관대함을 뜻합니다. 영혼들에게 하나님을 섬기라는 **암사자의 소리**는 사방에서 들려왔습니다. 그러나 파멸로 그 **소리가 그치고, 젊은 사자의 이가 부러졌습니다.** 이것은 태초에 하나님께 헌신한 모든 영혼이 부르는 소리를 듣지 못하게 되자, 명성을 알리는 소리가 가라앉자, 젊은 자들의 이빨이 부러진다는 것을 상징합니다. 그들은 구원을 원하면서 죽습니다.

영혼이 처음에 경험한 회심의 많은 부분은 영원하지 않은 것이 사실입니다. 너무나도 강하고 용감했던 **호랑이**가 생명을 잃고 **죽었습니다.** 그가 왜 죽었습니까? 그에게 먹이와 영양분 혹은 기도의 양식이나 경건한 행동, 선한 행실로 유지되는 것이 없었기 때문입니다. 이런 이유로 가장 위대하게 빛나는 영혼인 **젊은 사자들**이 내던져지고 **완전히 흩어진** 것입니다.

강한 자들에게 주어진 비난을 주목하십시오. 그것은 아주 그럴 듯합니다. 강한 자들은 사람들이 자신들에게 말하는 것이 그들의 경험만큼이나 진실하다고 생각합니다. 강한 자들은 자신의 명예와 영적 자녀를 잃는 경험을 했습니다. 사람들이 확신시켜 주는 대로, 그들은 자신들이 패배했다고 정말로 믿어 버립니다. 때로는 그 패배가 먹이를 잃어버렸기 때문이라는 경미한 의심을 하기도 합니다.

강한 자들이 겪었던 수많은 상실의 경험은, 그들이 그것을 잃어버린 것이 아니라 유다 족속의 강한 사자가 그들에게서 빼앗아 간 것임을 분명히 알려 주고 있습니다. 솔직히 그들에게 닥친 이 모든 상실에 대해 그들이 무슨 책임이 있습니까? 그들이 이 불행을 막거나 무엇 하나 보존할 수 있었겠습니까? 이들은 할 수 있는 한 악에게 항복하지 않았습니다. 이들은 자기를 포기하고 내어 맡겼습니다. 그런데 강한 사자가 먹이를 빼앗아 가자, 이들은 비난을 받고 있습니다. 이 모든 것이 그들의 탓이라고 설득당하고 있습니다. 그리고 매우 어리석게도 이들은 이러한 비난과 설득에 넘어갑니다.

12. 한 말씀이 내게 은밀히 들렸고, 내 귀로 그 흐릿한 소리의 비밀스런 근원을 은밀하게 받았으니

13. 잠이 사람을 더 견디기 힘들게 하는 밤의 환상 가운데 불안해하면서

14. 두려움과 떨림이 나를 사로잡았고 내 모든 뼈들이 흔들렸다네.

15. 그때 그 영이 내 앞으로 지나갔고, 내 몸의 털이 곤두섰지.

16. 누군가 내가 잘 모르는 모습이 내 앞에 섰는데, 그 모습이 내 눈에 보였고 가냘픈 호흡 같은 희미한 음성을 들렸다. 그것은 나에게 이렇게 말했다.

욥을 견책하고 정죄하는 이 사람은 환상과 신령한 교통에 능력 있는 저명한 자입니다. (그의 말에 따르면) 그는 계시로 욥의 패배를 알았습니다. 하나님께서 그에게 욥의 실패와 실수를 계시해 주셨습니다. 그분은 친밀한 친구에게 하시듯이 **가느다란 소리로 말씀하셨습니다.** 그 친구는 하나님의 말씀을 이해하려면 주목할 필요가 있다고 말합니다. "나는 아무런 방해를 받지 않는 상태에 있습니다. 이런 까닭에 내가 하나님의 말씀을 **이해하게 된** 것입니다. 하나님의 말씀은 감지하지 못할 정도로 **내 앞으로 지나갔습니다.** 그때 나의 겸손이 나로 하여금 **떨리게** 했습니다. 내가 머물던 **그 신앙의 밤에 하나님께서 내게 주신 이상**으로 나는 **두려웠습니다.**" 혹독한 심판자들은 이런 식으로 자신을 속입니다.

그 친구는 계속해서 말합니다. "**잠**들 때 환상으로 말미암아 생각이 번거로울 때, 나는 **두려웠고 떨렸으며 뼈마디까지 흔들렸습니다. 하나님의 영이 내 앞으로 지나가실 때,** 두려움과 공포로 **내 몸에 털이 곤두섰습니다.** 그때 나는 진실로 내가 모르는 **한 사람을 보았는데 그 형상이 내 눈 앞에** 있었습니다. 내가 그를 보는 동시에 **그의 목소리**가 나를 뚫고 지나가버렸습니다. 이 모든 상황은 틀림없이, 내가 임의로 당신을 비난하는 것이 아니라는 충분한 증거가 됩니다. 내가 이렇게 말하는 것은 하나님의 영에 의한 것입니다. 나에게 자신을 나타내시고 교통하시는 하나님께서 당신의 실수와 교만을 내게 보여 주셨습니다." 이런 공격은 사람이 당할 수 있는 가장 극심한 것입니다.

17. 사람이 자신을 하나님과 비교하여 감히 스스로를 정당화할 수 있으며 그가 자신을 만드신 분보다 더 정결하겠는가?
18. 하나님을 섬긴 자들이 확고하지 못했고, 하나님은 그분의 천사들 중

에서도 혼돈을 발견하시니

19. 하물며 흙으로 만든 집에 살며, 티끌로 그 기반을 삼는 자들은 벌레들에 의해 그리되듯 차라리 소멸되지 않겠는가?

자신이 의롭다고 믿지만 죄인인 자여, 이 말은 바로 당신에게 해당되는 것입니다. **"사람이 어찌 하나님 앞에서 스스로를 정당화하겠느냐?"** 사람이 어찌 하나님 앞에서 공의롭겠습니까? **사람이 어찌 창조하신 이보다 성결하겠습니까?**

오, 당신은 얼마나 눈먼 자인지요! 하나님께서 이 말씀을 들으시도록 의도하신 사람은 당신이지 고난 받는 불쌍한 사람이 아닙니다. 부패 속에서 괴로워하는 욥은 그 공포가 너무 크기 때문에, 감히 **자신을 하나님과 비교하지** 않습니다. 이런 영혼들이 매우 불공평하게 비난 받는 이유가 여기에 있습니다. 부패로 뒤덮인 이들보다 큰 은혜를 소유한 자들이 하나님과 자신을 더 많이 비교합니다. 이들은 명성을 얻게 한 모든 선행과 의로움을 지탱시켜 주던 것을 잃었습니다. 그리고 하나님은 그들을 매우 불결하게 보이게 하셨습니다. 그런데 당신은 이들이 하나님의 순결함을 강탈하려 했다며 비난합니다. 오직 하나님만 홀로 영광 받으시도록 하는 것은 죽었습니다. 이들의 질책은 고난 받는 가련한 자에게 무척이나 비통한 것입니다.

친구는 계속해서 말합니다. "하나님을 **섬긴 나 자신도 스스로를 굳게 증명하지 못하며,** 하나님은 비교할 수 없는 순결함을 지닌 **천사들에게서도 혼돈을 발견하십니다.** 하물며 모든 사람의 눈에 띄는 불결함을 지닌 당신, 온몸에 부패가 가득하여 더러운 집과 같고, 당신을 다 먹어치우려는 벌레와 같은 질병으로 소멸될 당신에게는 오죽 하시겠습니까? 이 모든 것은 당신이 세속에 애착을 가지고, 오직 **이 땅**의 좋은 것들 안에서만 안식하려고 했기 때문입니다!"

오, 어리석은 자여! 모든 것을 박탈 당한 이 가련한 자가 당신에게는 완전히 세속적이며 **티끌로 터를 삼는 자**처럼 보이는군요. 그리고 가진 것이 가득한 당신은, 당신의 마음이 오직 하늘의 것에만 있고, 온전히 천상의 존재라고 생각하는군요! 이 얼마나 이상한 자기사랑의 타락이며 무너짐인가요!

5장

1. 자, 너에게 응답할 자가 있다면 부르짖어 보아라. 그리고 거룩한 자들을 향해 돌아서라.

이 친구는 가장 잔인한 원수보다도 더 심하게 고문을 가하면서 **'다시 잘 보라'** 고 말합니다. "당신과 같은 상태에 처한 자를 **찾을 수 있습니까?** 당신의 말을 이해하는 자가 있습니까? 사람들에게 물어보십시오. 그리고 **거룩한 자들에게로 돌아서십시오.** 그들의 행보를 곰곰이 살펴보며 그들 가운데 당신과 닮은 자가 있는지, 당신과 같은 삶을 사는 자가 있는지 찾아보십시오."

일반적으로 하나님의 종들을 그들이 처한 상황에서 끌어내어 공포와 절망 속으로 내던지기 위한 목적으로 질책을 가할 때는 작은 것 하나 놓치지 않는 법입니다. 그러므로 비난 당하는 자는 비난하는 자들의 말에 굴하지 않도록 매우 강한 용기를 지녀야만 합니다. 나는 친구의 일장 연설을 아무 대꾸 없이 듣고 있는 욥의 인내에 경의를 표하지 않을 수가 없습니다.

2. 진실로 분노가 어리석은 자를 멸한다.

욥은 여전히 **어리석고** 바보스럽다고 비난받았습니다. 이렇게 비난받지 않았다면, 그의 고뇌는 완성되지 않았을 것입니다. 욥을 비난함과 동시에, 이들은 한층 더하여 욥의 **어리석음** 때문에 **하나님의 분노가 그를 멸하실 것**이라고 확신에 차서 말합니다.

3. 나는 뿌리깊은 곳까지 굳어진 어리석은 자를 보았고, 곧 그의 아름다움을 저주하였다.

이 구절은 욥을 모독하려고 의도한 것이지만, 온갖 부류의 사람들을 교훈하기에 부족하지 않습니다. 평범한 길을 가는 사람들은 자신들이 행복 안에서 가장 든든히 선 것으로 보일 때 넘어질 것을 두려워합니다. 그리고 신앙의 길을 걷는 사람들은 자신들이 빛과 내면의 즐거움 안에서 가장 안정된 것처럼 보일 때, 멸망 또한 가깝다는 것을 예측해야만 합니다. 이는 실로 기쁨에 찬 삶을 마무리 짓고 종국에는 신성한 삶에 자신을 내어 드리는 변화이자 전환입니다. 그러나 생명에서 죽음으로, 죽음에서 생명으로 변화되는 이 길이 너무도 길어서 진짜 멸망으로 오해합니다.

하지만 하나님의 영으로 조명받는 이들은 하나님의 종이 축복 가운데 **굳게 서고** 그 안에 **깊이 뿌리**내리는 것을 볼 때, 하나님께서 당신의 아름다움만을 간직하기 원하시기 때문에 종의 허망함과 피상적인 아름다움을 **곧 파멸시키실 것**이라는 사실을 어렵지 않게 받아들입니다. 이들은 이 때문에 하나님의 종을 정죄하지 않으며, 피상적인 아름다움에 가치를 두지도 않습니다. 그들은 겉으로 보기에는 치명적인 몰락일지라도 영원한 생명의 근원이 될 것을 알고 있습니다.

4. 그의 자녀들은 안전에서 멀어질 것이고, 성문에서 짓밟힘을 당해도 그들을 구해주는 이가 아무도 없을 것이다.

이 구절은 문자 그대로 **자녀들을 잃은 것을** 징벌로 간주하고, 계속해서 욥을 모욕하는 것입니다. 하지만 이 구절은 신비로운 인물인 욥이 믿음의 산물이자 열매인 신성한 덕을 상실한 것을 매우 잘 표현하고 있습니다. 사람은 오직 하나님 한 분 안에서만 안전을 누려야 하는데, 이 덕이라는 것이 안전을 보장하고 지탱하는 역할을 하게 될 때, 파괴됩니다. 이러한 상실은 불가피합니다. 그러나 포기가 진정한 승리입니다. 왜냐하면 **아무런 소망 없이** 우리 자신을 내어 드리게 하는 포기의 극치이기 때문입니다. 이는 지극히 순결한 사랑의 상태로, 이기심 없이 마무리됩니다. 사랑은 이기적이지 않은 만큼만 순결합니다.

'그의 자녀들은 성문에서 짓밟힘을 당할 것이다.' 어떻게 그럴 수 있습니까? 이것은 그들이 자신들에게서 쫓겨났다는 의미입니다. 그들 안에 홀로 거하기 원하시는 하나님께서 다름 아닌 그들을 그들에게서 내어 쫓으신 것입니다. 이 과정(혹은 변화)과 상실 가운데 하나님은 모든 피조물과 어둠의 세력에게 그들을 짓누를 힘을 주십니다. 그러면 아무도 그들을 구원할 수 없습니다. 그들을 구원할 자가 아무도 없을 뿐만 아니라, 피조물들이 모든 노력을 기울일지라도 그 영혼을 건져낼 수 없습니다. 만약 그가 그 길을 포기하지 않으면, 그는 평생토록 이 극악한 상태에 머물러 있게 될 것입니다. 하지만 그들이 하나님을 기쁘게 해 드리면, 하나님께서는 즉시 그들을 그 상황에서 구해주십니다. 그분의 밝음으로 어둠을, 그분의 권능으로 적들을 순식간에 훼파하시면서 말입니다.

만약에 욥이 자신의 구원자를 신뢰하지 않았다면, 친구들의 위로는 오히려 욥을 절망으로 몰아넣는 수단이 되었을 것입니다. 나중에 욥의 고백은, 그가 극심한 핍박을 당한 목적을 분명하고도 충분하게 보여 줍니다. 욥을 절망시키는 친구들에 대한 욥의 대답은 오직 '나의 구속자는 살아 계신다' 입니다(19:25). 그리고 자기에게는 더 이상 아무 구원이 없고, 오직 자신 안에서 약해질수록, 구세주 안에서 더욱더 위대해짐을 발견한다고 대답합니다.

6. 세상에 이유 없이 이루어지는 일은 아무것도 없으며, 죄악은 땅에서 솟아나는 것이 아니다.

7. 인생은 수고하기 위하여 태어나고, 새는 날기 위하여 태어난다.

이 땅 위에 목적 없이 만들어진 것은 없으며, 하나님의 영광과 우리의 완전을 위해 거룩하게 섭리하시신 하나님께서 만유를 지도하십니다. 하지만 그분의 섭리가 항상 우리의 생각과 같은 것은 아닙니다. 당신은 이 사람이 죄의 결과로 고난 받고 있으며, 이 고난은 그를 죽게 하는 저주라고 생각할 것입니다. 하지만 절대로 그렇지 않습니다. 이 사람은 하나님께 신실했기 때문에 고난 받는 것입니다. 그는 한 번도 하나님의 길에서 벗어난 적이 없습니다. 고난은 그의 구원의 길이 될 것입니다.

진실로 **악이 땅에서 솟아나는 것이 아닙니다.** 이 때문에 사람을 탓하는 것은 옳지 않습니다. 고난은 하늘에서 옵니다. 고난이 우리에게 필요하기 때문에 하나님께서 보내신 것입니다. 내가 앞서 말한 것처럼, 하나님께는 고난 가운데서 우리를 구원하시려는 것 말고 다른 뜻은 없습니다. 고난이 진정한 축복으로 여겨져야 하는 이유가 바로 이것입니다. 고난은 사랑과 애정이 충만하신 아버지께로부터 오는 것이며, 아버지께서는 오직 우리의 치명적인 상처를 치유하시려고 고난을 주십니다.

사람이 자기 자신 안에 남아 있는 한, 그 사람의 본성은 **수고하고** 고통 당할 수밖에 없습니다. 하지만 새의 본성은 **나는 것**입니다. 그러므로 용감하게 자신을 버리려 애쓰고 영원의 빛 속으로 날아오르기 위해 용맹을 발하는 자는 안식을 누리며, 나아가 불행하고 범죄한 인간의 운명인 **수고**에서 해방됩니다. 이것을 새와 비교한 것은 매우 적절합니다. 우리는 사람으로 수고하든지, 아니면 새가 되어 무한대로 날아가든지 해야 합니다.

8. 그러므로 나는 하나님께 기도하고, 내 말을 하나님께 직접 아뢰었을 것이다.

9. 그분은 크고도 이해할 수 없는 일들을, 헤아릴 수 없는 놀라운 일들을 행하신다.

자만에 빠진 친구는 말합니다. "나는 당신을 위해 하나님께 기도하는 것을 멈추지 않겠습니다. 아마도 하나님께서는 당신의 과실로 거절하신 것을 나의 기도에는 응답해 주실 것입니다. 하나님께서는 우리가 **이해할 수 없는 놀라운 일들을 행하시며,** 그분의 예정하심의 비밀은 신비롭고, 그분의 **기적은 그 수를 헤아릴 수 없**습니다."

11. 그분은 낮은 자를 가장 높은 곳으로 들어 올리시는 분이요, 고난 받는 자를 일으키시며 그들에게 건강을 주시는 분이다.

하나님은 **겸손한 자를** 띠끌에서 **들어 올려** 높은 곳에 두시는 분이며, 상처 받은 후에 **건강을 주시는 분**이십니다. 이 친구는 욥을 수많은 멸시와 모욕으로 괴롭힌 후, 몇 가지 진리를 말하는데, 이것은 하나님께서 고난 받는 이 가련한 자를 조금이나마 위로해 주시려고 본의 아니게 말하게 하신 것입니다.

하지만 그것은 그리 오래 가지 않았습니다. 큰 쓰라림을 달래주는 잠깐의 달콤함입니다. 다윗이 말한 것처럼 "하나님께서는 사람을 높이신 후에 그를 완전히 산산조각 내십니다"(시 2:9). 주님은 힘 있는 자들을 그들의 보좌에서 내던지시기 위해, **낮은 자들과 작은 자들**을 위로 올리시기 위해 그들을 낮추신 것만큼이나 다시 높이 올리시기 위해 그렇게 하십니다.

13. 지혜로운 자가 자기의 지혜에 속게 하시고, 악한 자의 계략을 멸하시니

14. 그들은 대낮에도 어둠을 만날 것이요, 정오에도 밤인 것처럼 길을 더듬을 것이다.

하나님께서 낮은 자와 작은 자를 높이기를 기뻐하시듯이, **지혜로운 자의 지혜를** 멸하는 것을 기뻐하십니다. 예수 그리스도는 하나님 아버지께서 그분의 비밀을 지혜롭고 슬기로운 자들에게는 숨기시고 작은 자들에게는 나타내심을 감사하시면서(마 11:25) 그것, 곧 지혜로운 자의 지혜를 얼마나 싫어하시는지 보여 주십니다.

하나님께서는 왜 그렇게 하시는 걸까요? 작은 자들은 겸손함과 단순함과 확신으로 행하며, 그들의 손을 잡고 인도하시는 하나님의 뜻 안에서 **걷기** 때문입니다. 하나님의 뜻 안에서 **걷는** 것은 진리의 빛 안에서 걷는 것입니다. 거룩하신 뜻으로 둘러싸인 하나님의 비밀을 아는 것입니다. 하지만 이성과 우리 자신의 지혜 안에서 걷는 것은 어디로 가는지도 모른 채 길을 **더듬는** 것과 같습니다. 이는 마치 **밝은 낮에 걷는 것과 같습니다.**

이 세상에 태어난 모든 자를 비추는 해이신 예수 그리스도 안에 하나님의 뜻이 있습니다. 사람들은 영원한 **지혜**이신 예수 그리스도의 이끌림을 받지 않으면, 인위적이고 교활한 사고에서 비롯된 길로 이끌림을 받게 됩니다. 하나님께서는 그들이 자신들의 이성으로 소경이 되는 것을 허락하시고, 실제로 사람들은 매우 가까운 곳에 있는 진리를 보지 못하게 됩니다.

모든 사람은 하나님의 자녀라는 어떤 표를 지니고 있습니다. 이 분명한 특성은 그 사람에 대한 하나님의 모든 갈망 안으로 그를 이끌어 가는 거룩한 신호입니다. 그가 자기의 깊은 곳에 숨겨져 있는 이 빛을 신실하게 따른다면, 그는 넘어지지 않고 하나님의 명령을 따르는 길로 달려가게 될 것입니다.

하지만 대부분의 사람은 자기 지혜에 속아 이 거룩한 충동을 거부합니다. 그것이 자신들의 거짓된 이성을 거스르기 때문입니다. 그리하여 끊임없이 하나님과 그분의 갈망으로부터 멀어져서 사도 바울이 말한 양자(養子)의 주요 성품들, 즉 거룩한 태도를 잃어버립니다(롬 8:14).

어리석고 지혜롭지 못한 또 다른 이들은 거룩한 흐름을 따르는 것에 대해, 방황하는 그들의 생각과 마음의 혼란을 따르는 것이라고 생각했습니다. 그들은 그것이 육체와 탐욕의 충동을 따르는 것이라고 생각하는 것입니다.

하지만 그렇지 않습니다. 거룩한 충동은 외부적이거나 육신적인 것이 아닙니다. 이것은 그 영혼의 깊은 곳에 있습니다. 그 섬세함 때문에 항상 완벽한 확신을 동반하지는 않지만, 거룩한 특성을 지니고 있습니다. 그러나 거룩한 충동은 신실한 사람, 즉 성령과 마음의 정욕의 진의를 분별하는 법을 매우 잘 알고 있는 사람을 무지 가운데 내버려 두지 않습니다.

15. **하나님께서는 가난한 자를 헐뜯는 자들의 혀에서 건져내실 것이며 난폭한 자의 손에서 구해내실 것이니**
16. **가난한 자의 소망이 배반당하지 않을 것이지만, 불의는 그의 입을 다물게 될 것이다.**

스스로를 현명하다고 여기는 자들은 자부심으로 가득 차 있기 때문에 순전함을 견딜 수 없고 그것을 몹시 싫어합니다. **그들의 언어**는 날카로운 **칼**과 같이 단순한 영혼들의 평판을 헐뜯어 파괴하고 그들을 학대하면서 자랑스러워합니다. 그들, 순전한 자들이 모든 속임을 죽기보다 혐오하기 때문입니다. 실제로 순전한 사람들은 기교 없는 순진함으로 사람들을 놀라게 합니다. 이는 그리 어려운 일이 아닙니다. 누구도 의심하지 않고 모두가 그들처럼 순수하다고 믿기 때문입니다.

그러나 하나님께서 그분의 선하심으로 그들을 **구해내실 것**이며, **스스로 지혜롭다 하는 자들의 입의 칼**, 곧 **분열의 칼에서 그들을 구해주실** 것입니다. 게다가 하나님께서는 단순한 영혼들이 방어적이지 않으므로 더욱 혹독하게 짓누르는 난폭한 자의 손에서도 그들을 **구해주실 것**입니다. 왜냐하면 모든 것을 빼앗긴 가련한 자는 그가 소망할 수 있는 것이 적어질수록 오히려 **소망하기를** 그만두지 않기 때문입니다.

모든 진실과 위로의 말을 한 후에 이 거짓 친구는 독설을 덧붙입니다. 그는 자기도 모르게 자기에게 반하는 말을 했습니다(이 박식한 자는 가련하고 빈곤한 자의 입에서 나오는 말들을 마치 칼처럼 잘라냅니다). 그리고는 "이 영혼의 입을 막은 것은 **불의**다"라고 덧붙입니다. 하지만 하나님의 임재 안에서 욥의 입을 닫은 것은 단순함과 경외함, 그리고 슬픔입니다. 하나님께서는 고난 받는 욥에게 침묵으로 말씀하십니다. "나를 침묵하게 하는 것은 죄악이 아닙니다. 주의 거룩한 말씀에 대한 존중과 주의 뜻에 대한 사랑이 나를 침묵하게 한다는 것을 하나님은 아십니다."

17. 하나님께서 친히 바로잡아 주시는 자는 행복한 사람이다. 그러니 너는 전능자의 징계를 업신여기지 말라.

하나님의 징계를 받는 자가 행복하다는 것은 사실입니다. 그분은 오직 사랑하시는 자를 징계하시기 때문입니다(잠 3:12). 나는 고난 받는 자가 다음과 같이 말할 것이라고 확신합니다. "나는 하나님의 긍휼과 자비를 사랑합니다. 그리고 내가 그분의 치심으로 죽는다면, 그것은 **멸시**에서 비롯된 것이 아니라 존중에 기인한 것입니다. 나는 엄청난 축복 속에서 침묵하는 것을 배웠습니다. 나의 침묵은 내가 드릴 수 있는 가장 강력한 감사의 표현입니다. 나는 또한 극심한 고난 속에서도 침묵하는 것을 배웠습니다. 나의 침묵을 모르는 당신은 나를 부당하게 멸시했지만, 그것은 내가 가장 완전하게 복종한 결과입니다. 하나님의 치심을 겪으면서도 침묵하는 것은 내가 그것들을 흠모하기 때문입니다." 오, 참으로 사람들이 얼마나 큰 실수를 범하는지요!

18. 하나님은 상하게도 하시고 고쳐 주시는 분이며, 치시기도 하지만 그 분의 손으로 건강을 회복시켜 주신다.

이 구절은 이 영혼이 처한 상태가 고통으로 깨어져 있음을 매우 잘 보여 줍니다. 그가 당한 고난이 아무리 극심할지라도, 이 영혼은 약을 찾거나 바를 수 없습니다. 왜냐하면 **상하게 하신 분이 하나님이시고 치료하실 수 있는 분도 하나님**이시기 때문입니다. 그러므로 구원은 오직 하나님께 있습니다.

하나님의 **치심은** 매우 강하고 무겁습니다. 하지만 내려치신 **그 손으**로 다시 **건강을 회복시켜 주실 것**입니다. 오, 하나님, 오직 주님만이 당신께서 가한 상처를 고치실 수 있습니다. 이렇게 하시는 것은 그 영혼을 자극하여 위대한 믿음과 포기에 이르게 하려는 것입니다. 믿음은 하나님께서 그를 치신다는 것과 그가 그 상처를 사랑하게 될 것을 믿게 하려는 것입니다. 그리고 포기는 그 상처가 하나님을 기쁘시게 하는 한 기꺼이 그것을 견디고, 하나님의 뜻이라면 결코 치유 받지 않는 것입니다.

19. 그분은 너를 여섯 번 괴롭게 하신 후에 구원해 주실 것이며, 일곱 번째에는 악한 것이 네게 손도 대지 못하게 하실 것이다.

하나님께서는 영혼들이 이상한 시험을 통과하는 것을 허락하십니다. 그들을 정결하게 하려고 계획하신 만큼 여러 번 치십니다. 숫자 '6'은 매우 신비롭습니다. 이것은 하나님께서 그 영혼이 그의 모든 활동을 상실하게 만들 필요가 있을 때 고통을 일으키심을 분명하게 보여 줍니다. 심지어 그 활동이 가장 단순한 것일지라도 말입니다. 그것은 많은 것을 포함하고 있습니다. 사람은 이 사실을 알지 못합니다. 그는 너무나도 단순해서 단지 그가 잃어버린 만큼만 알 뿐입니다. 하지만 대단히 수동적인 상태인 **일곱 번째**는 그분의 치심을 거의 느낄 수 없는 안식, 혹은 거룩한 휴식으로 들어가게 합니다. 그러면 사람들은 보기 드문 죽음의 경지에 이르게 되고, 더는 고통을 느끼지 않게 됩니다.

20. **그분이 너를 기근 중에 죽음에서, 전쟁 중에 칼의 권세에서 구속하실 것이다.**
21. **그분이 너를 혀의 화살들로부터 보호해 주실 것이며, 만일 예상치 못한 고난이 닥친다 해도 네가 그것을 두려워하지 않게 될 것이다.**

하나님은 이 사람이 스스로 이해하지 못하는 말을 욥에게 하게 하십니다. 가장 단순한 활동에서 마지막으로 정화된 후, 즉 죽음을 낳으면, **적군의 칼**, 즉 기근으로 나타난 궁핍과 박탈이 더 이상 고통을 일으키지 않는다 것은 사실입니다. 원수의 모든 공격은 힘을 잃고, 시편 56편 4절에 **"혈육을 가진 사람이 내게 어찌하리이까"**라고 기록되었듯이, 사람에게는 두려워할 것이 아무것도 없습니다.

22. **네가 황폐와 기근 중에 웃을 것이요, 땅의 들짐승을 두려워하지 않을 것이다.**
23. **만일 네가 너의 길에서 돌을 발견한다 해도 그 돌들이 너를 상하게 하지 않을 것이며, 사나운 들짐승들이 너를 향하여 온순해질 것이**

다.

이것은 하나님 안에 도달한, 다른 그 무엇이 아닌 오직 하나님의 뜻 가운데 안식하는 한 영혼에 대한 참된 묘사입니다. 이러한 영혼은 **황폐와 기근 속에서도** 만족하는 삶을 삽니다. 심지어 슬픔 중에도 기쁨이 넘칩니다. 마귀나 악한 자들은 하나님의 뜻에 푹 잠긴 마음을 더 이상 방해할 수 없기 때문에 이제 두려워할 것이 아무것도 없습니다. 실패의 상황은 더 이상 이들을 죄악에 빠뜨릴 힘이 없습니다. 살아 있는 돌이신 예수 그리스도에게 심겨진 영혼의 뿌리가 너무도 깊어서 아무것도 그들을 방해할 수가 없기 때문입니다.

24. **네 장막이 평안 가운데 있을 것을 네가 알 것이며, 네 종족을 방문할 때에 네가 죄를 범하지 않을 것이다.**

본문은 한 영혼의 중심과 깊음이 결코 변할 수 없는 평안과 크나큰 자유 안으로 들어오면 그의 **장막이 평안 가운데 있게 된다**고 말합니다. 이 중심이라는 것이 곧 안식의 장막이기 때문입니다. 또 "이제는 당신이 처음에 그러했던 것처럼 대화로 범죄하지 않을 것입니다"라고 합니다. 처음에 어떤 사람이 사람들과 이야기를 나눠야 한다면, 그들은 우리 안에 있는 악한 기질 때문에 스스로를 더럽히게 됩니다. 그로 인해 우리는 가장 순전한 것들을 더럽히고 타락시키게 됩니다. 그러나 영혼이 단순함과 순전함을 통해 거룩한 안식에 도달하게 되면, 그 안에 있는 악의에 찬 기질이 제거되어 대화로 인해 상처 입지 않게 되며 오히려 다른 사람들을 도울 수 있게 됩니다.

25. 또한 네 세대가 대단히 많아지게 될 것과 네 후손이 땅의 풀과 같이 될 줄을 네가 알게 될 것이다.

26. 때가 되면 곡식단을 모아들이는 것같이, 너도 풍성함으로 무덤에 들어가게 될 것이다.

당신은 하나님 안에서 자유롭고 행복한 이때에 당신의 자손이 매우 많아진다는 것을 알아야 합니다. 그때에 하나님께서 당신에게 수많은 영적 자녀들을 주시며 놀라운 열매를 맺게 하시기 때문입니다. 사람들은 이 영혼들을 예수 그리스도로 말미암아 낳은 자녀라고 여기지 않겠지만, 그들의 수는 계속 증가해서 **땅의 풀**만큼 늘어날 것입니다. 그들은 마치 씨뿌림 없이 자라난 것처럼 보입니다. 이 씨앗은 한 번 뿌려지면, 돌보지 않아도 많은 열매를 맺기 때문입니다.

당신은 당신의 풍성함 가운데 무덤에 들어갈 것입니다. 이 말은 두 가지로 해석되어야 합니다. 하나는 하나님이 주신 축복과 은혜가 충만한 영혼들이 **때가 되어 곡식을 거두어 운반하는 것처럼 내면의 무덤, 즉 죽음의 상태에** 들어가는 것입니다. 그러면 이 무덤 안에서 그 영혼은 무엇을 합니까? 그들의 영혼은 그곳에서 차츰 썩어집니다. 그 형상과 아름다움을 잃고 완전히 부패했을 때, 이 부패함 속에서 예수 그리스도께서 확증하신(요 12:24, 25) 풍성한 열매를 맺게 될 싹이 틉니다. 만약에 영혼이 그 풍성함으로 무덤에 들어가지 않는다면, 풍성한 결실도 없을 것입니다.

이 말씀을 이해하는 또 다른 방법은, 자신의 썩어짐에서 풍성한 결실을 맺은 영혼들은 풍성함 속에서 육체의 죽음의 무덤, 즉 (곡식이 주인에 의해 창고로 모아지듯이) 자신이 하나님께 받아들여져서 다시는 영원히 밖으로 나올 수 없는 무덤 속에 들어간 것을 아는 것입니다.

6장

1. 욥이 이 말들로 대답했다.

2. "하나님의 진노를 받을 만했던 나의 죄들과 내가 견디고 있는 고난들을 저울에 달아 볼 수 있다면!

3. 그것들이 바다의 모래보다 더 무겁다는 것이 입증될 것이니, 그 때문에 나의 말들이 애통으로 가득하구나."

고난받은 영혼들을 향해 그들이 범하지도 않은 불법을 가지고 잘못했다고 탓하는 적대 혹은 반목이 얼마나 많은지 모릅니다. 이러한 적대는 고난 받는 영혼들에게 자신들의 무죄를 증명하고자 하는 불 같은 갈망을 불러일으킵니다. 자신들이 범하지도 않은 죄를 고백할 수 없고, 자기에 대한 비난과 치욕이 그들을 더욱 근심하고 슬프게 만들기 때문입니다. 도대체 비난하는 자들은 머리부터 발끝까지 질병으로 덮인 사람에게 무슨 말을 하고 싶은 것일까요? 욥의 슬픔이 충분히 느껴지지 않습니까? 그런데도 우리는 이런 일이 고난 받는 사람들에게 일어나는 모습을 보게 됩니다. 모두가 고난 받는 자들을 이용합니다.

욥은 영적인 압박과 극심한 절망에 빠진 자신을 보면서 스스로를 변호하고 자기에게 죄를 범하고 싶었던 적이 없음을 알려여만 했습니다. 욥은 **"나의 죄들, 내가 하나님을 거슬러 행했던 것과 내가 견디고 있는 고난들을 저울에 달아 보았으면 좋겠다"**고 말했습니다.

가장 순수한 영혼들이 가장 적게 용서 받는 자들인 경우가 많은 것이 사실입니다. 하나님께서는 그들이 자기의 순수함을 의지하는 것들을 제거하기 위해 이를 허락하십니다. 그리고 이 구절에서 우리가 명백히 볼 수 있는 것은, 그 영혼이 순전할수록, 스스로 죄가 있다고 선언하면서 더욱 고통 받는다는 것입니다. 이는 이들로 하여금 매우 자주 그들이 범하지도 않은 죄 때문에 자신들을 징벌하신다며 하나님을 탓하게 만듭니다. 하나님은 우리에게 교훈을 주시기 위해 고난이 우리의 죄악으로 인한 징벌이 아니라, 하나님의 선하심의 결과이고 상급이 될 것을 알려 주시려고 이 위대한 사람 안에 연약함을 허락하시는 것입니다.

처음에 욥은 이에 대해 충분한 확신이 있었습니다. 그러나 거짓된 친구들의 괴롭힘과 성가심이 욥을 매우 혼란스럽게 만들었고, 그는 이제 자신이 무엇을 하고 있는지조차 모릅니다. 이 혼란은 욥이 십자가 안에서 하나님의 선하심과 사랑을 보는 대신, 고난을 죄와 징벌의 결과로 여기도록 이끕니다. 항상 하나님을 섬기려 하는 욥의 갈망과 죄에 대한 혐오를 고려할 때, 그가 십자가를 징벌로 보는 것은 자신을 죄 없이 순전하게 보이기를 간절히 원하도록 만들 것이며, 이는 그가 느끼는 슬픔에 비례할 것입니다.

4. 전능자의 화살들이 나를 꿰뚫었으니 나에게 쏟아 부어진 분노가 나의 생명을 가져가고, 전능자의 공포가 나를 대적하여 전쟁을 일으키는구나.

욥은 자신의 상태에 대하여 짧지만 완전하게 묘사합니다. 그는 **화살**(왕하 13:17)을 가지고 하나님께서 통과하게 하신 희생의 세 단계에 대해 이야기합니다. 마치 **꿰뚫는 화살처럼** 이 단계들은 영혼을 꿰뚫었습니다. 이것은 전능자가 보내신 화살로 골수까지 찌르는 예리한 화살입니다. 이 화살은 꿰뚫을 뿐만 아니라, 큰 공포와 의분으로 사람의 **호흡을 거의 빼앗아 갑니다.** 사람이 감각을 잃고 과도한 통증으로 혼절하게 만듭니다.

이것은 또한 하나님이 보내시는 고난 속에 있는 그분의 계획으로, 그 영혼을 자기 자신에게서 이끌어 내어 하나님께 사로잡히게 합니다. **공포는** 두려움과 걱정으로 **영혼을 대적하는 전쟁을 일으킵니다.** 영혼은 길을 잃은 것처럼, 자신을 위한 즐거움은 더 이상 없는 것처럼, 아무런 도움도 받지 않고 의지할 곳 없이 죽게 될 거라고 느낍니다.

5. 들나귀가 풀이 있는데 울겠느냐? 혹은 소가 꼴이 가득한데 '음매'하고 울겠느냐?

욥은 사람이 원하는 것을 전부 다 가지고 있을 때 불평하지 않고 만족하는 것이 얼마나 쉬운 것인지 친구들에게 이해시킵니다. 사람이 외적 관계에서든지, 내적 관계에서든지 모든 좋은 것으로 풍성할 때 불평할 것이 무엇이 있겠습니까? 하지만 넘치도록 축복 받은 사람은 슬픔과 근심의 무게에 짓눌려 불평하는 불행한 사람을 쉽게 비난합니다.

6. 혹은 누가 그 맛본 것이 죽음을 가져오는 것을 즐거워할 수 있겠느냐?

이 구절에서 욥은 경험 자체가 그 영혼에게 가르침을 줄 수 있다는 것을 알려 주려고 합니다. 그는 말합니다. "당신은 그것을 **맛본 적이** 없고 경험해 본 적도 없는데 **어떻게** 나를 이해할 수 있습니까?"라고 말입니다. 그리고 "당신은 그렇게 하자마자 죽을 것이라고 믿었는데 그것을 맛 보기를 소원할 수 있습니까? 당신들의 음식은 나의 것과는 몹시 다릅니다. 당신들의 음식은 **생명을 주고,** 나의 음식은 **죽음**을 가져옵니다."

7. 전에 내 영혼이 손대기 싫어했던 것이 이제는 고난 가운데 나의 음식이 되었다.

"내가 당신과 같은 단계, 인간의 본성 가운데 있을 때에는 오늘날 즐기는 **이 음식**을 몹시 싫어했습니다. 나를 더럽힐까 두려워서 **내 손가락으로 만지기도 싫어했던** 음식이 이제는 **나의** 가장 일상적인 **음식**이 되었습니다."

오, 고난이 얼마나 많은 것을 바꾸어 놓았는지요! 또 허기진 영혼이 쓰라린 것들을 얼마나 달게 취하는지요!

8. 내가 요청하는 것을 얻도록, 그리고 하나님께서 내가 사모하는 것을 주시도록 나를 도울 자가 누구일까?

9. 시작하신 그분이 나의 파멸을 완수해 주신다면!

10. 또 슬픔으로 고통 당하는 중에 하나님이 나를 내버려 두지 않으시는

것, 그것이 내게 위안이 될 것이며, 나는 거룩하신 분의 말씀과 논쟁하지 않을 것이다.

새롭게 포기의 단계로 넘어간 욥은 자신이 경험한 적대로 인해 오히려 믿음이 커져서 모든 소망을 두고 있는 하나님께 돌아섭니다. 하나님을 향한 격렬한 포기와 자신에 대한 증오는 길에 놓인 장애물 때문에 더욱 거세지는 급류와 닮았습니다. 그것을 막으려고 애쓸수록 급류는 더욱 거세고 격렬해집니다.

욥은 이렇게 외칩니다. "누가 나의 간구를 들어줄 것이며 나의 소원을 하나님이 허락하시겠는가." 그러나 오 고난 받는 거룩한 자여! 당신은 오직 한 가지 무엇을 요구하고 있습니까? 당신은 천 가지 재난을 당하면서도 오직 한 가지만 요구하는군요! 빈곤과 질병, 그 가운데 있는 모든 비참함이 당신에게는 아무것도 아닙니다. 당신은 재난 가운데 어느 것이 제거되기를 원합니까? 당신은 어찌하여 많은 것을 요청하지 않습니까?

"아닙니다. 나에게는 간구할 것이 오직 하나뿐입니다. 그것은 바로 **하나님께서 내가 사모하는 것을 주시는 것**입니다." 그것이 무엇입니까? 당신이 처한 상황에서 도대체 무엇을 바랄 수 있습니까? 당신의 모든 고통이 끝나는 것입니까? 하지만 그러기에는, 빨리 끝나기를 바라기에는 고통이 너무도 극심합니다. 당신은 무엇을 기대하고 무엇을 간구하겠습니까?

"나는 하나님의 자비를 사랑하듯 그분의 공의를 사랑합니다. 나의 간구는 엄격함으로 **나를 산산이 부서뜨린** 하나님께서 그 일을 그만 **끝내시는 것**입니다. 하나님께서 **나를 산산이 부서뜨리게 하십시오.** 나를 무너뜨리게 하십시오. 나를 제거하여 가루가 되게 하십시오. 하나님의 불 같은 화로 나를 연마하게 하십시오. 하나님께서 가장 **이상하고 극심**

한 고통으로 박해하는 중에 나를 내버려 두지 않으실 것이라는 한 가지 위로를 얻게 하십시오. 모든 사람이 긍휼히 여김을 받기 위해 흠모할 만한 공의를 피하려고 고군분투하지만, 하나님의 공의에 자원함으로 희생되는 기쁨을 누리고 싶습니다."

오, 흠모할 만한 하나님의 공의여! 사람들은 당신을 모릅니다. 당신은 너무나도 자비로우신 분, 하나님 중에 하나님이십니다. 나로 하나님을 의지하는 자요, 하나님의 희생이 되게 하옵소서. 모든 사람이 당신을 두려워하지만, 나는 당신을 사랑합니다. 모든 인류가 긍휼의 대상이지만, 나는 당신의 열렬한 지지자가 되기를 갈망합니다.

때로는 주님께 전적으로 헌신하는 사람을 찾으실 필요가 있습니다. 하지만 오 사랑하는 공의여, 엄하고 엄격한 당신은 사랑이 많으십니다. 만약 내가 드린 포기가, 나의 전 존재를 당신이 받으셨다면, 그 보답으로 한 가지 은총을 구하나이다. 나로 한 가지 위로를 얻게 하소서. 그것은 바로 **가장 극심한 고통으로 나를 고통 당하게 하시는 중에,** 모든 시간과 영원을 통틀어 만약 당신의 뜻이라면, 나를 살려 두시지 않는 것입니다. 다른 이들은 당신께 긍휼히 여김을 받으려고 기도합니다. 가장 위대한 성도들은 그들이 거룩한 성도요, 무언가 잃을 것이 있는 연고로 당신의 엄격함을 두려워합니다. 하지만 모든 피조물 가운데 가장 가난한 나는 오직 당신의 공의를 행사하시기에 적합한 대상입니다.

오, 사랑이여! 나를 살려 두지 마소서! 나는 완전히 포기하였고, 당신과 사랑에 빠졌습니다. 오 거룩하신 공의여! 당신이 나에게 얼마나 엄격하고 가혹하게 행하시든지 간에 **나는 거룩하신 분의 말씀에 반박하지 않을 것입니다.** 하나님의 말씀이 거룩하듯이 하나님의 행위들 또한 거룩하기 때문입니다.

11. 내가 무슨 힘으로 견디겠는가? 내 마지막이 어떠하기에 참고 견디며 고통 받아야 하는가?

당신께서 내게 보내시는 **고난을 견딜 힘**이 있기 때문에 나를 살려 두지 마시라고 간구하는 것이 아닙니다. 결코 그렇지 않습니다. 나는 그렇게 영리하거나 자만심으로 가득 차 있지 않습니다. 나는 고난을 견딜 생각을 하지 않습니다. 오히려 고난으로 산산조각 나기를, 그리하여 납작 엎드리게 되기를 갈망합니다

나는 사람의 온 힘이 나뭇잎 하나보다도 적다는 것을 압니다(13:25). 나는 더 이상 **인내심**을 갖는 것에 대해 생각하지 않습니다. 그것은 당신께 드리는 **내** 기도의 **목표**가 아닙니다. 인내가 있다고 해서 결코 만족할 수 없습니다. 견딜 수 없이 고통 당하고, 인내함 없이 고통 받기 위해, 기쁨으로 당신께 나를 내어 드립니다. 나의 깨어짐을 통해 당신께서 받으실 영광으로 나는 족합니다.

12. 내 힘은 돌의 힘이 아니며, 내 살은 놋이 아니다.

욥은 이 구절을 통해 고난 받는 모든 영혼에게, 인내란 몇몇 사람들이 생각하듯 아무런 감정이 없는 것이 아님을 보여 줍니다. 그렇습니다. 힘이란 모든 것을 버텨내는 **돌**처럼 고통에 저항하는 것에는 **존재하지 않습니다.** 대신 유연하고 신축성 있는 **살**(flesh)처럼 슬픔으로 구부러지는 것에 존재합니다. 고난을 참는 것은 돌의 속성이지만, 슬픔으로 인해 엎드리는 것은 완전한 자기 포기입니다. 십자가의 최상은 십자가를 지는 것입니다.

욥이 언급한 또 다른 비유인 **놋**은 두들길 때 그 소리가 울려 퍼집니다. 사람들은 고통 속에서 인내 없이 들리는 어떤 외부의 소리를 취합니다. 기도 소리, 헌금 소리 등등. 하지만 침묵으로 고통당하며 그런 소리를 낼 수 없는 자들 역시 잘못을 행하는 것이 아닙니다. 부드러운 살이 두들김을 당할 때에는 슬픔과 연약함의 소리가 울려 퍼지지 않습니다. 그러나 놋은 나팔처럼 소리가 울려 퍼집니다. 죄악에 굴복해서 고통받는 것과 죄악을 애통함으로 고통받는 것은 종종 불완전한 것으로 여겨졌습니다. 하지만 그것은 가장 순수한 것입니다. 우리에게 인내의 거울이 되는 욥이 설명했듯이, 피조물에게 의지할 것은 아무것도 없기 때문입니다.

13. 보라, 내게는 위안을 주는 것이 아무것도 없고, 내게 가장 필요한 친구들은 나를 저버렸다.

욥은 '나는 고통에 저항하지 않고 굴복하노라"고 말합니다. "나의 인내를 울려 퍼지게 할 나팔은 없지만, 살이 두들겨 맞음으로 둔한 소리가 발생하노라." 으, 박해 받은 선지자여, 왜 그렇습니까? 만약 당신이 고난과 공의를 사랑한다면 그 무게를 견뎌야 하지 않습니까? "아니요. 그렇지 않습니다. 사랑은 구부러지고 굴복하며 **저항**하지 않습니다. 그러므로 나는 이 방식을 유지할 것입니다. 나는 내가 사랑하는 것과 내가 갈망하는 것을 위하여 비통하 합니다. **내 안에는** 나를 방어하거나 지탱시킬 **도움**과 **구원이 없습니다.** 므든 것이 나를 대적합니다. 내 안의 모든 것들이 하나님과 연합하여 나를 대적하고 패망시킵니다. 나는 하나님과 나 자신에게 굴복합니다. 나는 몸부림치고 절하며, 나의 이 극한 연약함 속에 나를 둡니다. 내가 더 많이 두들겨 맞고 낮아질수록 오히려 더 강해집니다."

"내가 **필요로 하는 나의** 모든 **친구들,** 없어서는 안 될 절대적인 그들이 **나를 버렸습니다."** 절대적으로 필요한 피조물은 없는 것이기에, 이 **필요한** 친구들 역시 그런 존재가 될 수 없습니다. 광야에서 얼마나 많은 성도들이 모든 피조물을 빼앗겼습니까? 그러나 그들조차도 욥처럼 필요한 친구, 곧 인지할 수 있는 하나님의 임재, 즉 그분의 힘과 도움은 빼앗기지 않았습니다.

하나님의 임재는 그 영혼을 지탱시키는 모든 덕입니다. 하지만 그 영혼을 홀로 남겨 두려고 하나님의 임재가 모두 사라졌습니다. 이것은 모든 십자가 중에서 가장 이상한 포기이며, 모든 연약함의 원인입니다. 예수 그리스도께서는 자신의 십자가 위에서 이런 포기를 경험하길 원하셨습니다(마 27:46). 십자가를 이루는 순결함이 무엇인지 우리에게 보여 주시기 위해서 말입니다. 그것은 사람들의 생각과 달리, 십자가를 따르고 십자가를 참아내는 것이며 거기에서 태어나고 거기서 죽는 것입니다.

15. 내 형제들은 계곡으로 급속하게 흘러가는 급류처럼 내 앞을 지나갔다.

16. 서리를 두려워하는 자들에게는, 눈이 갑작스럽게 그들을 덮칠 것이다.

욥은 이 상황에 처한 영혼들이 필요한 친구들뿐만 아니라 먼 친구들과 **가까운 친족들**에게도 버림받게 될 거라고 말하고 있습니다. 친척들과 친구들은 고난 받는 자들을 알아보려고 하지 않습니다. 그들은 고난받는 자들을 부끄러워합니다. 그들은 **지나쳐가고,** 할 수 있는 한 먼 곳으로 가 버립니다.

만약 고난 받는 자들이 그들과 인연을 끊지 않는다면, 그들은 돕기를 거부하고 저들을 비난하는 첫 번째 사람들이 될 것입니다. **형제들**은 같은 길을 가려는 목적으로 불경건하게 연합한 사람들입니다. 고난 받는 자들의 상처에서 흘러나오는 고름이 그들의 창자를 아프게 하기에, 종종 이들은 고난 받는 자들을 더욱 강하게 비난하는 경우가 있습니다.

욥이 말한 것처럼, 그들은 금방 그들의 경험으로 배우게 될 것입니다. "만일 그들이 얼어붙은 듯한 나의 상태, **즉 서리를 두려워한다면, 눈이 그들을 덮칠 것이요 그 무게에 짓눌릴 것**입니다."

오, 지혜로운 자들이여! 당신들이 스스로를 잘 돌볼 수 있을 거라고 생각합니까? 그리고 누가 이 경솔한 이해로 당신들이 포기의 길로 들어서지 않는다고 합니까? 전혀 예상치 못할 때, 당신들은 눈 속에 묻힐 것입니다.

17. 그들은 달아나기 시작할 때에 망할 것이요, 더위가 지나가자마자 그들이 있던 자리에서 쓰러질 것이다.

18. 그들은 막힌 길들을 지날 것이요, 헛되이 유랑하다가 죽게 된다.

더위로 눈이 녹으면 물이 되어 빈 공간을 남기듯이, 사람들은 매우 조심할지라도 첫 시험에서 **달아나고** 흩어집니다. 이는 자신을 온전히 하나님께 내어 드리지 않고, 하나님께서 지켜주시는 것보다 스스로를 더 잘 지킬 수 있다고 믿은 결과입니다. 이것은 그들이 **달아나려** 할 때, 즉 그들이 처음에 느꼈던 열정을 잃어버릴 때, 그들을 파멸시키는 원인이 될 것입니다. 그들은 처음 흩어질 때, 그리고 위험이 가장 적을 때 갑작스럽게 **죽을 것**입니다. 그들 사이에 더위가 강해질수록 그것에 더 많이 의지했을 것입니다. 하지만 그것은 지나가는 더위일 뿐 다른 무엇이 아닙니다.

이런 영혼들은 오직 느껴지는 감각적인 것에만 매달리고, 실질적인 것은 외면하고 감지할 수 없는 견고한 길은 거절합니다. 이는 그들을 하나님에게서 분리시키고 떨어뜨리는 원인이 됩니다. **그들은 그들의 자리에 쓰러져** 의심하고 당황하며 다른 이들에게 책망받는 오직 문제와 혼란만 가져오는 **천 갈래의 훼방 받는 길로 들어설 것**입니다. 그들은 그 길을 **걸으며** 점점 유약해집니다. 앞으로 나가지도 못하고, 고통스러워하는 만큼 그들의 발걸음은 더욱 쓸모없게 되어, 온갖 고통과 근심으로 **죽게 될 것**입니다. 그들은 하나님을 의지하지 않았기 때문입니다.

19. 데만 사람들의 행로와 스바 사람들의 길을 생각하고, 잠시 기다리라.

계속해서 욥은 자신들의 힘과 재주를 전적으로 의지하는 사람들의 행로와 하나님의 뜻에 자신을 내어 드리고 모든 염려를 하나님의 공급하심에 맡기는 스바의 평온한 영혼들을 생각해 보라고 말합니다. 하지만 처음 보고 그들을 판단하지 마십시오. 더욱 확실한 한 사람이 당신 앞에 나타날지도 모릅니다. 결말을 볼 수 있을 때까지 **기다리십시오.** 곧 그 차이를 알게 될 것입니다.

20. 내가 항상 소망을 품고 있었기에 그들은 어리둥절해한다. 심지어 나에게까지 와서 수치를 뒤집어썼다.

"그들은 나의 기대가 헛되지 않았다는 것과 내가 커다란 절망 가운데서도 소망을 품는 것을 보고 **어리둥절해합니다.** 그리고 나의 포기(내어드림)와 확신을 정죄하는 자들과 기대해야 할 가장 큰 이유를 가졌을 때 두려워하는 자들에게 수치를 줍니다. 왜냐하면 나는 아무 소망이 없는데도 소망하기 때문입니다. 그들은 포기한 나를 보기 위하여 **나에게 옵니다.** 그리고 나를 바라본 그들을 **수치로 덮습니다.**"

21. **너희들은 오로지 나에게 오기 위하여 일어서는구나. 그리고 내가 고통당하는 질병을 보자마자 그 공포로 인해 충격을 받는구나.**

"이제 당신들은 나를 향해 **나아오기까지** 합니다. 그리고 **나의 질병을 보자마자 공포에 질립니다.** 당신들의 **공포**는 두 가지 측면에서 비롯되는데, 한 가지는 끔찍한 고난 때문이고, 다른 하나는 고난당하는 당사자인 내가 두려워하지 않고 소망하기를 멈추지 않기 때문입니다. 나의 질병이 치료되지 않을수록 나는 더욱더 만족합니다. 이러한 만족이 당신들은 두려울 것입니다."

22. **내가 너희에게 무엇을 가져오라고, 혹은 너희의 좋은 것들을 내게 달라고 말한 적이 있느냐?**
23. **아니면 나를 대적의 손에서 구해 달라고 하거나 강한 자의 세력에서 나를 빼내어 달라고 말한 적이 있느냐?**

욥은 사람들 중에서 가장 빈곤하고 가장 억압받는 자가 되었을지언정, 친구들에게 어떤 부탁이나 도움을 청하지 않았습니다. 욥은 말합니다. "내가 극심한 궁핍에 처한 중에 **당신들의 좋은 것들**로 나를 채워 달라고 **바란**

적이 있습니까? 아닙니다. 하나님의 뜻이기 때문에 나의 궁핍함에 자족했으며, 오히려 당신들의 모든 부유함보다 더 좋아합니다. 그렇습니다. 나는 차라리 내·외적인 궁핍함 속에서 하나님께 나를 내어 드리고 모든 도움을 빼앗기는 것이 하나님 외에 다른 도움을 구하는 것보다 더 좋습니다. 이것이 바로 **나를 대적의 손에서 구해 달라**고 탄원하지 않는 이유입니다. 나는 당신들의 자유로운 상태보다 더 좋은 이 상태에서 내가 건짐 받을 수 있도록 기도해 달라고 당신들에게 요청하지도 않습니다. 만약 하나님께서 나를 도와주기 원하신다면, 그렇게 하실 수 있습니다. 하지만 하나님께서 그것을 원하지 않으시면, 내가 구원을 갈망할 수는 없습니다. 나의 구원은 내가 어떤 것을 소유하기 위한 것이 아닙니다.

24. **나를 가르치라, 그러면 내가 잠잠할 것이다. 또 내게 무엇이든지 무지한 것이 있었다면, 나를 교훈하라.**
25. **너희 가운데 나에게 대답할 수 있는 자가 한 사람도 없으니, 너희들의 말들은 어찌 그렇게 진리에서 먼 것이냐?**
27. **너희는 고아에게 달려들며, 친구를 함정에 빠트리려 하는구나.**
29. **부탁이니, 논쟁 없이 나에게 대답해 보라.**
30. **너희는 내 혀에서 불의를, 혹은 내 입에서 어리석음을 찾지 못할 것이다.**

욥은 하나님 안에서 포기와 확신을 유지하기 위해 자신이 했던 모든 말이 진리이며 가장 중요한 것임을 나타내려고 노력합니다. "그러나 이보다 더 중요한 것에 관해 당신들이 내게 할 말이 있다면 **나를 가르치십시오.**" 욥이 친구들에게 말했습니다. **"그러면 내가 잠잠히 당신들의 말을 들을 것입**

니다. 그리고 이 상황에 처한 모든 자가 갈망하는 것을 알려 주고 내가 거기서 스스로 죽을 수 있게 하는 **그 어떤 것에라도 무지하다면,** 나에게 말해 주십시오."

"만약 나를 훈계할 말이 아무것도 없다면, 당신들은 **왜** 이 상황에 대적할 목적으로 거짓된 말들을 찾습니까? **당신**들 가운데 **나에게 말할 자가 없다는 것과** 우리 자신보다 하나님을 더 신뢰할 때 기만당하는 것이 어떻게 가능한지 **말해 줄 자가 한 사람도 없음을 보면서도** 말입니다. 당신들은 오직 나의 잘못을 찾는 즐거움 때문에 소용없는 말들을 모으고 있습니다. **당신들은** 모든 도움을 빼앗긴 **고아에게 달려들며,** 하나님 안에서 믿음과 확신으로 힘과 위로를 주는 대신에, 하나님에게서 돌아서도록 나를 **함정에 빠뜨립니다. 부탁이니 나에게 다툼이나 논쟁이나 편견 없이 대답해 주십시오.** 나는 오직 진리만을 선포하였으므로 **당신들은 내 혀에서 불의를 찾을 수 없을 것입니다."**

7장

1. **땅에 있는 사람의 삶은 투쟁과 충돌의 연속이며, 그의 날들은 고용된 품꾼의 날들과 같다.**
2. **노예가 저녁이 오기를 한숨지으며 기다림 같고, 품꾼이 그의 수고를 마치기를 고대하는 것과도 같다.**

욥은 사람이 자기와 자기 열정으로 이 **땅에 사는 동안**, 충돌과 투쟁이 계속되고 **그의 날들은 고용된** 노예의 **날들과 같다**고 말합니다. 하지만 하나님 안에서 온전히 죽기 위해 용기를 내어 포기할 때, 자신에게서 빠져나온 영혼의 날들은 마치 천국에서의 날처럼 하나님 안에 있으며, 모든 충돌과 갈등에서 구원받습니다. 하나님께서 그 영혼을 위해 싸우시고, 그는 하나님 안에서 안식합니다. 그 영혼은 더 이상 구원을 기다리는 품꾼과 같지 않습니다. 도리어 어떤 보상도 바라지 않고, 오직 아버지의 기쁨을 위해 깊이 생각하는 자녀와 같습니다.

"이전에 나는 피곤한 **노예**처럼 **날이 저물기를 고대했습니다.** 나는 항상 노동의 열기 속에 있었고, 지금 누리는 이 안식을 얻지 못했습니다. 나는 **품꾼처럼** 그 **마지막**을 보기를, 그리고 나의 노동과 **수고**의 보상을 **고대했습니다.** 그러나 나는 더는 아무것도 기대하지 않습니다. 이제 나는 고난을 나의 보상으로 여깁니다."

3. 그러므로 내가 공허하게 여러 달을 보냈고, 수고와 슬픔이 가득한 밤들을 세었구나.

"묵상의 평온한 상태를 위해 의욕적으로 수고했을 때, 나는 공허하게 **여러 달을 보내야 했습니다.** 그날들이 내가 기울인 노력으로 위대하게 채워지기를 소망했습니다. 또한 수고와 슬픔으로 **고뇌하며 밤을 지냈습니다.** 하지만 지금은 완전한 포기 안에 있으며 더 이상 슬픔의 밤을 **세지 않습니다.** 그것이 일반적이고도 보편적인 일이 되었기 때문입니다. 이제는 내가 구원을 기대하기 때문에 슬프지 않습니다. 오직 내가 소멸되고 패망되기를 바라기 때문에 비통할 뿐입니다."

4. 내가 자려고 누울 때면, 곧바로 "내가 언제 일어날까?" 하고 말하며, 저녁이 되기를 기다릴 때면, 나는 밤까지 슬픔으로 가득 차 있을 것이다.

욥은 자신의 슬픔이 이전과 같지 않고 전혀 다르다는 것을 보여 주려고 애씁니다. 처음 당하는 시련 앞에서 사람들은 격렬하게 저항합니다. 그러나 시련 속에서 그 비통함이 너무도 크기 때문에 진정 견딜 수는 있으나 결코 설명할 수는 없습니다.

"내가 자려고 누울 때면 곧바로 '내가 언제 일어날까?' 하고 말합니다. 내 통증의 극심함이 살짝 진정되고 하나님께서 잠드는 것을 허락하셔서 눕는다면, **나는 곧 '내가 언제 일어날까?' 라고 말합니다.** 이런 이유로 나에게는 안식이 고통보다 더 참을 수 없는 것입니다. 내 자신에 대한 증오가 어떤 좋은 것을 갈망하는 것을 방해하기 때문입니다. 이전에 나는 하루가 다하여 그날의 수고를 마치고 쉬는 때를 고대했지만, 지금은 안식이 오히려 고통의 원인이 되었습니다. 오, 이 얼마나 이상한 상황입니까. 이 상황을 통과한 사람만이 정확하게 이해할 수 있을 것입니다."

"**그리고** 잠시 쉬기 위해 **저녁이 되기를 기다릴 때, 나는 애통으로 가득합니다.**" 이 구절은 매우 표현이 좋습니다. 영혼은 자기 포기와 모든 휴식의 상실, 그리고 다시는 안식을 갖지 않겠다는 동의가 없다면 안식을 발견할 수 없습니다. 만약 아주 조금이라도 고통이 끝나기를 **기다린다면,** 그 상태에서 구원받기를 소망한다면 애통은 오히려 훨씬 커집니다.

5. 내 살은 부패와 불결한 먼지로 뒤덮였고, 내 피부는 모두 마르고 쪼그라들었구나.

욥이 자신의 **"살이 부패로 덮였다"**고 말하는 데는 타당한 이유가 있습니다. 여기서 '뒤덮였다'는 **"옷 입었다"**는 말입니다. 이 단어는 이유 없이 사용된 것이 아니며, 대단히 훌륭한 표현입니다. 왜냐하면 부패가 아무리 깊을지라도, 오직 표면적인 것이기 때문입니다. 이 **부패**는 전능자께서 원하시면, 순식간에 제거될 **덮개**입니다. 그러나 피조물은 절대로 그것을 제거할 수 없습니다. 그러므로 이는 표면적인 것일 뿐 깊지 않습니다.

인간의 본성적 특성은 영혼의 본질을 해하는 부패와 부정입니다. 하지만 영혼의 본성적 특성을 앗아가기 위해 하나님께서 만드신 이 부패는 의복과 같습니다. **먼지**도 이 부패를 덮습니다. 전멸이 완성될 때,

그것과 비례하여 부패는 먼지가 됩니다. 몸이 서서히 부패하고 파괴되면서 먼지가 되는 것입니다. 욥은 덧붙여 말하기를, **"피부가 모두 마르고 쪼그라들었다"**고 합니다. 마르고 쪼그라드는 것은 피부의 외적인 모습일 뿐, 영혼은 오히려 완벽한 자유를 누립니다.

6. 나의 날들이 지나가고, 옷감의 실이 베틀채에 잘려지는 것보다 더 신속하게 잘려 나가는구나. 그리고 아무런 소망도 없이 그날들이 미끄러져 가는구나.

"**나의** 즐거움의 날들이, 은혜, 은총, 은사, 깨달음의 **날들이** 한순간에 **사라져 버렸습니다.** 다시 돌아올 것이라는 **소망도** 없습니다." 오, 그렇다면 포기는 완성되었고 죽음은 가깝습니다. 더 이상 소망이 남아 있지 않을 때, 혹은 다 소멸되었을 때(욥이 그의 생명이 소멸되었다고 말하는 것처럼), 생명이 다시는 돌아오지 않을 것이라는 사람들의 소망이 없을 때 죽음이 이르렀습니다. 사람이 죽어갈 때, 죽음의 순간까지는 아직 소망이 있습니다. 하지만 그가 죽으면 **더 이상 아무 소망이 없습니다.**

7. 나의 생명이 바람과 같다는 것을 기억해 주십시오. 다시는 좋은 것들을 보기 위해 나의 눈을 돌리지 않을 것입니다.

"오, 나의 하나님, 기억해 주십시오"라며 이 고난 받는 순전한 사람이 그의 사랑하는 강요자(Exactor)에게 말합니다. "**나의 생명**이 마치 먼지를 일으키며 일어났다가 더 이상 보이지 않는 바람 같다는 것을 기억해 주십시오. 나의 삶이 이와 같습니다. 지나온 내 생명의 날들은 소란스럽고 사나운 바람 같았습니다. 그 바람은 내게 먼지를 가져왔고, 그 먼지가 오늘 죽음의 상황에 처한 나를 뒤덮고 있습니다."

"나는 나의 영적인 눈과 동기를 결코 하나님께서 부으실 **축복을 향해 돌리지 않을 것**입니다. 축복을 소유하려는 부정한 관점이 내 모든 고난의 원인이라는 것을 알기 때문입니다. 당신은 이런 관점을 기뻐하지 않으십니다. 내가 더 이상 이 빛을 즐기지 않는 것처럼, 그것을 오용하지도 말아야 할 것입니다."

'다시는 좋은 것들을 보기 위해 나의 눈을 돌리지 않을 것' 이라는 표현은 다시 사는 것에 대한 절망을 나타냅니다.

8. 나를 본 자들이 더 이상 나를 바라보지 못할 것입니다. 당신의 눈이 내 위에 머무르자마자, 나는 더 이상 존재하지 않을 것입니다.

"오, 나의 하나님, 내가 나를 더 이상 보지 않을 뿐만 아니라, 생명이 있을 때 나를 숭배하던 **사람들**도 멸시하므로 **더 이상 나를 바라보지 않을 것**입니다. 그리고 나의 전멸이 모든 사람 앞에 나를 사라지게 하였으므로 이제 그들은 영원히 나를 보지 않을 것입니다. 그들에게 나는 영원한 망각으로 인식될 것입니다. 그러나 당신께서 나를 바라보실 때, 오, 나의 하나님, 그것은 진실로 나를 전멸시키는, 나를 사라지게 만드는 바라봄입니다. 나를 향한 모든 주시와 바라봄은 전멸할 **능력**이 없으며, 모든 피조물의 멸시도 그러합니다. 그러나 **오직 하나님의 바라보심**은 나를 전멸시킵니다."

영혼을 한순간에 전멸시키는 분은 하나님이십니다. 하지만 그 바라봄은 얼마나 끔찍합니까. 그것을 알기에 축복 받은 십자가의 요한은 이렇게 노래했습니다. "오, 하나님의 바라보심이 나를 파괴시키도다!" 하나님의 바라보심이 영혼을 너무도 강력하게 전멸시키기에 욥은 다음과 같이 말합니다. **"당신의 눈이 내 위에 머무르자마자, 나는 더 이상 존재하지 않을 것입니다."**

9. 구름이 흩어져 저 멀리로 사라지는 것처럼, 음부로 내려가는 자도 다시 올라오지 못할 것입니다.

욥은 전멸을 가져오는 아니 오히려 전멸에 의해 생성되는 매우 사실적인 상태에 관해 말합니다. **구름이 흩어져 저 멀리로 사라지는 것처럼** 전멸이 초래되자, 특혜 받은 영혼들은 고통의 본성 안에서, 그리고 그들을 돌보시는 하나님의 계획 안에서, 영적 삶에서 가장 이상하고도 끔찍한 단계인 **영적 음부로 들어갑니다.** 이것이 가장 이상하고 끔찍한 이유는 모든 소망을 빼앗겼기 때문입니다. 이 영혼에게는 더 이상 구원이 없는 것으로 보입니다. 다시는 생명으로 돌아오지 못할 것 같습니다. 하나님 안에서도, 그 자신 안에서도 자기를 발견하지 못하기 때문입니다.

어떤 고통은 영벌의 아픔을 감지합니다. 이것은 (어떤 사람들이 매우 열등한 상태를 통과할 때 범하는) 신성모독의 상태가 아닙니다. 모든 것이 사라진 상태이며, 그들의 마땅한 장소에서 절대 주권자이신 하나님으로부터, 그 자신으로부터 추방당한 영혼의 상태입니다. 가장 끔찍한 상실이 있었다는 것 말고는 이 세상에서 그들을 위해 남겨진 것은 아무것도 없는 것 같습니다.

예수 그리스도께서는 이런 상태에 관해 우리에게 교훈을 주시기 위하여 자신이 죽어 천국에 들어가시기 전에 음부로 내려가셔서 거기에 있는 거룩한 아버지께 속한 영혼들을 구원하기를 열망하셨습니다. 이러한 영혼은 오직 하나님만 구원하실 수 있습니다. 이것이 바로 **'다시 올라오지 못할**

것' 이라고 욥이 말하는 이유입니다. 또 지옥의 단계가 바로 전멸의 최종 마무리이고, 영혼이 이 단계를 통과하면, 이기심이 자기애로 말미암아 다시 음부 위로 올라가지 않기 때문입니다.

10. 그는 다시는 그의 집으로 들어가지 못할 것이며, 그가 있던 처소도 더 이상 그를 알지 못할 것입니다.

이 단계 뒤에 영혼은 자신이 거했던 **집이요 처소**인 자신에게 **결코 다시 돌아가지 않을 것입니다.** 사람들은 그 영혼과 너무 멀리 떨어져 있어서 **더 이상 그를 알아보지 못할 것**입니다. 영혼이 자신에게서 빠져나와 하나님께 받아들여지려면, 이 지옥의 단계를 통과해야 합니다. 하나님께서는 영혼에게 새로운 차원의 순결을 주시기 위해 그가 되돌아가는 것을 명백히 거절하십니다.

그 영혼은 더는 자신이나 하나님 안에 있지 않으므로, 어떤 구체적인 처소가 없습니다. 즉, 모든 피조물과 장소에서 그 영혼에게 적합했던 처소가 사라진 것입니다. 이 상태가 며칠만 계속되어도, 영혼은 견딜 수가 없습니다. 이 상태는 자비를 애원할 수 있는 지옥보다도 더 고통스럽기 때문입니다. 바로 이것이 지옥으로 예정된 한 영혼이 지옥을 찾지 못할 때에 천 배나 더 불행해지는 이유입니다. 그에게 적합한 장소를 찾을 수 없기 때문입니다. 음부가 없는 죄는 음부 그 자체보다 더 큰 징벌입니다.

11. 그러므로 나는 더 이상 침묵하지 않을 것입니다. 내가 내 영의 고통 가운데 말할 것이며, 내 혼의 쓰라림 가운데 이야기할 것입니

다.

욥은 어떤 방법으로도 스스로를 억제할 수 없는 음부의 단계에서 슬픔과 근심에 빠진 자신에게 허용된 자유에 대해 말하고 있습니다. 슬픔은 너무나도 커서 감출 수가 없습니다. 그는 그것을 감추는 것을 바랄 수조차 없습니다. 일반적인 고통은 침묵하며 견딜 수 있지만, 극심한 슬픔은 숨길 수가 없습니다. 욥은 말합니다. "아닙니다. **나는 더 이상 침묵하고 있을 수가 없습니다.** 나의 슬픔에 대해 **혼잣말로 중얼거릴 것입니다.** 그리고 그것을 다른 사람들에게도 이야기할 것입니다. 내가 그것을 공표하지 말아야 할 때는 이제 끝났습니다."

12. 주께서 나를 포위하시고 감옥에 가두시니, 내가 바다나 고래입니까?

고난 받는 이 사람은 자신이 너무나도 이상한 상태에 있는 것을 발견합니다. 그는 이 상태에서 구원받을 어떤 방법도 찾지 못하고, 무슨 말로 자신을 표현해야 할지 알지 못합니다. 욥은 자신의 영혼에 대해 너무도 광범위하게 느끼고, 그의 슬픔과 근심이 지극히 크다고 생각합니다. 그런데도 그는 슬픔의 끝을 볼 수 없기 때문에 자신을 무한하면서도 감옥에 갇힌 자로, 즉 광대하면서도 옹색한 자로 여깁니다. 이 때문에 욥은 자신이 무엇을 괴로워하는지에 대해 아무도 이해시킬 수 없는 상황에서 다음의 질문을 던집니다.

그는 자신이 당하는 고통의 분량과 광대함 때문에 자신이 바다인지 혹은 거대한 크기로 사람을 놀라게 하는 고래인지 묻습니다. 그런데도 왜 자신을 **감옥에 가두는지**(지키는지)**를** 묻습니다.

그렇지만 욥이여, 도대체 이게 무슨 표현입니까? 진짜 감옥은 매우 좁고 협소합니다. 아무 경계 없이 물속을 떠도는 **고래**에게 무슨 감옥이 있다는 말입니까? 그리고 바다에 무슨 벽이 있습니까?

"하지만 사실입니다. 나는 어떤 의미에서 고래가 가진 바다와 같은 감옥을 갖기 위해 멈추지 않으려 합니다. 나의 광대함을 발견합니다. 어떤 경계나 한계도 보이지 않습니다. 그런데도 나에게는 탈출할 방법이 없습니다.

바다는 작은 모래 알갱이도 나의 분노를 알아차린다고 말합니다. 고래는 자신을 제어하는 것이 아무것도 없는데도 불구하고 바다 밖으로 나갈 수가 없습니다. 마찬가지로 나도 이 이상한 광활함 가운데서 나의 고통을 보지만, 슬픔과 음부에서 빠져나갈 수가 없습니다. 나를 묶는 것이 아무것도 없지만, 나는 여전히 갇혀 있습니다. 나의 감옥에는 담도 벽도 없습니다. 하지만 나는 위대한 자유 안에 갇힌 포로입니다."

13. 만약 내가 혼잣말을 한다면, 내 잠자리가 나를 위로할 것입니다. 내가 침상에서 내 자신과 대화를 나누며 위로를 받을 것입니다.

14. 당신은 나를 꿈으로 괴롭게 하실 것이며, 끔찍한 환상들로 두렵게 하실 것입니다.

욥이 이야기합니다. "내가 만일 이 쓰라림의 바다에서 빠져나와 나의 깊은 곳인 안식의 **잠자리**로 들어가며 '거기서 **위로**를 받으리라. 나의 고통을 조금이라도 **덜어 보**리라' 생각한다면, 나의 통증이 오히려 더 강해지고 심해지는 것을 발견할 것입니다. 그리고 내가 안식을 찾은 곳에서 오히려 고통이 가장 크다는 것을 깨닫습니다. 왜냐하면 그 깊이가 더 이상 나를 받아들이지 않기 때문입니다. 나는 모든 장소에서 추방당했습니다. 두려움과 공포가 내게 임합니다. 나를 괴롭히기 위해 수많은 기억이 몰려옵니다. 나의 **꿈들**과 상상조차 비극적이고 끔찍합니다. 내가 보는 모든 것이 나를 두렵게 하고, 나의 파멸을 부정할 수 없게 합니다."

15. 그렇기 때문에 나의 영혼은 질식하기를 선택했고, 나의 뼈들은 차라리 죽음을 택한 것입니다.

이 영혼이 선택한 너무나도 이상한 이 고통은 그가 지나온 연옥과 사망의 상태를 나타냅니다. 이것은 그 영혼이 처한 상황과 비교할 때 비슷하게 보이지만 그에게는 빛처럼 보입입니다. 영혼이 자신이나 하나님 안에서 스스로를 더 이상 찾을 수 없을 때 **질식하게** 됩니다. 하나님께서는 그 영혼을 더욱 정결하게 하시려고, 그가 지각할 수 있는 방식으로는 받아들이지 않습니다. 그 영혼은 받아들여질 만한 적절한 처소가 없어서 하늘과 땅 사이를 떠돌게 됩니다. 이는 죽음이 뒤따르는 연옥[1]의 상태입니다.[2]

자기에게서 빠져나온 영혼은 모든 것에 대하여 죽고, 이것을 바로 죽음이라고 일컫습니다. 감지할 수 있는 방법으로는 하나님께 받아들여지거나 그분 안에 머무를 수 없는 상태에서, 그 영혼이 죽음에 머물러 있는 시간을 연옥이요 부패라고 부릅니다. 다시 말해, 그 영혼은 죽지

---

1) 연옥: purgatory, 煉獄, 가톨릭 용어로, 죽은 사람의 영혼이 천국에 들어가기 전에 남은 죄를 씻기 위하여 불로 단련받는 곳 -역주.

2) 외적으로는 죽음(death)과 연옥(purgatory), 지옥(hell)이 여기서나 나중에라도 모두 이해되는 것은 아닙니다. 그러나 내적으로, 하나님께서 한 영혼이 육체의 죽음에 이르기 전에 그의 삶 속에서 정결하게 하시기 때문에 그 영혼의 내면의 장소에서 일어나는 일은 이해할 수 있습니다.

못하고 떠돌며 질식하게 됩니다.

지옥은 연옥과 매우 비슷하게 보이지만, 실상은 다릅니다. 영혼이 하늘에 계신 하나님께 받아들여진 후에 하나님께서 다시 그를 다시 거부하시면, 그는 자신이 받아들여질 이유를 찾지 못하고, 이상한 지옥에 머무르게 됩니다. 하나님 안에 있던 영혼은 그분 안에 있는 것이 무한히 좋았기 때문에, 그분께 거절당했을 때의 고통 또한 견디기 힘듭니다. 그것은 천국에서 쫓겨난 천사의 상태와도 같은 것입니다.

영혼이 이 땅을 떠나면서 들어가는 연옥은, 하나님께 받아들여지기 전에 반드시 모든 영혼에게 손을 뻗칩니다. 연옥은 몹시 두려운 단계입니다. 그런데 지옥이 서서히 다가옵니다. 그것은 적어도 은혜로 임합니다. 하나님께 받아들여졌다가 그 후에 다시 죄를 범함으로 그분께 거절당한 영혼은, 죄 안에 있는 악하고 견고한 이상한 단계로 들어가게 됩니다. 그러나 위대한 진전을 이룬 극소수의 영혼들은 그곳에서 물러날 기회를 얻게 됩니다. 극소수라 해도 일어날 수 있는 일이기 때문에 충분히 그렇게 말할 수 있는 것입니다.

또 다른 지옥은 은혜로 주어지는데, 하나님께서 깜짝 놀랄 만한 광대함을 그 영혼에게 주셔서 그 영혼을 (말하자면) 거절하심으로 며칠 동안 고통을 통과하게 합니다. 며칠의 경험으로 우리는 그 상황을 이해할 수 있습니다.

16. 나는 모든 소망을 잃었고 더 살고 싶지 않습니다. 나를 내버려 두십시오. 나의 날들이 다만 헛되고 무가치한 까닭입니다.

여기에서 욥은 부패의 상태, 지옥의 상태를 말하고 있습니다. 이 상태에서는 구원 받으리라는 **소망**이 더는 남아 있지 않습니다. 특별히 부패 안에서는 더욱 그렇습니다. **다시 살게 될 것이라는 소망**을 영원히 **상실했기 때문입니다.** 지옥은 그와 다른 것은 조금도 허용하지 않는 특성이 있습니다. 욥이 말하려 하는 지옥은 지옥 그 자체가 아니라 연옥 혹은 부패의 상태입니다(연옥과 부패의 상태는 같은 것입니다). 이는 영혼을 완전한 죽음에 이르게 합니다. 나는 이것을 앞서 말했던 지옥과 구별하기 위해 연옥이라고 부릅니다. 하지만 특징이 거의 비슷하기 때문에 적절하고 타당하게 지옥이라 일컬을 수도 있습니다.

이해를 더하기 위해 반드시 알아두어야 할 것이 있는데, 한 영혼이 통과하는 모든 상태에서 그 단계마다 통과해야 할 특별한 연옥, 혹은 정화의 과정이 있습니다. 그것은 일종의 죽음으로 언제나 새 생명이 뒤따릅니다. 이는 정화와 죽음, 생명의 단계를 지나온 많은 영혼들로 하여금 이제 종착역에 도착했다고 착각하는 실수를 불러일으킬 수 있습니다. 죽음과 삶 사이에 많은 교체가 이뤄집니다. 하지만 이 모든 것은 여전히 심원(深遠)적이거나 핵심적인, 즉 원칙적인 것으로서의 죽음은 아닙니다.

깊은 곳(심원)의 죽음은 혹독하고 끔찍합니다. 최소한의 생명도 남아 있지 않을 때까지 계속됩니다. 반면 또 다른 죽음은 우리에게 죽음을 뒤따르면서 그 죽음과 관계된 생명 안으로 단번에 들어가게 합니다. 이와 대조적으로, 완전한 죽음은 죽음의 상태와는 매우 다른 부패와 끔찍한 연옥의 상태로 우리를 이끕니다.

그러나 부활에 앞서 부패가 있듯이, 피조물들이 생명을 얻기 전에 티끌로 분해되어야 할 필요가 있듯이, 영혼은 죽은 후에 하나님께 가기 전에 (죽음과는 매우 다른) 연옥을 통과해야만 합니다. 거기서 영혼은 소멸되고 전멸됩니다. 죽은 몸은 완전히 부패해야 소멸되고 전멸됩니다. 그러므로 영혼의 전멸은 오직 이 완전한 연옥에 의해 서서히, 점차적으로 단계별로 이루어집니다. 마치 벌레가 시체를 먹어치워 버리는 것과 같습니다. 죽은 지 얼마 지나지 않은 사람은 아직 어떤 형태나 소망의 흔적이 있는 듯합니다. 하지만 그가 완전히 파괴되고 전멸되어 모두 사라지면 더 이상 아무것도 남아 있지 않습니다.

하나님은 우리에게 그분이 이루신 부활 가운데 연옥의 본을 보여 주셨습니다. 그분의 생애를 통해 세 가지 다른 본을 보여 주셨습니다(마 27:52, 요 11:43). 부패하고 썩은 몸에게 생명을 주기 위해 하나님의 죽음이 필요했습니다. 예수 그리스도의 전 생애는 그들에게 생명을 주지 않았습니다. 하지만 예수 그리스도가 돌아가시자(마 27:52) 죽음은 그 무덤을 열었고, 그분이 지옥으로 내려가셔서 영혼들을 거기서 데리고 나오셨습니다.

반드시 이해해야 하는 것은, 죽음 후에 발생하는 모든 정화가 기묘하게 서로 다르다는 것입니다. 하나님의 계획하심과 인간의 본성적 특성이 남아 있는 정도, 전멸에 저항하는 정도에 따라서 말입니다. 가냘프고 쉽게 썩는 몸은 더 빨리 티끌로 분해됩니다. 하지만 강하고 억센 몸은 강하게 저항합니다. 정화도 마찬가지입니다. 그것 또한 하나님께서 그 영혼에게 주시고자 하는 정도와 범위에 따라 다릅니다.

그 다음에는 가볍고 짧은 연옥이 있습니다. 그중에는 이상한 연옥도 있어서 영혼들이 연옥에 있는지 지옥에 있는지조차 모릅니다. 바로 이 무지가 그들에게 가장 큰 고통을 안겨 줍니다.

이것이 바로 지옥이라고 할 수 있는 상태이며(지옥과는 다르지만), 욥이 여기서 말하는 상태입니다. **"나는 모든 소망을 잃었고 더 살고 싶이 않습니**

다." 이것은 너무나도 파괴적인 상태로 여기에서 구원 받을 것이라는 소망이나 변화될 가능성은 더 이상 남아 있지 않습니다.

그러나 이런 **절망**[혹은 소망의 상실]이 모든 도움의 길을 잃어버린 영혼에게만 일어날 뿐 하나님의 자리에서 일어나는 것은 아니라는 것을 알려 주려고 오직 독특성만 잃고, 그분에 대한 진정한 확신은 잃어버리지 않습니다.

(이것이 연옥의 상태입니다. 연옥에 있는 영혼은 구원받는다든가 언제 해방될지에 대해 더 이상 생각하지 않고, 소망을 품거나 안식하지 않을지라도, 하나님께서 그를 구원하실 수 있다는 것을 잘 알기에 결코 확신을 잃지 않습니다.)

이를 증명하기 위해 고난 받는 영혼이 덧붙여 말합니다. "나를 내버려 두십시오. **나의 날들이 다만 무의미한 까닭입니다.**" 마치 이렇게 말하는 것 같습니다. "나는 분해되어 아무것도 아닌 것이 되었고 모든 존재의 기반을 잃었습니다. 당신만이 나를 구원하실 수 있습니다. 당신의 자비로 나를 구해 주십시오. 내게 다른 날들을 주심으로 말입니다. 왜냐하면 내 날은 모두 아무것도 아니기 때문입니다."

17. 사람이 무엇이기에 당신께서는 여전히 그를 존중하시는 겁니까? 왜 그에게 마음을 두시려고 당신을 낮추십니까?

욥은 자신의 지극히 처참한 상황과 엄청난 절망으로 예언의 영과 환희 속으로 들어가는데, 이것은 그가 처한 부패와 비참함, 그리고 지나온 단계를 기념하여 반드시 뒤따라야 하는 것입니다. 욥은 놀라며 말합니다. "**사람이 무엇이기에 하나님께서는** 그를 가장 밑바닥까지 끌어내리신 후에 **여전히 그를 존중하십니까?** 그리고 왜 이 사람처럼 썩어 누워 있는 끔찍한 것에 **마음을 두시려고 당신을 낮추십니까?"** 욥은 깊은 비참함 가운데에서도 하나님께서 자신을 사랑하신다는 것을 매우 분명히 알고 있습니다. 그리고 하나님께서 그분의 위대하고 엄격한 공명정대하심 가운데 그에게 가장 풍성한 사랑의 증거를 주심으로, 그분의 마음을 두신다는 것을 알고 있습니다.

18. 주께서는 아침에 그를 방문하시며, 갑작스럽게 그를 시험하십니다.

아침 방문은 하나님께서 그분의 은혜와 사랑의 첫날에 영혼에게 행하시는 것으로, 그날은 영원 혹은 부활의 날과 모습이 비슷하지만 사실은 매우 다릅니다. 아침 방문 후에 얼마나 기괴한 고통들로 시험을 당하게 되는지요.

욥은 계속해서 시련과 번갈아 일어나는 방문의 평범한 상황에 대해 말하는데, 방문은 시련을 가져오고 그 방문이 달콤하고 특별할수록 시련도 더 혹독해짐에 틀림없습니다.

이 방문은 여전히 그 영혼의 지하감옥과 같은 곳에 매장된 상태를 위한 것입니다. 감옥 안에서 영혼은 약간의 섬광이나 부활과 생명의 손길로 **방문을 받지만,** 그것은 섬광일 뿐입니다. 생명의 손길은 마땅히 임해야 하지만 피조물들은 이해하지 못합니다. 이러한 방문은 시련을 더욱 민감하게 느끼게 하는 평범한 역할을 할 뿐입니다. 마치 죽은 사람이 빛에 의해 자신이 벌레에 먹혔음을 볼 수 있는 것처럼 말입니다. 이를 봄으로 인해 그는 더욱더 자신의 고통을 참을 수 없게 됩니다. 빛은 분명 순간적으로 그를 구원하지만, 그의 부패를 더욱 뚜렷이 보게 합니다. 이는 오히려 그에게 더 많은 고통과 혼돈을 야기하는 수단이 됩니다.

19. 내가 언제까지 주께 나를 내버려 달라고, 침을 삼킬 수 있게 잠시 휴식을 달라고 말씀드려야 합니까?

좋은 어머니이면서 만사를 경이로운 방법으로 해결하는 교회가 욥의 교훈을 죽음의 날에 적용하는 데에는 분명 이유가 있습니다. 욥에 관해 기록된 모든 단어가 너무도 강해서 우리는 이 선한 어르신이 이런 식으로 자신을 표현했을 때 죽음의 날이든 죽어 가는 상태든, 그 처지에 있음을 믿을 수밖에 없습니다. 심지어 영혼이 통과해야 하는 비슷한 상태에 관한 지식이 욥에게 온전히 주어졌다는 사실까지도 의심할 수가 없습니다.

욥은 현실적으로 자신의 외적인 고통을 표현했는데, 그것은 그의 내면에서 일어나는 일들을 상징합니다. 오, 고난 받는 순수한 자여, 당신은 앞서 하나님께 **당신을 내버려 두지 마시라고** 요구한 후에(6:10), 이제는 **당신을 내버려 두지 않으**신다며 하나님께 일종의 비난을 돌리는군요.

"내가 포기함(내어드림)으로 하나님께 나를 내버려 두지 마시라고 기도드린 것이 사실입니다. 왜냐하면 그때 나는 구원에 대해서도 절망했기 때문입니다. 나의 고통이 너무 극심하고 오래 지속되어 '만약 나를 내버려 두지 않으신다면' 이라고 질문했습니다. 나는 극심한 고통에서 나를 구해 달라고 하는 것이 아닙니다. 내게 예비된 재앙들이 줄어들기를 구하는 것도 아닙니다. 하지만 한 가지 부탁이 있습니다. 극심한 고통 중에도 숨 쉬는 것을 허락해 주시기를, 이따금씩 하나님께서 내게 잠깐의 **휴식**을 주셔서 한숨 돌리고 **침을 삼킬 수 있게 해 주시기를 바랍니**

다."

그렇지만 욥이여, 당신은 당신이 진정으로 무엇을 요구하고 있는지 모르고 있군요. 고통이 조금이라도 해소되든가 아니면 잠깐이라도 생명의 순간이 주어지면, 당신의 고통스러운 생명을 연장시킬 뿐입니다. 더욱이 당신이 얻은 생명의 순간, 다시 말해 당신의 고통을 연장시킨 그 순간을 없애기 위해서는 긴 고통의 시간이 필요합니다. 목이 매달린 사람을 생각해 보세요. 만약 사람들이 그에게 숨 쉴 시간을 준다면, 그는 결코 죽을 수 없습니다. 사람들이 그에게서 호흡을 모두 가져가 버려야 죽을 수 있습니다. 사람을 질식시킬 때도 마찬가지입니다. 사람들이 가끔씩 그에게 호흡을 허락하면, 그를 질식시키기 위해 새로운 고문을 시작해야만 합니다. 그에게 숨 쉬는 것을 허락하지 않겠다는 결정만이 그의 생명을 끝내는 것입니다. 이 시점에서 하나님께서 자비를 보이신다면, 오히려 더 잔인해지는 것입니다. 여기에서 가장 큰 자비는 바로 자비를 보이지 않는 것이기 때문입니다."

20. 내가 범죄했습니다. 내가 어찌해야 할까요? 오, 사람을 지키시는 자여! 어찌하여 내가 당신께 대적하게 만드셨습니까? 왜 내가 스스로 무거운 짐이 되게 하십니까?

21. 왜 주께서 내 죄를 없애 버리지 않으시며 왜 나의 부정을 지워 버리지 않으십니까? 보십시오, 이제 나는 티끌 가운데 잠들 것이며 아침에 주께서 나를 찾으실지라도 나는 더 이상 존재하지 않을 것입니다."

나의 하나님이여, 아름다운 말의 능력이 얼마나 대단한지요! **"내가 범**

죄하였나이다"라고 고난 받는 가련한 자가 말합니다. "나는 나의 죄를 부인할 수가 없습니다." (왜냐하면 그에게 그의 상태가 진짜 악한 것으로 보이기 때문입니다. 고통으로 그의 눈이 가려졌습니다.)

"하지만 내가 그것을 볼지라도, 나를 감동시키거나 슬프게 하지 못합니다. 나는 그렇게 되기를 바랄 수도 없습니다."

그런데 그것은 완고함이 아닙니까? "그것에 대해서는 나는 아무것도 모릅니다. 내가 처한 이 상황에서 내가 인내할 수 없다는 것만 빼고 말입니다. 내가 무죄하다고 생각하지 않습니다. 내게 죄가 있다는 것과 나 자신이 훨씬 더 무력하다는 것을 압니다."

그는 하나님께 사랑스러운 비난을 하며 말합니다. "아! 사람들 가운데 가장 소망 없는 내가 **무엇을 할 수 있겠습니까?** 사람들을 지키는 **감독자**이신 당신께서는 어찌하여 나를 지키지 않으십니까? 내가 모든 힘과 나 자신에 대한 모든 돌봄을 잃어버린 까닭입니다."

이 영혼은 참으로 자신의 비참함을 보지만, 고의로 범한 죄는 없습니다. 사실 죄의 모양은 있지만 죄는 없으며, 그래서 죄로 인한 슬픔이 없는 것입니다. 자신의 비참함을 보는 것은(비참함이 죄의 결과라고 믿는데) 자신의 연약함을 아는 지식과 하나님을 향한 사랑과 확신, 즉 하나님만이 그를 지키실 수 있다는 믿음을 확신시킵니다. 스스로를 지키기 위한 자기 돌봄은 오히려 그 영혼을 더 비참하게 만들고, 쓸모없는 지나친 관심임을 보여 줄 뿐입니다.

오, 욥이여, 아닙니다. 당신이 품고 있는 것은 죄가 아닙니다. 여기에는 죄의 어떤 것도 존재하지 않습니다. 이것은 오직 부패일 뿐입니다. 부패는 오히려 당신을 조명해 줄 것입니다. 비누처럼 당신을 더럽히는 동시에 깨끗이 씻어 줄 것입니다.

"오, **사람을 지키시는 감독자**여, 우리는 당신께 속했습니다. 우리를 지키소서." 그렇지만 욥은 계속해서 말합니다. "하지만 **당신**은 우리를 지키지 않으실 뿐만 아니라, **당신을 대적하게까지 만듭니다.** 아! 우리는 원하는 바 선은 행하지 아니하고 도리어 원하지 아니하는 바 악을 행하기 때문입니다(롬 7:19). 그렇습니다. 바로 당신이십니다. (고난받은 영혼은 입을 크게 벌려 말합니다.) 오, 하나님! 나를 남김없이 드린 분은 바로 당신이십니다. 그런데 내가 처한 이 상황에서 나로 당신께 대적하게 하시는 분도 바로 당신이십니다."

오, 가련한 소경 욥이여! 당신이 하나님께 대적한다고 생각하는 이 때가 사실은 하나님께 훨씬 덜 저항하는 것입니다. 하나님을 불쾌하게 하는 것은 우리의 참혹함과 가난이 아니라, 우리가 가진 본성적 특성과 자기의지입니다. 부패가 당신에게서 모든 자산과 자기사랑과 자기의지를 가져감으로, 하나님을 대적하는 것을 막아 줄 것입니다.

하나님께서는 우리를 진흙으로 빚으셨습니다. 진흙은 부드럽고 순응적이며 무엇이든 원하는 모양으로 만들 수 있기 때문에 하나님을 불쾌하게 하지 않습니다. 이것이 바로 하나님께서 사람을 진흙으로 빚으시고, 돌이나 저항이 강한 재료로 만들지 않으신 이유입니다. 당신은 다이아몬드일 때보다 진흙일 때 하나님께 덜 저항합니다. 하지만 사람들이 모르는 것이 바로 이것입니다. 다이아몬드는 저항하지만 진흙은 그렇지 않습니다. 하나님께서는 다이아몬드였던 당신을 티끌로 되돌리셨고, 바로 이것이 당신을 슬프게 합니다.

"그렇지만 무엇입니까? 다이아몬드가 진흙보다 더 기쁘게 하지 않습니까?" 네, 모든 사람에게 그렇지요. 하나님만 빼고 말입니다. 하나님께서는 그가 무엇으로 만들어졌는지가 아니라, 그를 어디에 사용하시려고 했는지에 따라 그의 가치를 판단하십니다. 그렇다면, 고난받는 불쌍한 욥이여, 당신은 하나님을 불쾌하게 하지 않았습니다.

그가 다시 말합니다. **"왜 나는 나 자신을 참을 수 없습니까?"** 당신의 연약함과 무가치함에 만족하지 않기 때문에 당신 자신을 참을 수 없는 것입니다. 그러나 당신이 수욕을 사랑하는 법을 배우면, 참을 수 없는 것이 아닐 것입니다. 그리고 당신이 모욕과 수치를 사랑하게 될 때, 하나님께서 그것을 새 사람을 만드시는 데 사용하실 것입니다.

"왜 주께서는 나의 죄를 없애 버리지 않으십니까? 그리고 **왜 나의 부정을 지워 버리지 않으십니까?"**라고 고통 받는 이 사람은 계속해서 말합니다. 욥이 이렇게 고백하게 하고 그에게 큰 고통을 일으키는 것은, 죄에 대한 그의 일관적인 관점입니다(그에게 죄가 있을 수 있다고 믿는 것). 그의 생각이 너무도 가려져서 모든 것이 죄로 보이며, 이는 그에게 가장 큰 고통입니다. 만약 이 영혼의 **죄를 없애 버리고** 그의 **부정을 지워 버린다면,** 그는 더 이상 고통스럽지 않을 것입니다.

그러나 욥이여, 당신에게는 더 이상 죄가 없고 오직 죄의 흔적만 있을 뿐이라는 것을 보지 못합니까? 당신은 더 이상 죄의 몸이 아니라, 죄의 몸에서 나는 흉한 냄새만 지니고 있고, 그것이 당신을 속이는 것입니다. 조금만 인내심을 가지십시오. 하나님께서 그것을 기록하셨던 바로 그 먹으로 그 흔적을 지워 주실 것입니다.

사람은 글자를 지우고 싶을 때면, 먹으로 살짝 덧발라 이전보다 흉하게 만듭니다. 화가는 그림을 수정할 때 짙은 색을 덧바르는데, 그렇게 해서 더 훌륭한 작품을 만들어 냅니다. 하나님은 죄가 남긴 색으로 그 죄를 지우십니다. 그리고 사람은 죄가 남겨 놓은 그 색을 보고, 화가가 그 특징을 다시 그리려 했다고 생각하지만, 사실 그 반대입니다. 거룩하신 화가(하나님)는 오히려 그 색을 사용하셔서 죄뿐만 아니라, 죄를 닮은 모든 흔적과 특성들까지 지워 버리십니다. 욥은 이것을 알고 있었던 것이 분명합니다. 그래서 다음과 같이 말한 것입니다. **"당신은 왜 나의 죄를 지우지 않으십니까?** 나에게서 지워 버려야 하는 색과 진흙을 두시지 않았습니까?" 오, 조금만 인내하십시오. 이 작업을 견디고 나면 머지않아 전부 지워진 것을 보게 될 것입니다.

"보십시오. 이제 나는 티끌 가운데 잠들 것입니다." '보십시오' 라는 말은 완전한 전멸이 멀지 않았다는 것을 나타냅니다. "머지않아 내가 최후의 전멸에 들어가면, 나는 나의 티끌 속에서 안식을 찾게 될 것입니다. 그러면 당신은 더 이상 나의 죄를 지우지 못하실 것입니다. **당신이** 그 목적으로 **나를 찾으실 때,** 내 속에서 지워야 할 존재를 더 이상 찾지 못하실 것이기 때문입니다."

아! 욥이여, 당신이 갈망하는 것이 참으로 무엇인지 아십니까? 당신은 당신의 죄가 훼파되어 먼지로 분해된 때, 지워지기를 갈망하고 있습니다. 죄가 먼지로 분해되고 모든 존재와 실재를 빼앗긴 후에 그것을 지우는 것이 죄를 멸하는 훨씬 더 효과적인 방법입니까? 지운 그 그림은 지워진 것이 무엇인지 밑바탕에 흔적만 지니고 있습니다.

하지만 그림이 불 속에 던져진다면, 더 이상 아무것도 남지 않습니다. 이것은 영혼이 통과하는 두 가지 상태의 다른 차이점입니다. 첫 번째 상태에서 하나님은 영혼의 죄악을 그의 육신을 부패시킴으로 지우십니다. 두 번째 상태에서는 하나님의 공의의 불로 어떤 흔적도 남기지 않고, 그 영혼의 죄악을 태우고 멸하십니다.

많은 영혼의 죄가 지워졌습니다. 하지만 인간의 본성적 특성이 멸하고 불태워진 경우는 거의 없습니다. 하나는 죽음이고 다른 하나는 전멸입니다.

첫 번째 단계에서는 아직 지워지지 않은 죄를 보며 사람이 괴로워하지만, 그 죄는 지워질 수 있을 것입니다. 두 번째 단계에서는 더 이상 지워질 것이 아무것도 없습니다. 어떤 경미한 것도 어떤 존재나 생명도 찾을 수 없습니다. 또 고통이나 슬픔도 없습니다. 더 이상 부패함이 없습니다.

죽어 가고 있는 사람, 또는 최근에 죽은 사람은 인간의 모든 특성을 여전히 가지고 있고, 자신에 대한 느낌도 가질 수 있습니다. 느낄 수 있고 구별되는 죄인 된 인간의 특성이 있습니다. 하지만 시체가 썩어 부패하기 시작하면, 이러한 특성을 더욱 잃어버리게 됩니다. 그러나 그것이 사람이라는 것은 여전합니다. 부패할수록 공포스럽지만, 우리는 그것이 썩은 시체이며 소멸하는 중이라는 것을 압니다. 그것이 더욱 소멸되면, 거기에는 **티끌**뿐이며, 더 이상 땅과 구별이 되지 않습니다. 아무 존재도 없는, 자신이 나온 무(無)로 되돌아가는 평화롭고 고요한 땅입니다.

사람은 창조되기 전에는 땅과 구별이 되지 않았습니다. 하나님만 구별하실 수 있습니다. 부패되어 땅으로 돌아간 사람도 오직 하나님만 구별하실 수 있습니다. 바로 이런 이유로 욥은 "**만약 주께서 나를** 이 세대의 아침에, 혹은 창조의 **아침에 찾으신다면, 나는 더 이상 존재하지 않을 것**입니다"라고 말한 것입니다. 그는 "주께서 나의 존재를 찾지 못하실 것입니다"라고 말하지 않았습니다. 존재와 생명의 근원은 언제나 그것을 아시고 구별하시는 하나님께 있는 것이기 때문입니다.

그러나 피조물에게는 모든 존재와 실재가 다 멸하여 없어졌습니다. 완전한 전멸에 이르면, 그 안에서는 아무것도 발견할 수가 없기 때문입니다(이것은 영적으로 이해해야 합니다). 다른 모든 상태는 단순하게 지워진 것일 뿐이고, 전멸된 영혼은 극히 드뭅니다.

오, 이 주제가 온전히 이해될 수만 있다면! 연로한 자가 어떻게 가장 작은 티끌도 남지 않는 방식으로 멸하고, 하나님께서 어떻게 그를 진정 완전한 새 사람으로 만드시는지 보여 줄 수만 있다면! 일반인을 정당한 부활 안에서, 위반자 아담의 특성을 조금도 찾을 수 없다고 알릴 수 있다면! 영적으로 아담은 그의 몸이 완전히 멸해지지 않았습니다(만약 우리에게 아담의 어떤 것이 남아 있다면, 그것은 점차적으로 우리의 모든 본성을 타락시키고 천국까지 감염시키는 누룩이 될 것입니다).

특별히 선택받은 영혼들에게 하나님께서는 그들의 삶 가운데 있는 위반자 아담의 것들을 매우 강력하게 전멸시키십니다. 먼지로 분해되어 전멸되지 않을 최소한의 입자도 남지 않게 말입니다. 그리고 전능하신 하나님께서 아무것도 없는 재 속에 영원한 생명의 싹을 두시는 것처럼, 그 영혼에게 영생의 싹을 남겨 두시고 죽지 않도록 생명으로 소생시키십니다.

이것을 좀 더 이해하기 위해서는, 하나님께서 사람을 만드실 때 그의 속에 성령님을 두시고, 그의 혼뿐만 아니라 몸에도 영생의 싹을 두신다는 것을 반드시 알아야 합니다. 아담은 자신의 죄로 말미암아, 혼에는 은혜의 죽음을, 몸에는 육체의 죽음을 초래했습니다. 그러나 은혜의 죽음에도 불구하고, 하나님께서 원하실 때 그 혼에게 생명을 가져다줄 수 있는 거룩한 싹은 항상 남아 있습니다. 또한 몸에도 생명과 영생의 싹이 남아 있습니다.

아담에게 생명을 불어넣으신 분은 하나님이십니다. 이 생명을 강제로 빼낸 자는 위반자 아담이었습니다. 그가 할 수 있는 모든 것으로도, 영원토록 보존될 영생의 싹이 남아 있는 것을 막을 수는 없었습니다. 그러므로 몸이 죽을 때 (모든 사람이 아담 안에서 반드시 죽는 것처럼, 원죄로 말미암은 은혜의 죽음과 육체의 죽음 모두), 하나님께서 어느

한 날에 그 몸에 생명을 주시려고 생명의 싹을 찾는 것을 가로막지 못합니다(생명의 싹은 하나님께 속한 것이며, 하나님께서 위반자 아담에게서 취한 것이 아닙니다).

하나님께서는 언제 그들에게 생명을 주십니까? 그들이 티끌로 분해되어 흙이 될 때입니다. 그때 그들에게 생명이 주어지고, 오직 영생의 싹이 그들에게 남게 될 것입니다. 만약 그들이 멸해서 재가 되지 않는다면, 거기에는 위반자 아담의 것이 남게 될 것입니다. 바로 이런 이유로 예수 그리스도께서 썩기 시작한 나사로를 일으키셨을 때(요 11:39), 다시 한 번 더 죽게 하려고 그에게 생명을 주신 것입니다.

예수 그리스도께서 자신의 죽음을 통해 생명을 주신 믿음의 조상들, 곧 무덤에서 잠자던 성도들에게는(마 27:52), 더 이상 죽지 않게 하시려고 생명을 주셨습니다. 왜냐하면 나사로는 아담에게 물려받은 것을 모두 가지고 있었기 때문입니다. 비록 그가 죽었어도, 아담에게 물려받은 생명은 멸하지 않았고, 이것이 그가 다시 죽은 이유입니다.

그러나 무덤에서 잠자던 성도들은 전멸의 먼지로 분해되었기 때문에, 예수 그리스도의 부활 후에 천국으로 데려감을 당했습니다(엡 4:8). 모든 사람은 위반자 아담 안에서 죽으며, 세례를 통해 새 새명을 얻습니다. 하지만 여전히 죽음의 싹이 남아 있기 때문에 세례 후 물 밖으로 나오다가 죽었거나 이성을 사용하기 전에 죽은 아이들은 제외됩니다. 이 죽음의 싹은 이성을 사용하면 자라기 시작합니다. 만약 허물이 용서받을 만한 것이면, 그들은 천국으로 받아들여지지 않고 연옥에서 괴로워합니다.

그러나 영생의 싹이 죽음 안에 존재하듯이, 죽음의 싹도 분명 생명 안에 남아 있습니다. 죽음의 싹은 우리의 힘과 우리 안에 있으며, 이것이 우리 자신의 허물로 말미암아 죄의 죽음과 함께 죽어야만 하는 이유입니다. 하지만 생명의 싹은 하나님 손 안에 있으며, 이것이 하나님만이 우리에게 생명을 주실 수 있는 이유입니다. 때로는 죽음이, 때로는 생명이 있는 것이며, 생명이나 죽음이 서로 지배권을 차지하는 것입니다. 점차 생명이 강화되고 죽음이 약해져서 멸해질 때까지 말입니다.

아담 속에 있는 죽음의 싹은 어떻게 멸할 수 있을까요? 그것은 죽음처럼, 압도하는 힘이 점점 강화되어 생명을 앗아갑니다. 그처럼 생명도, 압도하는 힘으로 죽음을 멸하는 것입니다. 그러나 이 죽음은 아담의 유일한 잔존물이며 그에게 속한 것입니다. 죽음에서 마침내 생명이 일어나며 아담을 그 자신에게서 몰아내고, 가장 잔혹하고 쓰라린 죽음을 경험하게 합니다.

영혼이 그 자신에게서 쫓겨나면, 거기에는 이제 불쾌한 사체 외에 다른 것은 남아 있지 않습니다. 죽은 몸은 비위에 거슬리고 성가신 것이며, 그 영혼이 근심과 슬픔으로 죽게 만듭니다. 그러면서도 계속해서 부패해 가는 것입니다. 거룩한 생명과 아담의 생명이 한데 뒤섞여 있어서 서로 같은 것으로 여기기 때문에 거룩한 생명은 죽은 몸이 썩어 없어질 때까지 그것을 참아야만 합니다.

아, 시체의 냄새가 얼마나 고약한지요! 차라리 몸이 살아 있을 때는 덜 성가셨습니다. 어찌되었든 견뎌 내야 하는 것이고, 노력하지 않아도 서서히 무(無)의 티끌로 전락할 것입니다. 무덤 속의 시체가 서서히 티끌이 되는 것처럼 영혼의 전멸도 그와 같습니다.[3]

아담에게 속한 모든 것이 티끌이 되어 갈 때, 곧 그것이 전멸될 때, 아담의 생명에 눌리고 감추어진 거룩한 생명과 하나님의 생명의 싹이 죽은 몸에 의해 가로막혀 있다가, 아담에게 속한 모든 것에서 완전히 해방되는 것을 보게 됩니다. 그러면서 점차 자라나고 모든 것이 새롭게 되어, 마침내 위대하고 완전하며 자유롭게 되어 아무것도 그 생명을 제한하거나 방해할 수 없게 됩니다.

전멸하기까지 완전히 멸하지 않으면 어느 육체도 천국에 들어갈 수 없고, 전멸되지 않은 영혼은 하나님께 들어갈 수 없다는 것은 분명한 진리입니다. 전멸되었을 때 자신의 잔존물과 자아가 더 이상 남아 있지 않습니다.

성도의 시체 중에 썩지 않을 것이 있다는 주장에 대해 말씀드립니다. 이로 인해 그들이 영광을 받지 못하며, 그들은 몸에 수많은 부패의 흔적을 가지고 있기 때문입니다. 또한 때에 따라 심판의 날에 불이 임하면 그 몸도 생명을 받을 수 있는 상태가 되기 위하여 재로 분해될 것입니다. 만약 그들이 완전히 멸하지 않는다면, 그들은 생명을 받을 수가 없습니다.

선지자 에스겔이 보고 생명을 불어넣어 준 모든 시체는 건조하고 메마른 뼈였습니다(겔 37:4). 뼈 속에는 골수가 남아 있지 않았고 최소한의 윤기조차 없었습니다. 아담의 생명은 조금도 없는, 성경에서 말하듯 메마른 불모의 뼈들이었습니다. 그런데 이들 뼈가 서로 연합합니다. 그리고 점차 새 살로 덮입니다. 그것은 더 이상 아담의 살이 아니며, 예수 그리스도로 말미암아 회복된 살입니다.

이 부활 이후의 몸은 신성한 능력으로 인해 썩지 않게 될 것입니다. 성도들의 썩지 않음과 저주 받은 자들의 썩지 않음을 구별하기 위해 예수 그리스도께서 말씀하셨습니다. **"그들은 다시 부패하지 않도록 불로써 소금 치듯 함을 받으리라"**(막 9:49). 예수 그리스도는 바로 성도들을 썩지 않게 하는 소금입니다. 그분은 자존하는 지혜이시며, 모든 성도들

---

3) 티끌과 전멸에 관하여 말한 모든 것들은 신비적으로 이해하지 않으면 결코 이해될 수 없다는 것을 분명히 알아두시기 바랍니다. 그것을 육체의 물리적인 전멸로 여기는 것은 가장 심각한 실수이며 분명한 모순입니다. 여기에서 제가 지금 당부하는 이 말은 다시 반복하지 않더라도, 이 책에서 티끌과 전멸의 상태에 대해 이야기하고 있는 모든 부분에 동일하게 해당됩니다.

을 썩지 않게 하시는 분입니다. 하지만 불은 저주 받은 자들을 썩지 않게 할 소금이 될 것입니다. 저주 받은 자들은 아담의 살을 보전하고, 그들이 다시 얻는 것도 아담의 살이며, 결코 자신의 힘으로는 썩지 않게 될 수 없고, 하나님께서 불로 그들에게 소금을 치지 않으시면 그들은 곧바로 분해되어 부패할 것입니다. 그들이 다시 부패하는 것을 막기 위해 하나님께서 불로 소금을 치시고, 그로 인해 그들은 영원토록 고통당하게 될 것입니다.

이 진리들이 내게는 대낮처럼 분명하게 보입니다. 하나님께서 이 진리를 적용하실 것입니다.

8장

1. 그때 빌닷이 욥에게 말했다.

2. "네가 어느 때까지 이런 일들을 말할 것인가?

3. 하나님께서 그의 심판 가운데 부정하시며, 전능하신 자가 공의를 굽게 하시겠는가?

사람들이 진리의 말씀을 악으로 바꾸고, 신령한 말들을 오히려 신성모독을 위해 사용하는 것은 비단 오늘날의 일만은 아닙니다. 그들은 자신들이 이해하지 못하는 것을 정죄하며, 거기에 보통 악한 의미를 부여합니다.

욥에게 죄가 있다는 주장에는 최소한 어떤 증거라도 있는 것입니까? 욥은 우리에게 영적인 삶의 가장 중요한 진리들을 가르쳐 주었고, 하나님의 주권적인 능력과 무한하신 공의를 지지하지 않는 어떤 말도 하지 않았습니다. 그럼에도 불구하고 그는 **'하나님께서 심판과 공의를 굽게 하셨다'** 고, 즉 하나님의 능력에 대적하는 말을 했다고 비난을 당합니다.

친구들은 고난 받는 욥을 위로하기는커녕, 그가 범하지도 않은 죄에 대해 꾸짖습니다. 또한 욥의 고통이 그의 죄 때문이라는 것을 증명하기 위해 생각지도 않은 신령하지 않은 말을 했다고 그를 납득시키려 합니다. 결국 친구들은 욥을 책망하는 즐거움을 누리려고 그를 범죄자로 매도해 버립니다.

5. **그럼에도 불구하고 만일 네가 하나님께 돌아가기를 갈망하며 전능하신 이에게 기도로 간구한다면,**
6. **만약 네가 순전하고 정직하게 걸으면, 머지않아 하나님께서 너를 돕기 위해 잠에서 깨어나실 것이고, 그가 네 공의의 장막을 평안하게 하실 것이다.**

경험이 없는 사람들은 하나같이 욥이 통과하고 있는 시련의 단계를 내리막길이나 잘못된 행실의 결과로 여깁니다. 그들은 사람이 어떤 죄를 범했기 때문에, 그리고 그가 진리와 공의의 길에서 벗어났기 때문에 이러한 시련이 왔다고 믿습니다. 이 고통과 비참함의 상태가 하나님께서 영혼을 정결하게 하시고 전멸시키셔서 생명으로 이끄시기 위해 허락하시는 것임을 이해하는 자가 아무도 없기 때문입니다. 그들은 욥에게 만약 하나님께 수없이 기도했다면, 그분께서 그를 구원해 주셨을 것이라고 말합니다.

그들은 욥에게 "네가 노력하여 얻을 수 있는 것을 위해 힘을 다해 기도하라"고 말합니다. 하지만 이 말은 욥의 고통을 도리어 가중시킬 뿐입니다. 오히려 욥이 자신을 하나님께 내어 드리도록, 기꺼이 그분의 공의의 무게를 감당하도록, 그리고 여기서 구원 받는 것을 원치 않도록 인도할 필요가 있습니다. 하나님께 복종하고 이 상황을 묵인함으로, 선하고 거룩한 즐거움으로, 영원토록 이 상황 가운데 머물러 있기를 전심으로 갈망하게 해야 합니다.

사람은 이렇게 오랫동안 묵인하고 순응할 수 없을 것이라고 합니다. 만일 그렇게 할 수 있는 사람이 있다면, 그는 만족하게 될 것입니다. 우리는 하나님께서 허락하신 상황 속에 머무르며, 만족하거나 묵인할 수 없는 것에 동의하지 않을 것이 분명합니다. 또한 묵인하거나 우리 자신을 포기할 수 없을지라도, 참지 못하고 하나님께 구원을 구하게 될 것입니다. 우리는 우리 자신을 거스르지 않고 구원을 구해서는 안 됩니다. 그러므로 이런 충고는 경험이 부족한 자들에게만 주어집니다.

"만약 네가 하나님 앞에서 순전하고 정직하게 걷는다면, 그분이 곧바로 너를 돕기 위해 잠에서 깨어나실 것"이라고 빌닷이 말했습니다.

아, 공포의 가난이여! 만약 하나님께서 사람에게 순전함과 정직을 주시지 않는다면, 사람이 순전하고 정직하게 걸을 수 있겠습니까? 모든 인간의 본질적 특성과 본성적 불순함을 잃어버린 자보다 더 순전한 영혼은 없습니다. 그에게서 많은 외적인 불결함이 보일지라도 말입니다. 극심한 고통에도 불구하고, 한순간도 하나님의 뜻에서 벗어나지 않은 자가 이 영혼 말고 또 있습니까? 자신의 결핍과 버려짐에서 조금이라도 벗어나려고 시도하지 않고, 거룩하신 분의 말씀과 논쟁하는 것보다 차라리 영원토록 이런 상태에 머무르는 편을 선택한 영혼이 또 있습니까?

오, 참으로 알지 못하는 순전함이여, 오, 정직이여! 무엇보다도 온전한 순전이며, 정직 중에서 가장 성실한 정직입니다! '하나님께서 주무시고 계시며, **그분의 공급하심이 고난 받는 영혼들을 돌아보지 않으신다**'는 것보다 더 어리석은 말이 어디 있겠습니까? 하지만 사람들은 순전한 자들의 황폐함을 볼 때 이런 말을 합니다. 이렇게 말하는 사람들은 하나님께서 죄의 분량에 따라 저 순전한 자들을 버리셨고, 짐승도 돌보아 주시는 하나님의 공급하심이 이들에게는 잠들었다고 믿습니다. 이는 하나님께 대한 가장 큰 모욕이며, 엘리야가 거짓 신 바알에게 '그가 잠들었다' 고 조롱한 것과 다름 없습니다(왕상 18:27). 오, 하나님, 주님은 당신께 항복한 영혼들을, 그들의 모든 인도하심을 당신께 위임하여 스스로 생각할 수 없는 영혼들을 돌보아 주십니다.

여기에 빌닷이 덧붙입니다. "하나님께서 잠에서 깨어나셔서 **네 공의의 장막을 평안하게 하실 것**이다." 빌닷은 사람들이 부패와 연약함 중에 겪는 경험을 불의라고 여깁니다. 또한 이러한 시련이 자기의를 드러냄으로, 자신에게서 자기의를 내쫓기 위한 것일 뿐, 그의 처소를 평화롭게 하려는 것이 아님을 보지 못하고 있습니다. 그는 오히려 그의 처소에 너무 오랫동안 평안히 거했습니다.

하지만 하나님의 공의만 남기 위해, 자기의 의로운 집은 무너뜨릴 필요가 있습니다. 하나님께서는 자기의에게 평안을 주기 위해 돌보시지는 않습니다. 그러기에는 하나님께서 그 영혼을 너무나 사랑하십니다. 여기서 하나님이 주무신다고 여긴 것이 사실은 그분이 지극히 돌보아 주신 것입니다.

7. 그러므로 네 시작이 작았을지라도, 너의 마지막은 엄청나게 커질 것이다.

8. 이전 세대들을 살펴보라, 우리 조상들의 역사를 주의 깊게 조사해 보라.

사람들은 이런 방식으로 내적인 자들을 믿음의 상태에서 끌어내려고 합니다. 즉, 그들의 악이 모두 단순함에서 비롯되었다고 확신시킵니다. 만약 그들이 열매를 조금 맺었다면 용기를 내어 수고함으로 더 많이 얻게 될 것이라고 말합니다. 그들이 **복잡**하고 평범한 일반적인 길을 간다면, 그들의 결국이 처음을 능가하여 뛰어날 것이라고 확신시킵니다.

사람들은 내적인 자들이 가는 길이 새로운 길이라고 계속해서 납득시키고 싶어 합니다. 그들은 **나이든 자들을 살펴보고, 책을 조사해 보라**고 하면서 그들보다 앞섰던 자들, 결코 다른 길을 걸은 적이 없는 선조들의 경험을 보게 될 거라고 말합니다. 이렇게 말하는 사람들은 이 단순한 길이 곧 아담이 범죄하기 전에 그에게 주어졌던, 이 세상의 나이만큼이나 오래된 길임을 알게 될 것입니다.

9. 우리는 세상에서 어제에 있을 뿐이며, 우리의 날들은 세상에서 그림자처럼 미끄러져 지나가는구나.

자기 자신 안에 있는 영혼은 영원의 현재의 날, 곧 신성한 날에 있지 않고 오직 과거의 날에 있을 뿐입니다. 어제는 그들의 날이지만, 오늘은 그렇지 않습니다. 반면에 전멸당한 영혼은 어제는 밤이었지만 오늘은 낮이라고 말해야만 합니다. 이런 이유로 사람들은 자신들의 날을 셀 수 없는 것입니다.

그런데 많은 영혼의 날은 서서히 늘어났다가 줄어들어 마침내 사라지는 그림자처럼 지나갑니다. 빛이 적고 흐릴 때 그림자가 그 이상으로 크거나 깊을 수 없는 것처럼, 이 영혼들도 하나님 앞에서 그들이 작아질 때 자신의 눈에 그들의 모습이 크게 보일 수는 없습니다.

10. 우리 조상들이 너에게 가르쳐 줄 것이고, 이야기해 줄 것이며, 그들

마음속에 있는 신념을 너에게 알려 줄 것이다.

빌닷은 마치 그들의 조상과 선진들이 다음과 같이 가르칠 것이라고 말하는 것 같습니다. 이토록 극심한 고통 속에서는 하나님 앞에 침묵할 필요가 없으며, 하나님께 말해야 하고 온 마음으로 그렇게 해야만 한다고 말입니다.

11. 골풀이 물기 없이 자랄 수 있느냐, 혹은 늪지에서 자라는 풀이 물 없이 자랄 수 있느냐.
12. 그것은 아직 거두지도 않았는데, 아직 생생할 때에 다른 풀들보다 먼저 말라 버린다.

오, 하나님, 이 말은 당신께 자신을 내어 드린 영혼에게 가해지는 비난입니다. 사람들은 자신의 힘으로 만든 은혜가 없는데 전진할 수 있느냐고 고난 받는 자들에게 묻습니다. 하지만 하나님께서는 사람들이 한 말로 그들을 납득시키십니다. 하나님께서는 사람들이 골풀에 비교되는 것을 허락하셨습니다. 골풀은 속이 텅 비고 바싹 말랐지만, 구멍이 많고 물을 흡수하는 물질로 채워져 있어 모든 물기를 빨아들이는 식물입니다. 우리 영혼은 마치 골풀과 같아서, 모든 것을 빨아들여 통통 부어 있습니다.

하지만 골풀에서 그 물질이 제거된다면, 그리하여 아무것도 남지 않는다면, 사람들은 그 속을 금 막대기로 채울 것입니다. 구멍이 많고 연약하며 바람에 쉽게 흔들리는 골풀의 특성이 사라지고, 대신 움직이지 않고 견고하며 정금처럼 순전하여 더 이상 흙이 묻어나지 않게 될 것입니다. 우리의 영혼도 마찬가지입니다. 우리에게 있는 것들 가운데 구멍 나서 건조한 물질처럼 흙과 불순한 것을 쉽게 흡수하고, 바람에 견디지 못하고 쉽게 흔들리는 것 같은 본성적 특성을 잃어버린다면, 우리 자신에게서 이러한 자산을 빼앗기게 된다면, 그러면 그 속은 다름 아닌 하나님으로 채워질 것입니다. 하나님의 순전하고 변함없는 특성에 참여하게 하시는 하나님 자신으로 말입니다.

우리는 물 없이는 자랄 수 없는 늪지의 풀과 같습니다. 그 풀에 물을 제공하는, 종종 부패하거나 메마른 늪이 살아 있는 샘으로 바뀐다면, 그 안에서 자라는 풀들은 훨씬 더 푸르게 될 것입니다. 우리도 마찬가지입니다. 우리의 본성 깊은 곳까지 들어오는 그 물은 분명 천국에서 오는 것입니다. 늪에는 오직 하늘에서 오는 빗물만 있기 때문입니다.

또 우리의 땅을 덮어 버린 그 물과 같은 것으로, 더 이상 비가 내리지 않으면 못쓰게 되고, 부패하고 종종 메마릅니다. 하지만 우리가 늪의 물을 상실할 때, 살아 있는 샘물이신 하나님께서 하나님 자신으로 물을 주십니다. 그러므로 빌닷이 욥을 대적한 모든 말은 사실 그 자신에게 해당되는 것입니다.

빌닷은 골풀이 물속에 있어도, "거두기도 전에, 심지어 아직 생생할 때에 **메마르는구나**"라고 선포합니다. 이 말은 그들의 영혼이 느낄 수 있는 은혜의 물속에 잠겨 있을지라도, 꽃을 피우기 시작하면, 손으로 그것을 뽑아내지 않아도 스스로 메말라 죽는다는 것을 우리에게 가르쳐 줍니다. 이럴 때, 우리는 오직 사랑스러운 공평의 손으로 제거해 주실 창조주께 우리 자신을 내어 드려야 합니다. 하나님께서 샘의 근원이신 그분 안에 우리를 심으실 수 있게 허락해 드리면, 우리는 거기서 더는 메마름을 두려워하지 않게 될 것입니다.

13. 하나님을 잊어버리는 모든 자의 길이 이와 같으며, 바로 이 길에서 위선자의 소망이 사라질 것이다.

더 이상 느낄 수 없다는 이유로 하나님을 망각하고, 그분의 심오하고 우주적인 임재와 영원한 소유를 망각하는 것은 큰 실수입니다. 하나님께서 우리 영혼의 생명되시고 우리 삶의 원리가 되심은 더 이상 느껴지거나 구별되지 않습니다. 영혼이 우리 몸에 활기를 불어넣어 줄지라도, 우리가 영혼을 느끼지 못하듯이 말입니다. 우리는 영혼이 몸을 움직이고 행동하게 한다는 것을 압니다. 여기에 대해 분명하게 생각하지 않아도, 진리 외에는 알 수 있는 것이 없을지라도, 우리는 영혼이 몸을 움직인다는 것을 의심할 수가 없습니다.

하지만 사람들은 내면적 영혼이 그들의 매우 궁핍한 상태를 말하면, 하나님을 망각했기 때문이라고 여깁니다. 도대체 그들은 얼마나 자신을 속이고 있습니까? 하나님은 그들에게 살아 계신 원리입니다.

거짓된 지혜로 눈먼 이 사람은 마치 하나님 안에서 확신과 소망을 가진 것처럼 '위선자의 소망이 사라질 것' 이라고 덧붙입니다. 하지만 이것은 사실이 아닙니다. 하나님께서는 무엇이 위선이라고 말씀하셨습니까? 위선자는 자신을 신뢰하며 스스로의 공의에 안식하지만, 참된 소망은 오직 하나님 안에서만 쉼을 누립니다(눅 18:11~12).

14. 그리고 그의 확신은 거미줄 같을 것이다.

계속해서 빌닷은 욥의 **소망**이 신속하게 지어졌다가 한순간에 무너지는 **'거미줄 같을 것'** 이라고 말합니다. 언젠가 그는 주님을 신뢰하는 자는 결코 당황하지 않는다는 것을 똑똑히 보게 될 것입니다. 사람을 의지하는 자에게 화가 있을지어다. 사람을 의지하는 것은 진실로 거미줄같이 나약하고 헛된 것을 신뢰하는 것입니다.

20. **하나님은 순전한 사람을 저버리지 않으실 것이다.**
21. **마침내 그의 입을 웃음으로 채우시고 그의 입술을 즐거움으로 채우실 것이다.**

하나님께서는 빌닷이 스스로 모순에 빠지도록 허락하시고, 이따금씩 욥을 크게 위로하는 말을 하게 하십니다. 빌닷은 하나님께서 모든 고통에도 불구하고 **순전한 사람**의 "**입을 웃음으로 채우시고** 그의 마음을 즐거움으로 채우시기까지 그를 버리지 않으실 것"이라고 선언합니다. **입이 웃고 입술이 기쁨의 탄성**을 지른다는 것은 그 기쁨이 너무나 풍성해서 모든 말 가운데 밖으로 흘러나온다는 것입니다. 많은 사람은 외적 엄숙함만을 가치 있게 여기고, 단순한 사람의 얼굴에 임하는 거룩한 기쁨은 정죄합니다. 하나님의 영은 기쁘고 자유합니다. 바울이 말한 것처럼(갈 5:13) 우리는 하나님의 자녀로서 자유를 위해 부르심을 받았습니다. 이런 이유로 하나님께서는 성령님을 소멸하지 않도록 항상 기뻐하기를 바라십니다.

9장

1. 욥이 빌닷에게 대답했다.
2. "그것이 그런 줄을 내가 진실로 알지만, 사람을 하나님과 비교한다면, 사람이 의롭지 못할 것이다.
3. 사람이 하나님과 논쟁하려 한다면, 그는 그분께 대답할 수 없을 것이다.
4. 그분께 대항하고 평안히 지낼 수 있는 자가 누구인가?

욥은 **하나님 앞에서 의로움을 내세우지** 않겠다고 그리고 하나님의 공의와 거룩함 때문에 가장 바르고 거룩한 사람도 하나님 앞에서 불의하게, 죄가 있는 것처럼 보인다고 고백합니다. 모든 빛이 태양 가까이에서는 어둠으로 쇠하듯이 말입니다. **만약 욥이 논쟁하기를 원한다면, 그리고** 자신을 변호하기를 원한다면, **하나님께 대항하고 평안히 지낼 자가 없으니**, 그는 **절대로** 목적을 완성**할 수 없을 것**입니다. 평화로운 영혼도 하나님께서 요구하시는 것에 조금이라도 대항하면 곧바로 이상한 고통 속으로 들어가기 때문입니다. 내적 영혼이 경험하는 끔찍한 고통 대부분은 그들의 본질적 특성과 저항에서 일어납니다. 저항하지 않는 사람은 고통 받지 않습니다.

5. **하나님께서 뒤집어엎으신 자들이 인식하지 못하는 사이 산들을 옮기시는 분이 그분이며**

6. **땅을 그 자리에서 옮기시고, 그 기둥들을 흔들리게 하시는 이가 하나님이시다.**

8. **그분은 홀로 하늘을 펼치시고, 바다의 파도 위를 걸으시며**

9. **북두칠성과 오리온 별자리를 만드시고, 한낮의 비밀한 곳을 만드신 분이며**

여기서 욥은 영혼 안에서 역사하시는 하나님을 **산들**에 비유하여 짧게 묘사합니다. 자기 내면의 본질적 특성으로 우쭐해진 영혼을 그들도 모르는 사이에 갑자기 **옮기시는 분이** 바로 **하나님**이십니다. 하나님께서는 그들을 기초까지 흔드셔서 그들의 내면과 외면에 더는 어떤 흔적도 남지 않게 하십니다.

그렇지만 바로 이 혼돈의 시간에 하나님께서는 그분의 주권적인 능력으로 **홀로 하늘을 펼치시고** 그 영혼이 그분의 기쁨이 될 수 있게 하시려고 지각할 수 없을 만큼 놀라운 방법으로 그 영혼의 힘을 확장시키십니다.

별들, 작고 뚜렷한 빛들을 **만드신 분이 하나님**이십니다. 그러나 하나님께서는 영혼을 사랑의 불로 심오하게 태우시면서 동시에 한낮의 **비밀한 곳**을 만드십니다. 격정적인 **분노의 파도 위를 걸으시며** 파도로 잠잠하게 하시는 분이 바로 하나님이십니다. 영혼은 이러한 변화에 깜짝 놀라서, **"바람과 바다도 순종하는 이분은 누구십니까?"**라고 외칩니다(마 8:27).

11. 그분이 내게 오셔도 나는 그분을 보지 못할 것이며, 나를 떠나가셔도 내가 그분을 깨닫지 못할 것이다.

12. 만일 그분이 질문하시면 누가 대답하겠는가? 또는 "당신은 왜 그렇게 하십니까?"라고 그분께 말할 수 있는 자가 누구인가?

욥은 하나님이 사람의 판단과 이해의 대상이 아니라고 말합니다. 선물 받는 사람들이 자신의 판단으로 선물하는 사람을 생각하듯이, 하나님은 그렇게 이해되지 않으십니다. 욥은 말합니다. "그분이 가장 심오한 방법으로 나에게 **오실지라도** 내가 **그를 보지 못할 것**입니다. **그분이 나를 떠나가셔도** 그분의 운행하심은 감지하기 어려운 성질의 것이기에 **내가 그분을 이해하지 못할 것**입니다." 그러므로 우리는 하나님 앞에서 우리 자신을 완전히 내어 드려야 하고, 어떤 느낌이 있든 없든 끊임없이 자기를 포기해야 합니다.

나아가 욥은 우리에게 스스로를 내려다보지 말고, 우리는 하나님께 속하였으니 자기가 주도해서 혼란스럽게 하지 말고, 공급자의 돌보심에 맡겨야 한다고 가르칩니다.

또 그는 "**만일 그분이 나에게 캐물으신다면 나는 그분께 뭐라 말하겠습니까?** 내가 하나님 앞에서 드릴 말씀이 없지 않습니까?"라고 덧붙입니다. 혹은 내가 하나님께 "당신은 왜 나를 이 길로 인도하셨습니까?"라고 질문한다면, 그것은 경솔한 행동이 아니겠습니까? 나는 그분께 속하였으므로 그분을 신뢰하고, 자신을 내어 드리는 것이 내 의무가 아니겠습니까?

13. 그분은 하나님이시니 아무도 그분의 진노에 저항할 수 없고, 이 세상을 지탱하는 사람들일지라도 그분 아래에 굴복한다.

아무도 하나님의 진노와 그분의 공의에 저항할 수 없습니다. 하나님께서 누군가를 무너뜨리고 진멸하기로 작정하시면, 누가 그분께 저항할 수 있겠습니까? 하나님을 대적하느라 많은 시간을 낭비하고, 그 저항으로 인해 기괴한 징벌을 야기하는 불쌍한 영혼들이여! 차라리 자원하여 그분께 굴복하는 것이 낫지 않습니까 아니면 강제적으로 그렇게 하시겠습니까? 당신을 방어하려는 모든 시도는 오히려 당신을 불행하고 깊은 죄의식에 빠지게 만듭니다. 위대한 성도들, 곧 **세상을 지탱하는** 기둥들이 하나님 **아래 꺾이고 고개 숙여 절합니다.** 첫 번째 기둥인 베드로는 하나님께 맞서 버티며 자신의 힘을 의지하려다가 큰 고통을 받았습니다.

14. 그때에 내가 누구라서 하나님께 대답하겠으며, 감히 그분께 말하겠는가.

여기서 욥은 우리의 연약한 모습 그대로 하나님께 내어 드려야 할 필요가 있다고 말합니다. 위대한 자들도 하나님께 굴복했는데, 우리 힘으로 무엇을 할 수 있겠습니까? 강풍이 불면 작은 풀들은 아주 작은 영향을 받지만, 큰 나무는 바람에 부러지고 뿌리가 뽑히기도 합니다. 만약 우리가 나무처럼 자신을 단단히 붙잡으려 한다면, 우리는 산산조각이 나고 말 것입니다. 그러나 작은 풀들처럼 바람의 자비에 내어 맡기면, 해를 입지 않을 것입니다.

또한 욥은 우리가 하나님의 위대하심에 대한 깊은 존경과 경의로 그분 앞에서 침묵을 지키는 것, 그분께 **말하지** 않을 필요성에 대하여 가르칩니다. 왕이 신하에게 말하라고 명하지 않는 한, 신하는 왕에게 말을 할 수 없습니다. 그는 존경을 담은 침묵으로 왕 곁에 머물러 있습니다. 만일 그가 쉴 새 없이 왕에게 말하려고 한다면, 교양 없고 무례한 사람으로 여겨져 쫓겨날 것입니다.

우리는 왕에게는 굴종하면서, 하나님께는 그렇게 하지 않습니다. 하나님께 우리의 간구를 드립시다. 적절한 때에 하나님께 우리의 청을 아룁시다. 그분께 우리의 상황과 필요에 대해 말씀드립시다. 그리고 하나님께서 말씀하시기를 침묵하며 기다립시다. 하나님을 방해하지 말고 그분의 음성을 경청합시다.

우리의 필요를 아뢰기도 전에 이미 하나님이 알고 계신다는 믿음이 있다면, 다시 그분께 아뢰기 위해 우리 자신을 번거롭게 하지 말아야 합니다. 우리는 하나님을 만유의 주인으로 인정해야 합니다. 우리를 향한 하나님의 선하심은 우리가 할 수 있는 것보다 우리를 더 잘 돌보시며, 우리가 바랄 수 있는 것보다 우리의 안녕을 바라신다는 것을 알아야 합니다.

15. 내게 하나님께 답할 적절한 말이 있을 때라도 나는 대답하지 않을 것이니, 나는 오직 나의 심판자에게 기도할 것이다.

욥은 어떤 사람이 세상사에 대해 **가장 적절한 말을 할 수 있을 때,** 침묵이 필요하다고 분명하게 말합니다. 그러한 이유로 한 예를 듭니다. "하나님께 말하는 대신 **나는 나의 심판자에게 기도할 것입니다.**"

하지만 하나님께 말하지 않으면, 어떻게 기도할 수 있습니까? "나는 형식을 차려 기도하지 않겠습니다. 하나님께서 그분의 영으로 내게 주신 감동으로 기도할 것입니다."

이 말은 (문자 그대로) 우리는 모두 하나님 앞에 죄인이고, 우리가 죄의식을 느끼지 않는 것에 대해 비난 받을 때에도, 정당화하려 해서는 안 되며, 이 너그러운 심판자에게 용서를 간청해야 함을 의미합니다. 죄를 인정한 자가 더 이상 자신을 정당화하지 않고, 다만 심판자의 용서를 진정으로 구하듯이 말입니다.

16. 그리고 내가 그분을 부를 때 그분이 들으셨을지라도, 나는 그분이 내 소리를 들으셨다고는 믿지 않을 것이다.

오, 하나님, 당신은 이 슬픔의 소리를 뚜렷이 들으실 수 없습니까? 욥은 이렇게 말하고 싶은 것입니다. "확실한 방법인 하나님을 통하여, 하나님 안에서 그분을 부르면, 늘 그러시듯 **내 소리를 들으실 것입니다.**" 우리 안에서 기도하시는 분은 예수 그리스도이시고, 성령님이시기에 항상 들으십니다. '내 아버지께서 항상 내 말을 들으시는 줄을 내가 압니다' (요 11:42)라고 예수님은 말씀하셨습니다.

욥이 말합니다. "나는 그분이 들으셨을지라도, 내 소리를 들으셨다고는 **믿을 수 없습니다.** 사실은 하나님의 아들의 목소리를 들으신 것이기 때문입니다. 말하는 자는 내가 아니라 내 안에서 말씀하시는 예수님이기 때문입니다. 내 안에서 말씀하시는 분은 말씀이시며, 그분의 목소리를 들으셔야 하기 때문입니다. 이것이 내가 침묵해야 하는 이유입니다. 아버지께서 오직 아들의 목소리만 들으실 수 있도록 말입니다."

17. 그분이 나를 회오리바람으로 산산이 부수실 것이며 까닭 없이 나의 상처를 무수히 많게 하실 것이다.

사람을 산산이 부수는 회오리바람은 이상하고 예측할 수 없는 폭풍입니다. 이 바람은 사람을 내던지는 것에 그치지 않고, 아무것도 온전치 못할 정도로 **부수어** 버립니다. 여기서 산산이 부순다는 것은 그냥 부서뜨리는 것 이상입니다.

게다가 욥은 "하나님께서 **까닭 없이 나의 고통을 배가시키실 것입니다**"라고 말합니다. 그의 말은, 사실은 그렇지 않음에도 불구하고 마치 하나님을 불공평하다고 비난하는 것 같습니다. 하나님께서 까닭 없이 고통을 배가시키시는 것은, 아무 공로 없는 피조물에게 주시는 은총입니다. 이 모든 고난이 죽음의 길이며, 받을 자격이 없는 은혜의 수단인 것을 아는 자에게 말입니다.

영혼이 하나님의 뜻에 어떻게 굴복하는지 알기까지는 그리 오랜 시간이 걸리지 않습니다. 영혼은 불평하고 하나님을 비난하고, 종종 잔인하다고 합니다. 하지만 하나님은 그로 인하여 언짢아하지 않으십니다. 하나님은 슬픔의 무게에 짓눌린 본성의 연약함을 너무도 잘 아시기 때문입니다. 참으로 이상한 것은 영혼이 하나님께 자기 자신을 더욱 포기할수록, 하나님께 자신을 내어드릴수록, 항복할수록, 그분을 사랑하기를 바랄수록, 짓눌리고 처참한 자신을 발견하게 된다는 것입니다.

18. 그분은 내 영혼이 안식하는 것을 허락하지 않으시고, 오히려 나를 쓰라림으로 채우시는구나.

하나님께서 영혼을 사랑하셔서 그를 위해 위대한 일을 계획하실수록, 그분은 자비나 안식의 순간을 허락하지 않으시고 더욱 밀고 나가십니다. 그리하여 영혼은 **영의 안식이나** 이 세상에서 의지할 만한 최소한의 것도 찾지 못합니다. 오직 낭떠러지와 끝없는 수렁, 완전한 상실만 있을 뿐입니다. 그 영혼이 쉼을 갈망할수록 **쓰라림**만 가득할 뿐, 안식이 없다는 것을 발견합니다. 욥은 그가 지나온 모든 상황을 하나씩 묘사하고 있습니다.

19. 만일 누가 약간의 힘을 구한다면 그분은 전능하시고, 만일 누가 심판자의 공의를 간청한다면 감히 내 편에 서서 증언할 자가 누가 있을까.

욥은 말했습니다. "나를 지키기 위해 용기를 가지고 악에 맞서도, 하나님의 힘은 한없이 위대하시기에 나를 이기고 쓰러뜨리실 것입니다. 만약 나의 공의와 정직에 의지하는 것이 문제라면, 나는 거기에서 하나님 앞에서 죄인임을 발견하게 될 것입니다. 나에게는 나의 은총을 증명하거나 나를 지탱할 만한 것이 아무것도 없습니다."

20. 만일 내가 나를 정당화하기를 원해도, 나의 입이 나를 정죄할 것이요, 만일 내가 나의 무죄를 증명하기 원할지라도 내 입이 나의 죄를 선포할 것이다.

"만일 내가 **자신을 정당화하는 방법을 찾는다면,** 내 속에 있는 모든 것과 더불어 **나의 말이 나를 정죄할 것**입니다. 내 노력으로 할 수 있다고 생각하고 나의 무죄를 증명하려 하면, **나의 말들은 더욱더 내가 죄인임을 증명할 것**입니다. 나의 기운을 북돋우고 나를 지탱시키며 내가 아무것도 아닌 것을 막는 본성적 특성과 무죄에 대한 집착 속에 죄의 불결함이 있기 때문입니다."

21. 내가 순전할지라도 나 스스로 그것을 알려 하지 않을 것이요, 내 생명이 나에게 짐이 될 것이다.

"내가 순전한 상태에 처하게 되고, 나의 영혼은 가장 궁핍한 상태에 있을지라도, 나는 깨닫지 않을 것이요, 내 상태가 그러함을 알지 못할 것입니다. 이것이 바로 나의 상태에 대한 무지 때문에 나의 삶을 피곤하게 만드는 것입니다."

모든 지식보다 더 지혜로운 행복한 무지여! 빛보다 더 빛을 발하는 행복한 흑암이여! 확실함보다 더 확실한 행복한 불확실성이여! 하나님은 모든 지식과 확신을 상실하게 하시고 친히 우리의 지식과 확신이 되어 주십니다.

22. 내가 오직 한 가지를 말할 것이니, 그분이 순결한 자와 악한 자를 멸망시키게 하라.

"만약 내가 바랄 수 있다면 오직 한 가지를 바랄 것인데, 내가 무죄한지 아니면 유죄한지를 모르는 채 **하나님의** 방법으로 일격에 나의 무죄와 유죄의 잔재를 날려 보내고(무죄든 유죄든 더는 내게 남아 있지 않도록) 진멸하심으로 나를 **무너뜨리시는 것**입니다.

오, 하나님, 나의 **의로움**이건 나의 **사악함**이건 아무것도 나 자신의 것을 원하지 않습니다. 어느 것도 남겨 두지 마시고 모두 신속히 멸하시옵소서."

23. 만약 그분이 나를 상처로 치신다면, 갑작스럽게 나를 죽이고 무죄한 자가 고통받는 것을 비웃지 않으시게 하라.

욥을 이해하지 못하는 사람들은 이 말을 거룩하지 못하다고 하겠지만, 이 말은 진리의 계시입니다. 이 가련하고 고난받는 자는 '만약' 이라고 말했습니다. "**만약 그분이** 내가 서서히 타오르는 불에 죽게 하심으로, **내 몸과 영혼을 상처로 치신다면, 얼마나 좋을까!** 왜 그분은 **나를 곧바로 죽이지** 않으실까?"

욥은 자신이 겪고 있는 고통들로 인해 언젠가는 죽게 될 것을 알고 있습니다. 그래서 사랑하는 분께 자기를 갑작스럽게 죽여 달라고 간구하는 것입니다. 생명이 자신이 겪는 모든 고통의 이유가 됨을 알기에, 그리고 오직 죽음에 의해서만 해방될 수 있음을 알기에, 자신이 사랑하는 분의 기쁨을 더 이상 가지려 하지 않고, 죽음으로 그분의 소유가 되기를 바라는 것입니다. 하나님의 축복은 사람이 죽지 않고도 쏟아지는 하나님의 은혜의 기쁨을 즐거워할 수 있기 때문입니다.

욥은 극심한 고통 가운데 하나님께로 돌아서서 그분께 사랑스러운 핀잔을 하듯, 마치 제삼자처럼 말합니다. **"그분이 갑작스럽게 나를 죽이시게 내버려 두라. 그리고 무죄한 자의 고통을 비웃지 않으시게 하라."**

오, 사랑의 하나님, 이상한 일입니다. (당신의 연인들 사이에서 사용되는 약간의 핀잔을 사용하는 것을 허락해 주시옵소서.) 당신은 무죄한 자의 고통에 웃으시는 것처럼 보입니다. 당신은 그들의 고통에서 기쁨을 얻으십니다. 그리고 그들이 위로를 구할수록 당신은 위로를 조금만 주십니다. 당신은 아들을 용맹스럽게 하시고, 그가 자신을 의지하도록 벼랑 아래로 떨어뜨리려는 아비처럼 행동하십니다. 아비가 아들을 떨어뜨리는 것처럼 보이지만, 사실은 더욱 단단히 아들을 붙잡고 있는 것입니다. 아들이 떨어지지 않도록 말입니다.

그러나 아버지가 붙잡고 있다는 것을 알지 못하는 아들은 온 힘을 다해 소리칩니다. 불쌍한 자녀의 고통에 웃고 있는 아버지를 가련하게 쳐다봅니다. 아버지는 아들을 몹시 부드럽게 사랑하시며, 어떤 위험에도 지키기 위해 자신을 나타내시는 분입니다.

멀리서 아버지가 장난치는 것과 아이들이 고함치는 소리를 들은 사람은 누구라도 아버지를 잔인한 사람으로 여길 것입니다. 하지만 아버지는 결단코 잔인한 사람이 아닙니다. 아들이 위험한 상황에 처하면, 아들을 구조해서 입 맞추고 수백 번 안아 주실 것입니다. 영혼을 완전한 신뢰로 이끌고, 모든 불신을 내쫓기 위한 사랑의 하나님의 놀라운 방책이여!

하나님께서는 오직 무죄한 자의 고난에만 **웃으시고**, 죄가 있는 자의 고난에는 웃지 않으십니다. 대신 그들의 고난을 불쌍히 여기십니다. 그들은 도움을 구하면 즉시 도움을 받습니다. 아들을 보고 웃으시는 아버지가 또 다른 자녀가 벼랑에 떨어진 것을 본다면, 그 아이가 소리 질러 도움을 구한다면, 아버지는 얼마나 신속하게 도움을 주겠습니까! 이 아이는 명백한 위험 가운데 있기 때문입니다. 하지만 다른 아이는 더 무서운 벼랑 끝에 있는 것처럼 보여도 완벽하게 안전한 것입니다.

24. 이 땅이 악한 자의 손에 넘어갔고, 그분이 땅의 심판자들의 얼굴

을 베일로 가리셨으니, 그렇게 하신 분이 그분이 아니면 누구겠는가?

영의 열등한 부분은 하나님을 기쁘게 해 드리도록 결정되었고, 각자의 방식대로 **악한 자의 손에 넘어갔습니다.** 하지만 이를 심판할 수 있는 자들, 곧 사고력과 지성을 가진 자들은 얼굴이 짙은 베일로 가려져서 아무것도 분별하지 못합니다.

오, 사랑스럽고 잔인한 분이여! 당신이 아니라면 누가 이런 일을 하겠습니까? 피조물은 아무 힘이 없고, 당신께서 주시지 않으면 어떤 힘도 가질 수 없습니다. 모든 피조물, 천사, 마귀, 사람에게는 아무 힘도 없습니다.

25. **내 생명의 날들이 파발꾼보다 빠르게 지나가 버리니, 내가 평안히 즐기지도 못하고 사라져 버리는구나.**

이러한 상태에 처한 영혼은 오직 죄악에 둘러싸인 자신을 볼 뿐입니다. 영혼은 이전의 은혜와 축복을 기억하지 못합니다. 은혜와 축복은 빨리 지나갑니다. 행복한 날은 다른 날에 비해 너무나도 짧아서 마치 뒤돌아보려고 멈추지 않는 파발꾼(전령)처럼 지나가 버립니다. 사람이 단 것을 먹은 후에 쓴 것을 먹으면 쓴맛만 남고 단맛은 모두 잃어버리듯이 말입니다. 이러한 상태에 처해 있는 사람은 어떤 선한 것을 본 사실조차 망각하게 됩니다.

26. 그날들은 과일을 가득 실은 배처럼, 그리고 먹이를 향해 급강하하는 독수리처럼 지나가는구나.

이것은 할 수 있는 가장 생생한 비유입니다. **배**는 바다 위를 지나갈 때 흔적을 남기지 않습니다. 물품들을 실어 나르는 배는 무엇을 운반하는지 분명히 알 수 있습니다. 하지만 **과일**을 실어 나를 때에는 항구를 떠날 때 실었을지라도 서서히 부패하여 도착할 무렵에는 배가 비어 있음을 발견하게 됩니다. 이것이 이 영혼의 상태입니다. 영혼이 포기의 길로 들어서기 위해 주도해 오던 삶에서 나올 때에는 물건이 가득 실려 있어서 다른 것이 들어갈 자리가 없습니다. 하지만 그 방에 실린 것이 열매, 라틴어로 **'사과'** 뿐이라면, 그것들이 천천히 썩어 가면서 배의 짐은 점차로 줄어들게 됩니다. 열매를 바다에 버려 결국 아무것도 남지 않게 됩니다.

독수리 비유도 상당히 적절합니다. 하늘을 나는 **독수리**는 흔적을 남기지 않습니다. 독수리는 빠르고 매우 높이 나는데, 오직 **먹이를 잡기 위해서입니다.** 사냥한 것을 먹은 후에는 아무것도 남지 않습니다. 마치 아무것도 먹지 않은 것처럼 다시 허기지게 됩니다.

27. 내가 속으로 말하기를, 더 이상 그런 식으로 말하지 않을 것이다. 그 자리에서 내 낯빛을 바꾸어도, 나는 슬픔으로 괴롭다.

"**더 이상 하던 대로 말하지 않겠다**고 진심으로 결심하고 싶지만, 나의 말은 훨씬 더 경솔할 것입니다. 그리고 내가 계획을 변경하면, **슬픔의 무게에 눌리고 변형된** 나를 발견하게 됩니다." 이런 것이 내적 사람의 일반적인 불평입니다.

우리는 결심하지만 그것과 반대로 행합니다. 하나님께서는 사람들이 모든 확신을 상실하도록, 그리하여 오직 하나님만을 신뢰하도록 이것을 허락하십니다. 더욱이 자기 자신을 돌보기를 갈망하는 즉시 하나님의 순전한 인도하심에서 자신을 끄집어내어 자기의 길로 돌아가기 때문에 이전의 단순함과 순전함으로 돌아갈 때까지 참을 수 없는 **아픔**을 겪게 됩니다.

28. 주께서 죄인을 내버려 두지 않으시는 줄을 내가 잘 알기에 내가 행한 모든 행실이 두렵습니다.

29. 그러나 만약 그 후에도 내가 여전히 악하다면 어찌 헛되이 수고하겠습니까?

욥이 말합니다. "나는 나 자신에게 속한 것이기에 하나님께서 승인하지 않으신다는 것을 잘 알면서도 내 힘으로 한 모든 행실로 인해 두렵습니다. 또한 하나님께서는 죄인을 구원하시기 위해 징벌하실 때 그러한 행실을 간과하지 않는다는 사실을 아는데도 말입니다."

이 구절을 완전히 이해하기 위해서는 알아야 할 것이 있습니다. 그것은 죄인에게 보여 주실 수 있는 하나님의 가장 위대한 자비는 어떤 것을 묵인하는 것이 아니라, 그가 행하는 모든 것에 대해 즉시 벌을 내리시는 것이라는 사실입니다. 이는 안전함을 나타냅니다. 그러므로 하나님께서 한 영혼을 자기부인과 믿음으로 이끌어 가실 때에, 그분께서 주시는 가장 위대한 은총은 어떤 이기적인 **행동도 너그러이 봐주지 않으시는 것**입니다.

그래서 욥은 자신을 탓하며 말하는 것입니다. "나는 언제나 죄가 가득하기 때문에, 내가 하는 일들로 소유가 많아지기 때문에 나는 헛되이 수고하는 것입니다."

(고난받는 영혼이여) 그렇지 않습니다. 고난받는 영혼이 처음 행하는 모든 일은 매우 유용한 것입니다. 그것은 하나님께서 일하시는 것을 허락하기 위해 영혼을 서서히 준비시킵니다. 하지만 하나님께서 일하기 원하실 때는, 정말로 그분께서 일하실 때는, 우리의 일은 중단되어야만 합니다. 우리는 점차적으로 모든 것을 그분께 맡겨 드려야 합니다. 그렇게 하지 않으면, 처음에는 축복이었던 수고가 열매 없는 것이 될 것이고, 그런데도 계속해서 행한다면, 이는 하나님의 일을 방해하고 지연시키는 것이 될 것입니다.

씨 뿌리기 전에 땅을 일구어야 합니다. 이는 씨앗을 위한 준비입니다. 만약 굳어 있고 경작되지 않은 땅에 씨앗을 심는다면, 발아되지 않을 것입니다. 하지만 땅 주인이 씨앗을 심을 때, 흙으로 덮어 주기만 하면 됩니다. 그 후에는 씨앗이 발아하여 자라서 서서히 열매 맺을 것입니다. 그러나 그가 땅을 갈아 버리면, 씨앗이 뿌리 내리는 것을 가로막고 씨앗은 쓸모없게 됩니다.

영혼도 마찬가지입니다. 일반적으로 묵상과 애정이라는 두 가지 방법으로(전자보다는 후자가 더 많음) 영혼이 땅을 갈고 나면, 주인이 와서 씨앗을 뿌립니다. 그 후에는 하나님을 향한 묵상과 애정으로 씨앗을 덮는 것 말고는 영혼이 해야 할 일은 아무것도 없습니다. 고요하게 머무르며 씨앗이 발아하고 자라서 열매 맺기를 기다리면 됩니다. 이는 서서히 진행되며, 눈과 서리 같은 것을 견뎌 내는 것을 포함합니다. 종종 씨앗은 발에 밟혀 으깨어집니다. 하지만 이 모든 것에도 불구하고 마침내 땅에서 솟아나옵니다.

땅에서 나오기 전에는 아무것도 보이지 않습니다. 그러나 심은 자는 땅에 씨앗이 있다는 것을 아는 것으로 충분합니다. 곡식이 창고에 있기 전까지, 주인은 알곡들을 확신할 수 없습니다. 즉, 경영하는 데에는 모험이 있기 마련입니다. 우리는 모든 염려를 **공급자**에게 맡겨야 합니다. 농부는 씨앗이 자라는 데 기여할 수 있는 것이 아무것도 없습니다. 이 모든 것이 우리에게도 동일하게 적용됩니다.

30. **내가 눈 녹은 물에 몸을 씻고, 내 손의 광택이 저들의 눈을 부시게 할지라도,**
31. **주께서 나를 오물 속에 쳐 넣으실 것이요, 나의 옷이 나를 몹시 혐오할 것이라.**

"**내** 겉모습이 정결하게 **씻겨지고** 정화되어도, 나의 손, 즉 나의 행실이, 너무도 순전하여 그 광택에 **눈이 부실지라도,** 주께서는 **나를 오물 속에 쳐 넣으시는 것**을 그만두지 않으실 것입니다." 여기에서 이해해야 할 것은, 욥이 중심의 정화가 아닌 힘과 감각들의 표면적인 정화를 말하고 있다는 것입니다. 그는 가장 순결한 삶을 산 영혼일지라도, 그 중심이 정화되는 것에서 제외되지 않음을 보여 줍니다.

욥은 "**내가 눈 녹은 물에 몸을 씻었을지라도**(마치 세례처럼), 그리고 나에게 죄가 없을지라도, 어리석은 처녀들처럼 나의 무죄와 순결함에 매달려 이기적이 되는 것을 멈추지 않을 것입니다"라고 말했습니다. "내가 최고로 고결해 보이고 기적들로 세상에서 **가장 찬란하게 빛나는 일**을 행했을지라도, 그리고 나의 능력이 커지고 존귀히 여김 받아 감탄할 만한 빛 속에 놓였을지라도, 주께서는 **나를 나의 오물 속에,** 그리고 비열함의 부패 속에 처 넣는 것을 그만두지 않으실 것입니다. 또한 주께서는 내게서 자기 사랑을 제거하기 위해 내가 누구인지 깨닫도록 허락하십니다."

"그러면 나를 둘러싸고 **덮어 주던** 내 모든 능력과 생각과 회상과 동기가 모두 나를 **혐오할 것**입니다. 나를 옷 입혀 주던 그 모든 은사와 은혜들이 떠날 것입니다. **나를 덮어 주던** 의복들이 나를 훼방했고 감옥이 되어 나를 내 공포 속에 남겨 두었습니다. 이 의복들은 이러한 방식으로 나에게 자유를 가져다 줄 것입니다."

오, 축복 받은 부패여, 자신 안에서 포로되었던 영혼을 하나님의 자유 안에 놓이게 하는군요!

32. **나 자신과 같은 사람에게 내가 대답할 필요가 없을 것이고, 나와 동등한 자에게 하듯이 그분과 다툴 필요도 없을 것이다.**
33. **둘을 연합시킬 수 있는 자가 아무도 없고, 둘 사이에 손을 얹을 자도 없다.**

욥은 자신을 매력적으로 묘사합니다. "만약 내가 **나와 같은 사람**과 변론해야만 했다면, 나 자신을 정결하게 하려고 주의를 기울여 수고하고, 어떻게 변호해야 하는지, 그가 나를 오염시키는 것을 어떻게 막을 수 있는지를 분명히 알았을 것입니다.

하지만 능력이 많으신 하나님 같은 분을 상대해서 내가 그분이 사랑을 행하심을 견디는 것처럼 그분이 공평을 행하심을 견디는 것 말고 무엇을 할 수 있겠습니까? 내가 저항한다는 것이 무슨 소용이 있겠습니까? 그것이 그분의 능력의 힘과 손의 무게를 한층 더 느끼게 하지 못한다면 말입니다. 항복하는 것 외에 내가 무엇을 할 수 있겠습니까? 만약 그분께서 나를 나 자신에게서 떼어놓으시면 누가 그것을 막을 수 있겠습니까?"

34. 그리하여 그분이 자신의 지팡이를 내게서 거두시고 그분의 위엄이 나를 두렵게 하지 않게 하라.

35. 그러면 내가 그분을 두려워하지 않고 말할 것이다. 왜냐하면 두려워하는 상태에서는 내가 대답할 수 없기 때문이다.

욥은 이 단계에 있는 사람들에게 해당하는 일반적인 상태를 표현합니다. 이들은 종종 지옥의 **공포에** 짓눌립니다. 그러면 모든 것이 괴물처럼 보이고 진리를 말할 수도, 이해할 수도 없습니다. 즉, 이 공포가 그들이 보는 것을 변화시키는 것입니다. 그래서 "**만약** 그분께서 나를 두렵게 하기를 잠시라도 그만두신다면 나는 말할 **수 없을 것입니다**"라고 욥이 말한 것입니다.

이것은 자기상실, 자기포기의 필요성을 증명합니다. 영혼이 처해 있는 상태가 어떠하든지 간에 그가 자신을 포기하지 않으면, 그는 두려워할 것이 없기 때문입니다. 영혼의 포기는 그것이 무엇이든지 간에 오직 하나님께서 그 영혼에게 운명 지으신 것이 되어야만 합니다. 그 속에서 자신의 자리를 차지하거나 그 영혼이 처한 끔찍한 상태에 대해 근심하지 않으면서 완전한 포기로 자신을 하나님께 내어드리는 것입니다. 그러면 그 영혼은 아무것도 두려워하지 않습니다. 그렇지 않고서야 욥이 말했듯이, **사람이** 두려워하면서 하나님께 **말**하고 그분의 바람에 굴

복할 수 있겠습니까? 두려워하면, 나는 나의 상태에서 떠나는 것입니다.

10장

1. 나는 내 삶에 지쳐 버렸다. 그러니 내가 스스로를 거슬러 말할 것이며, 내 영혼의 쓰라림 가운데 말할 것이다.

자신을 내어 맡긴 영혼은 무척 이상한 상태에 처할 수 있지만, 그보다 훨씬 더 생산적이지만 영혼의 완전한 죽음을 저지하는 생명으로 피곤해지는 것을 견딜 수가 없습니다. 생명이 다하면, 사망은 영혼의 죽음으로 끝났다가 그 영혼을 위해 생명을 회복할 것입니다. 이를 아는 것이 너무도 고통스러운 이 삶을 지루하게 만듭니다.

욥은 "**내가 스스로를 거슬러 말할 것**입니다"라고 했습니다. 이런 상태에 있는 영혼은 스스로를 너무나도 강렬하게 증오하므로 자신을 위해 가능한 모든 악을 원합니다. 할 수만 있다면 악을 저지릅니다. 영혼은 자신에게 사망 선고를 내립니다. 영혼은 자신을 향한 증오 때문에 자신의 죽음에 기여합니다. 이것이 고통을 덜어주기는커녕 더욱 가중시킨다는 것이 증명되지 않았다면, 스스로를 구하기 위해 끔찍한 금욕행위를 하지는 않았을 것입니다. 이것은 곧 그 영혼이 가장 극한 포기로 서둘러 나아가게 하며, 더 이상 하나님께 대항하지 않도록 합니다. 그리고 가장 큰 위험 중에 자신을 하나님께 내어 드림으로, 더는 자신에게서 해방을 바라지 않습니다. 왜냐하면 그 영혼은 아무것도 얻기를 소원하지 않았고, 자신의 유죄를 선언했기 때문입니다.

영혼은 자신을 죽음에까지 내어 주는데, 하나님은 자유의지를 가진 영혼의 동의를 구하십니다. 그러면 영혼은 자신의 유죄를 선언합니다. 영혼이 유죄를 선언하고, 자원하여 죽음으로 나아왔을지라도, 여기서 멈추지 않습니다. 영혼이 쓰라린 죽음을 맛보고 넘쳐흐르는 비통함에서 말을 한다면 말입니다.

이를 이해하기 위해서는 사람의 자유와 관련하여 동의를 구하지 않고는 억지로 끔찍한 고통을 겪게 하지 않으시는 하나님을 알아야 합니다. 하나님께서는 영혼이 완전한 자기부인으로 모든 십자가와 가장 기괴한 죽음에 자기 자신을 내어주기를 갈망하십니다. 영혼은 하나님의 끌어당기심과 자신을 향한 미움으로 스스로를 밀쳐 앞으로 나아옵니다.

하지만 이 영혼이 자원하여 드린 그 권리들을 하나님이 사용하시면, 그는 참을 수 없는 고통을 겪게 되고, 할 수 있다면 다시 스스로 행동하기 위해 신성한 능력에서 벗어나고 싶어 합니다. 하지만 오직 그 영혼의 고통만 더욱 가중될 뿐입니다.

2. 내가 나의 하나님께 말씀 드릴 것이다. '나를 정죄하지 마소서. 주께서 왜 나를 이런 식으로 다루시는지 보여 주십시오.'

계속되는 욥의 표현은 존경스럽습니다. 비록 영혼이 자신에게 임하는 모든 일에 동의하고 자신을 기꺼이 죽음에 내어 주었다 해도, 아무것도 보존하지 않고 성급하게 자기를 포기해서 더 이상 갈 곳이 없을지라도 여기서 끝이 아닙니다. 영혼은 넘치는 고통 속에서 하나님께 말합니다. "아, 하나님이여! **나를 정죄하지 마시고,** 내가 죽음보다도 더 싫어하는 죄악을 내게 부과하지도 마옵소서. 나의 의지는 죽음보다 죄를 더 꺼립니다."

"그렇지만 당신께 나를 내어 드리면서 당신이 기뻐하실 모든 것에 나 자신을 내어드렸습니다. 내게 고통을 가져다주는 것에 말입니다. 당신은 힘센 원수들에게서 나를 구하셨습니다. 하지만 나는 내게 덮인 상처를 피할 수는 없습니다. 주께서 무죄한 영혼을 괴롭히도록 사탄에게 허락하시는 것은 끔찍한 일입니다.

그러나 오, 나의 하나님이여, 나를 죄인처럼 내려다보지 마시고 고난받는 자로 봐 주십시오. 그리고 내게 호의를 베풀어 주셔서 무슨 까닭으로 나를 이렇게 대하시는지, 나를 향한 가혹하고 혹독한 행위 안에 무슨 계획을 가지고 계시는지 보여 주십시오. 내가 완전히 멸망하면 당신은 무슨 영광을 바라실 수 있습니까?"

이 영혼은 그 이유를 무척이나 간절히 알고 싶어 합니다. 왜냐하면 지식을 얻기까지는 아직도 갈 길이 멀기 때문입니다.

3. 오, 나의 하나님, 주께서는 나를 비방하는 자에게 넘겨주시고 주의 손으로 지으신 작품인 나를 부수시는 것을 즐거워하십니까? 악한 자의 꾀에 호의를 베푸십니까?

4. 주께서 육신의 눈을 가지셨습니까, 또 사람이 보는 것처럼 그렇게 보십니까?

욥의 고통이 커짐에 따라 그의 불평도 늘어 갑니다. "이것이 하나님이 보시기에 선합니까? 그렇지 않으면 주께서 나를 **비방하는 자에게 넘겨주어**

온갖 모욕을 당해도 마땅한 자가 되게 하시고, 몸서리치는 불쾌함과 비참함으로 덮으시며, **주의 손으로 지으신 나를** 멸하시려는 듯 극도로 짓누르시는 것으로 도대체 무슨 즐거움을 얻으려 하십니까? 주께서 만드신 것을 파괴하는 것이 당신께 무슨 영광이 됩니까?"

오, 욥이여, 하나님께서 짓누르시는 것은 그분이 지으신 것이 아니라, 오직 아담과 인간적 본성의 작품입니다.

욥은 계속해서 말합니다. "하나님은 오히려 **악인들의 죄에 빛을 비추심**으로 그들의 계획에 **은총을 베푸시는 것**처럼 보입니다. 주께서는 나를 대항하는 팔들로 나를 포위하기 위해 사악함과 불법을 일으키시고, 내가 나를 변호하지 못하도록 압박하십니다. 이것이 바로 부정한 동기에 호의를 베푸시는 것이 아닙니까? 아니면 무슨 목적에서입니까? **당신의 눈이** 참혹한 상황에 있는 나를 보는 것을 즐거워하는 **육신의 눈이란 말입니까?** 가장 끔찍한 것을 즐기는 사람들처럼 당신도 그러시는 것입니까?"

아! 이러한 불평은 용서 받을 수 있습니다. 누군가의 상처를 짓누르고 극심한 고통을 일으키는 자는 병든 자의 비난에 기분이 상하지 않기 때문입니다.

5. **주의 날들이 사람의 날들과 같으며, 주의 햇수가 사람의 햇수와 같습니까?**
6. **주께서 나의 부정을 찾아내시고 나의 죄를 알아내셨으니**
7. **내가 아무 악도 행하지 않았다는 것을 아십니다. 그러니 주의 손에서 피할 자가 누가 있겠습니까?**

"**주의 날들**이 혹은 주님의 빛과 지식이 **사람의 날들과 같아서 주께서 나의 부정을 찾으시며,** 내가 순전함만 있다고 믿는 곳에서 죄와 불의함이 발견되게 하십니까? **주께서는 내가 아무 악도 행하지 않았음을 아십니다.** 그러나 이것이 주님을 만족시키지 않습니다. 주님은 내가 나의 부정을 속죄하지 않게 하십니다. 오히려 내가 행했던 모든 선에 섞여 있는 본질적 특성을 속죄하게 하십니다. 그것은 아무도 **주의 손에서 피할 수 없기 때문입니다.**"

오, 사람이 하나님의 순결하심을 이해할 수 있다면, 그분께서 영혼들을 정결케 하시기 위해 멸망시키는 대리인을 사용하신다는 것을 이해할 수 있다면 그는 놀랄 것입니다.

8. 주여, 주의 손으로 나를 지으셨습니다. 주의 손으로 내 몸의 모든 지체를 조성하셨는데, 이렇게 빨리 나를 던져 버리시는 겁니까!

"**나를 창조하시고,** 나를 무(無)의 존재에서 나오게 하시고, 그 후에 나의 내면을 **형성**하신 것은 **주님의 손입니다.** 나의 모든 것으로 내가 되게 하신 것은 바로 당신이십니다. **그런데** 주께서는 나를 빚으시고 만드셨는데 **한 순간에 나를 멸하시는군요!** 주께서는 완전히 멸하기 위해 나를 들어 올리시는 것처럼 보입니다."

9. 간청하오니 기억해 주십시오. 주께서 나를 진흙처럼 만드셨는데, 다시 티끌이 되게 하시려는 겁니까.

욥은 하나님께서 던져 넣으신 깊은 진흙 구덩이 속에 있는 자신을 보면서, 자신의 상태를 살펴주실 것을 간청합니다. 마치 이렇게 말하는 것 같습니다. "오 하나님! 주께서는 내 부패의 **오물**을 동정심 없이 보실 수 있으십니까? 주님은 내가 무엇이며, 나의 존재가 더 이상 남아 있지 않다는 것을 아십니다. 이 작은 **부패**의 잔재는 주께서 나를 전멸하기를 마치실 때 **티끌이 될 것입니다.** 시체는 말라서 티끌이 되기 전에 온통 썩어서 오물이 되기 때문입니다."

영혼도 그렇습니다. 영혼이 전멸될수록 오물처럼 더러움으로 뒤덮입니다. 영혼은 자신 안에서 사악함과 부패 외에는 아무것도 보거나 느끼지 못합니다. 그는 오직 부패의 형상만을 지니고 있습니다. 그러고 나면 이 오물은 시간이 지남에 따라 서서히 티끌이 됩니다. 욥은 **하나님께** 자신을 측은히 여겨 주시기를 **간청했습니다.**

또 그는 자신의 태생에 대해 말합니다. 주님께서 자신을 진흙으로 빚으셨으니, 여기에 근거한 본성의 연약함으로 주님께서 더욱 긍휼히 여기셔야만 한다는 것입니다.

10. 주께서 처음에 나를 응고된 우유처럼, 엉기고 단단해지는 우유처럼 만들지 않으셨습니까?

11. 주께서 나를 피부와 살로 덮으셨고 뼈와 힘줄로 나의 형체를 이루셨습니다.

12. 주께서 내게 생명을 주시고 축복들로 채우셨으며, 당신의 방문하심으로 내 영혼을 지켜주셨습니다.

욥이 그의 몸이 조성되는 것을 묘사한 것은 내면의 사람을 조성하는 것에 대한 참된 그림입니다. 완전히 무너져 내린 내면은 은혜로 모이고 함께 단단히 다져진 것입니다. 그 후에 하나님께서 피부와 살로 옷 입히시는데, 피부와 살은 하나님의 선물이며 은총입니다. 하나님께서는 내면-속사람-을 (뼈와 힘줄 같은) 견고한 덕망과, 참회의 가장 엄격한 훈련으로 꾸미십니다. 그리고 살아 있는 영과 풍요로운 축복으로 생명을 불어넣으십니다. 영혼을 모든 타락에서 지켜 보존하는 십자가와 다른 시련처럼, 지각할 수 있는 그분의 임재로 그 영혼과 교통하십니다.

14. 만일 내가 죄를 지었는데 주께서 그 자리에서 나를 용서하셨다면, 왜 주께서는 내가 죄에서 깨끗해지도록 허락하지 않으십니까?

연약함 때문이 아니라면 인간은 보통 이런 상태에서는 죄를 짓지 않습니다. 그런데도 하나님께서는 부드럽고 강렬한 불, 곧 허물을 정결하게 할 때까지 사그라지지 않는 불이 느껴지지 않으면 어떤 허물이 그냥 사라지도록 허락하지 않으십니다.

하나님께서는 영혼과 교통하실 때, **영혼의 허물을 용서하셨다는 의심의 여지를 남기지 않으십니다.** 예수 그리스도께서는 복음 안에서 **"네 죄 사함을 받았느니라"**고 말씀하심으로(눅 7:48) 몇 차례나 용서의 본을 보여 주셨습니다. 이에 관한 강한 확신을 주시기 위해 하나님께서는 영혼 안에서 동일한 일을 행하십니다. 영혼에게도 용서의 확신을 주십니다. 이 말은 언제나 죄의 면제를 받은 자들을 따라옵니다. "평안히 가라." 하나님께서는 영혼에게 위대한 평안을 주심으로 그분이 용서하셨다는 것을 의심할 수 없게 하십니다.

그래서 이미 이러한 경험을 통과한 욥은 하나님께 말합니다. "내가 죄를 범하자마자 **주님께서 나의 죄를 용서하셨다면, 어찌하여 내가 죄에서 깨**

끗해지도록 허락하지 않으십니까? 그리고 어찌하여 이와 같은 죄의 영향력을 지금 느끼게 하십니까?" 그 영혼이 용서의 확신을 받았을지라도, 죄의 악취가 그 영혼을 완전히 관통하였고, 그는 죄의 형상으로 온통 뒤덮였기 때문입니다.

영혼은 말합니다. "나의 하나님, 내가 의심치 않듯이 주님께서 나의 죄를 용서하셨다면, 왜 죄악의 명백한 부패에서 씻겨지는 것을 허락하지 않으십니까? 이 부패는 참을 수 없을 만큼 나를 몹시 불결하고 불경스럽게 만듭니다."

15. 만약 내가 악하다면 나에게 화가 있을 것이요, 내가 의롭다 해도 내가 머리를 들지 않을 것은 내가 고통과 비참함에 압도되었기 때문입니다.

"오, 나의 하나님, **만약 내가 사악하**고 죄를 범했**다면, 모든 불행이 나를 위해 예비되어 있을 것입니다.** 이로 인해 당신의 영광이 줄어들거나 혹은 당신의 거룩함이 손상되지 않을 것이기에, 주께서 불쌍히 여기시게 될 것입니다. 하지만 **만약 내가 의로울지라도**(그것과는 아주 멀지만), 처해 있는 비참한 상태에서 **다시 일어서지** 못할 것입니다. 내가 존귀하게 되는 것을 가로막는 불행의 무게에 짓눌렸기 때문이며, 이를 알기에 **고난과 시련들에 신물이 납니다.**"

16. 내 교만으로 인해 암사자가 먹이를 움켜쥐듯이 주께서 내 위에 달려드시며 돌아오셔서 놀랄 만큼 나를 괴롭게 하셨습니다.

"내가 **교만**에 빠져 있기 때문에 나는 작은 동물처럼 일어섭니다. 그러나 당신은 앞발로 일격을 가해 작은 동물을 땅에 내동댕이친 다음 삼켜버리는 **암사자**처럼 내게 오십니다." 이 영혼의 가장 극심한 고난 가운데 하나는, 자신이 비참해지고 두려워지는 것을 볼수록, 자신의 교만을 점점 실제적으로 감지하게 된다는 것입니다. 이것이 바로 이 영혼의 가장 혹독한 고통입니다. 이 영혼은 말합니다. "어찌하여 보는 이들의 창자가 아플 정도의 비참함이 나를 더욱 겸손하게 만들지 않고, 오히려 더욱 헛되게 간듭니까? 어찌하여 내가 더욱 교만하게 느껴지는 것입니까!"

하지만 그것은 아직도 가장 큰 시험들 가운데 영혼의 불행을 느끼게 하는 것이 남아 있다는 것을 모르기 때문입니다. 지각되는 겸손은 강한 도움입니다. 그렇지만 교만의 자각으로, 맹렬한 암사자처럼 교만한 자를 공격하러 달려오시는 하나님을 보게 됩니다.

주님께서 돌아오시면, 영혼은 **"주님께서는 나를 놀랍게도 괴롭게 하십니다"**라고 말합니다. 여기서 '놀랍게도' 는 아무 이유 없이 사용된 것이 아닙니다. 영혼이 자신의 비참함을 느낄수록, 하나님의 사랑으로 채워지는 것을 경험하는 것이 경이롭기 때문입니다.

하나님의 정결함은 그 영혼에게 이상한 고통을 초래합니다. 사랑의 순결은 하나님께서 영혼에게 느끼게 하시는 불결함에 비례하는 것처럼 보입니다. 더욱 비참해지고, 더욱 분해되어 가장 낮게 가라앉을수록 영혼의 사랑은 더욱 강력하게 증가됩니다. 하나님께서 그렇게 하심을 그 영혼이 깨달을수록 하나님은 그에게 더욱 진실하신 분이 됩니다. 사랑스러운 **슬픔**을 이해하지 못하는 자에게는 상상할 수 없을 만큼 경이로운 것입니다.

17. 주께서 나를 반대하는 증인들을 데려오시며 나를 향한 당신의 분노의 영향력을 키우십니다. 고통이 나에게 맞서 전쟁을 일으킵니다.

하나님께서 영혼에 맞서기 위해 데려오신 **증인들**은, 매일매일 그에게 주시는 신선한 지식이요, 모든 것 안에 있는 인간적 자산이며, 그 영혼이 소유한 위대한 죽음으로 믿어지는 생명에 속한 것입니다. 하나님께서는 영혼에게 죽음이라고 믿는 것이 곧 생명임을, 생명으로 믿고 있는 것이 오히려 죽음이라는 것을 보여 주십니다. 그런 다음 어떤 새로운 본성적 특성을 보여 주시고, 친히 새 불을 지피시는 도가니에 그 영혼을 넣으십니다. 이 도가니는 마치 본질적 특성에서부터 영혼을 정결하게 하시는 하나님의 진노인 것 같습니다.

새로운 지옥에서 영혼은 스스로를 변호하며 고통에 저항하여 싸웁니다. 그러나 영혼이 **저항하면** 할수록 **고통**은 더욱 극심해집니다. 하나님께서 영혼에게 새로운 불결함을 보여 주실 때마다, 영혼의 죄악적 특성에 부합하는 새로운 종류의 지옥에 밀어넣으십니다. 영혼은 어떻게 적응해야 할지를 모릅니다. 영혼이 하나의 지옥에 익숙해지고 그것을 더 이상 느끼지 못하게 되면, 전혀 새로운 지옥이 이어지고, 그것에 대항해서 오랫동안 싸우지만, 이 같은 씨름은 영혼을 더욱 고통스럽게 만듭니다.

18. 왜 나를 내 어머니의 태에서 나오게 하셨습니까? 내가 죽었더라면, 그리하여 누구의 눈에도 띈 적이 없었다면 좋았을 것입니다.

19. 나는 존재한 적이 없었던 것처럼 되어야 했고, 단순히 어머니의 태에

서 무덤으로 옮겨졌어야 했습니다.

고난의 무게에 짓눌린 내적인 사람은 욥처럼, **자신이 태어났을 때 죽지 않았음**을 후회합니다. 자신이 처해 있는 상황을 발견하는 이 단계는 그의 황폐함을 너무도 강하게 확인시켜 주기에(그가 가지고 있는 약간의 힘은 황폐함 속에서 구원할 어떤 소망도 주지 못합니다), 그는 태어날 때 죽는 것을 축복으로 여깁니다. 이와 같은 방법으로 사람이 죄에서 자유로워지기 때문입니다.

그는 수동적인 삶 가운데 그가 즐겼던 행복을 기억하면서 소리칩니다. **"오, 하나님,** 어찌하여 **근원지로 나를 가둬 두셨던 주의 품에서 나를 끄집어내셨습니까?** 만약 주께서 주님 안에 보존하셨다면, 이런 비참함에 떨어지지 않았을 것입니다. 오, 내가 한 가지 소망을 가질 수 있다면, **불에 태워지고** 멸망되었기를 간절히 바랄 것입니다. 또 **내가 누구의 눈에도 띄지 않았기를** 간절히 바랐을 것입니다! 내 상황의 혼돈이 너무도 극심하여 사람들에게 알려지지 않기를 바라기 때문입니다."

"주님께서 나를 학대하시면, 오, 나의 하나님, 주님의 평온한 임재에서 나를 끌어내시고, 나를 거절하시면, **나는 존재한 적이 없는 자처럼 되었을 것입니다."** 지각할 수 있는 은혜의 때에 죽지 않음을 유감스러워하는 것은 이상한 일입니다. 그때는 확실한 안전이 보장되었습니다. 욥은 계속 이야기합니다. "만약 주께서 이런 호의를 베푸셨다면, 나는 **주의 품에서 무덤으로 옮겨졌을 것**이며, 범죄하지 않았을 것입니다."

20. 나에게 남아 있는 몇 날이 곧 끝나지 않겠습니까? 그렇다면 내가 나의 슬픔에 대해 조금 불평하는 것을 허락해 주십시오.

21. 내가 사망의 음침함으로 덮여 있는 어둠의 땅으로 돌아갈 소망 없이 떠나버리기 전에 그렇게 해 주십시오.

22. 그 땅은 불행과 암흑의 땅이요, 사망의 그림자가 머물고 혼돈이 가득하며 끝없는 공포가 있는 곳입니다.

매 순간 자신이 죽는 것을 보는 사람은 이렇게 죽는 삶과 이렇게 사는 죽음의 끝을 욥과 함께 갈망하면서 하나님께 간청합니다. **"생명이 남아 있는 날이 곧 끝나지 않겠습니까?** 적어도 내가 엄청난 슬픔에 빠져 불평할 수 있게, 오, 하나님, **허락해 주십시오.** 내가 내뱉게 되는 이 끔찍한 소리를 불쾌하게 여기지 말아 주십시오. 내가 하는 불평은 겪는 고통에 비해 아주 적기 때문입니다. 내가 나를 떠나기 전에, 내가 돌아갈 수 없는 나 자신에게서 나오기 전에, 적어도 불평해서 얻는 만족이 내게 있어야 합니다. 이것이 말할 수 없는 행복이 될지라도, 영혼이 자신에게서 나와 다시 그곳으로 돌아가는 본성의 어려움을 막아 주지는 못합니다."

부패한 본성이 거하는 곳은 **어둡고 눈에 띄지 않는 구석진 땅**이며 그곳은 끝없는 **사망**으로 덮여 있습니다. 욥은 그것이 죽음보다 더 어두운 어떤 것임을 보여 주기 위해 "짙은 죽음의 그림자가 덮고 있다"고 말합니다. 심지어 그가 처해 있는 이 끔찍한 상황보다 죽음이 더 밝게 빛을 발하고 있습니다.

여기서 말하는 상황은 장례로 보는 것이 적절합니다. 이것은 죽음 뒤에 이어져야 하는 것으로, 사도 바울은 이 단계를 무덤에 묻히는 것이라고 말했습니다. 영혼이 죽음보다는 덜 불평하게 만드는 상황에 있는 것 같지만, 실제로는 더욱 괴이하고 훨씬 애매한 상황입니다.

욥은 자신의 모든 상황을 뒤섞으면서 말했습니다. 그는 자신뿐만 아니라 자신과 같은 모든 영혼을 위해 생명에서 죽음으로, 죽음에서 생명으로 바뀌는 이 끔찍한 길에서 말했습니다. 그는 무덤에 있기에 그의 생명은 지나갔습니다. 하지만 자신이 지나온 모든 상황을 현재의 것인 듯 회상하고 있습니다.

죽음보다 부패가 더욱 파괴적이고 심각할 수 있을지라도, 영혼은 넘치는 고통에 질식된 상태로 인해 불평이 더 적어지게 되는 것입니다. 만약 영혼이 불평한다면, 그것은 오직 모순에 의한 것입니다. 그래서 욥은 죽음보다 더 어두운 무덤에 **들어가기 전에** 불평할 수 있게 해 달라고 요구하는 것입니다.

왜냐하면, 이런 상태에서는 죽음이 빛이 될 수도 있고, 무덤이 **사망의 그늘**이 될 수도 있을 것처럼 보이기 때문입니다. 밤의 어둠은 결코 짙지 않아서 계속해서 짙어질 수는 없을 것입니다. 그러므로 가장 어두운 장소는 그 밤의 어둠입니다. 그날 밤의 어둠은 어둡기가 훨씬 덜합니다.

욥은 계속해서 그것을 **불행과 암흑의 땅**이라고 부릅니다. 그는 어떻게 그런 식으로 "사람이 죽은 후에는 덜 고통당합니다"라고 말할 수 있는 걸까요? 사람이 더 적게 고통당한다는 것은 사실입니다. 하지만 그는 더 큰 **곤**경과 더 두려운 **흑암** 가운데 고통받습니다. 죽음의 삶 가운데 생명의 호흡이 아주 조금 남아 있기 때문입니다. 이것은 이 상태가 엄청나게 괴롭고 감각적일지라도, 고통스럽거나 견딜 수 없을 정도는 아니라는 것을 나타냅니다.

이런 생명의 순간들은 빛의 광선이고 소망의 날들이며, 몇 분에 해당하는 것들입니다. 그렇지만 이 단계에는 빛에 대한 아무런 소망도 없이 오직 짙은, 곧 죽음 자체보다 더 어두운 흑암이 있을 뿐입니다. 시체가 부패하여 소멸될수록 그 온전한 형체와 균형을 잃어버리기 때문에 거기에는 **질서가**

없습니다. 산산조각 나 본래의 위치와 자리에서 벗어난 썩은 팔다리 외에는 더 이상 남아 있는 것이 없습니다. 그리고 처음 질서 대신에 **영원한 공포가 거합니다.** 세상에서 이 부패만큼 무섭게 보이고 느껴지는 것은 않습니다. 너무나 두려워서 아무도 그것을 보려 하지 않으며, 극도의 공포로 인해 아무도 그것을 생각조차 하지 않습니다.

11장

1. 그 후에 소발이 이와 같이 말했다.
2. "그렇게 많은 말들을 퍼부었으니 자기 차례가 되었을 때 귀 기울여 들어야 하지 않겠는가? 그리고 의롭게 되기 위해 위대한 말쟁이가 되는 것으로 충분하겠는가?

오, 가장 가련하고 비참한 자들이여! 만약 당신들의 슬픔이 동정을 받는다면, 당신들의 슬픔을 표현하는 말들이 당신들을 불쌍히 여기는 마음을 자극할 수 있다면, 당신들은 행복해질 것입니다. 하지만 이번 경우는 그것과 아주 거리가 멉니다. 당신들의 슬픔과 근심이 극심해질수록, 모욕하고 정죄하는 사람들을 더 많이 발견하게 될 것입니다. 그것은 슬픔과 근심보다도 더 고통스럽고 죽음보다도 견디기 힘든 것입니다. 우리가 고통당하는 가운데 이러한 적대를 경험하게 되면 더 이상 견딜 수 없을 정도로 고통이 가중됩니다.

하지만 이것은 이 영혼이 죽게 하시려고, 그리하여 더 깊은 곳까지 전멸하기를 열망하시는 하나님께서 허락하신 것입니다. 하나님께서는 고통을 가장 많이 나누어야 할 자들을 통해 이런 상황에 있는 우리를 모욕하고, 다른 어떤 것보다 오히려 더 많이 우리를 괴롭히게 허락하십니다. 그들은 사람이 느끼는 것에 대하여 기교 없이, 쓸모없는 **말들을 쏟아 냅니다.** 그리고 의인의 진실을 신실하게 선포합니다. 하지만 이 모든 것은 한 영혼을 온전한 고립으로 끌어내리기 위해 행해져야 하는 것입니다. 아무도 그 영혼을 동정하지 않도록, 가장 친밀한 친구들과 감독자조차 그 영혼에 맞서게 하시는 것입니다.

3. 모든 이가 너 혼자만의 말을 듣기 위해 잠잠해야 하겠느냐? 그리고 네가 그들을 비웃은 후에 너를 잠잠케 할 자가 아무도 없겠느냐?
4. 네가 '내 말들은 순결하며, 나는 그분 앞에서 흠이 없다'고 말하니 말이다.

사람들이 명백히 비난할 만한 것들로 욥을 책망한다면, 그것은 오히려 욥에게 가벼운 것입니다. 하지만 그가 결코 행한 적이 없는 것에 대하여 비난하는 것은 무척 견디기 어려울 것입니다. 그것이 무엇입니까? 받고 있는 고난이 너무 끔찍해서 온몸을 떨지 않고는 차마 볼 수 없는 욥을 **'거룩한 이들을 비웃는 자'** 라고 비난하는 것입니다. 더구나 욥이 자신의 부패에서 나온 오물 때문에 쓰라린 불평을 하면, 자신을 생명과 본질적 특성으로 가득한 자들보다 더 **순결**하다고 믿는다며 비난합니다.

5. 오, 하나님께서 친히 너와 이야기하실 것이요, 그분이 너를 대적하여 그분의 입술을 여실 것이다.
6. 너에게 그분의 지혜의 비밀과 그분의 법도의 광대함을 드러내시기 위해, 그리고 네 죄가 받을 만한 것보다 훨씬 적게 너를 벌하심을 너로

깨닫게 하시려는 것이다.

욥의 친구들뿐만 아니라 내적인 영혼을 책망하는 자, 슬픔 가운데 있는 그들을 압박하는 자들도 하나님께서 자기들에게 진리를 드러내셨다고 확신하며 언제나 하나님의 권세를 가지고 정당하게 그 일을 행한다고 생각합니다. 이 잘못된 친구는 "하나님이 너에게 선한 영감으로 말씀하시고 그분의 진리를 밝히 드러내시기 위해 **입을 여시는 것이 내 소원이다.** 그분은 그렇게 하여 **너에게 하나님의 지혜의 비밀들을 밝혀** 주실 것이다"라고 말했습니다!

오, 눈먼 자여[흠잡는 이여!], 깊은 감수성으로 하나님과 교통하는 욥보다 더 잘 아는 사람은 없습니다. 그런데도 당신은 **지혜의 담론**을 이해하지 못하는 까닭에 그것에 대해 계시받은 자들을 그것을 이해하지 못한 자들이라고 비난하는군요. 또한 당신은 그들이 율법의 가장 순결한 정신을 가지고 있는데도, 율법을 지키지 않는다고 생각합니다. 하지만 당신들은 내적인 영혼들을 책망해야 할 필요가 있습니다. 왜냐하면 그들은 자기가 비난하는 것 외에 자기들 안에 정죄 받을 만한 것이 무엇인지 모르기 때문입니다.

내적인 영혼들도 (흠잡는 이들처럼) 죄에서 처음 정결하게 되었던 상태를 유지하고, 그 안에서 동일하게 행하기를 여전히 갈망합니다. 하지만 그것은 불가능합니다. 고난받는 영혼들, 그들 자신의 고통으로 조명받는 이들은 이 상태가 죄로부터의 정결이 아니라, 인간적 선에서 정결하게 되는 것임을 알아야 합니다. 이들은 죄를 신성모독이자 실수, 불경건으로 여깁니다. 하지만 자신들이 경험한 것 외에는 아무것도 말할 수가 없습니다. 진리 안에서 정평이 있는 자들로, 오직 진리만 말할 수 있기 때문입니다.

7. **혹시 네가 하나님의 발자국을 발견하겠느냐? 또 전능자를 온전히 찾아내겠는가?**
8. **그분은 하늘보다 높으시니 네가 무엇을 하겠는가? 그분은 지옥보다 깊으시니 네가 어찌 그분을 이해하겠는가?**

친구가 욥에게 가하는 살을 에는 듯한 이 야유는 참으로 견디기 힘든 것입니다. 그들은 자주 내적인 영혼들에게 이와 비슷한 모욕을 주곤 합니다. 그들은 내적인 영혼들이 알지도 못하면서 **하나님의 발자국을 찾기**를 갈망한다고 확신합니다. 그러면서 보통은 내적인 영혼들이 큰 빛을 가지고 하나님에 대한 숨겨진 비밀을 갈망하며 (그들의 말에 따르면) 완전히 사기에 불과한 거짓의 빛으로 스스로를 **존귀하게 한**다고 비난합니다.

하지만 그렇지 않습니다. 혹여 그것이 사실일지라도, 그들의 전 생애는 오직 흑암, 학대, 가난, 비통함뿐이며, 이것들은 그 영혼들이 **하나님의 발자국**과 그분께서 우리에게 남겨 주신 죽음과 전멸, 계속적인 전복(顚覆)의 길을 찾게 만드는 수단입니다.

나아가 친구들은 세상에서는 하나님과 깊고 친밀한 연합을 이루는 것이 불가능하다고 말합니다. 자신의 노력에 의해서는 불가능하다는 말에 나 역시 동의합니다. 그러나 하나님께서는 영혼들을 창조하신 목적 그대로 모든 사람을 하나님과의 친밀한 연합으로 부르십니다. **전능하신 분을** 온전히 **찾을 수 있는 길**은 우리의 모든 힘에 대해 온전히 죽어야 가능합니다. 그런 다음에 우리는 더 이상 떨어질 수 없는 오직 신령하신 능력 안으로 들어가기 때문입니다.

그분은 하늘보다 더 높으십니다. "네, 사실입니다. 나는 그것을 확신합니다." 이 영혼이 말했습니다. "그리고 그 때문에 나는 스스로를 높임으로 하나님께 닿는 것처럼 가장하지 않습니다. 나를 높일수록, 그분이 더욱더 위에 계심을 발견하기 때문입니다. 나는 완전한 무(無)의 존재로 추락하는 것 외에는 의도하는 것이 없습니다. 그리고 완전한 무의 지점에 이르렀을 때, 나는 하나님 안으로 들어가 그분을 찾게 될 것입니다. 주님은 반드시 무의 공허를 채워 주시기 때문입니다.

하나님은 지옥보다 더 깊으십니다. 내가 지나는 이 지옥을 통해 내가 행위보다 경험을 통해 하나님 광대하심의 깊이와 권능의 위대하심을 더 잘 이해할 수 있는 상태에 이르게 될 것입니다."

9. **그의 한계는 땅보다 길고, 바다보다 넓으니**
10. **만일 그분이 모든 것들을 바꾸시거나 그들을 모두 하나로 연합시키신다면, 누가 그를 반대할 수 있겠는가?**

하나님의 한계는 땅보다 길고 바다보다 넓습니다. (이 영혼은 다음과 같이 말했습니다.) "내 힘과 능력으로는 아무리 애써도 그분께 닿을 수 없습니다. 그래서 내 자신이 전멸되도록 내버려 두고 더 이상 나의 행위에 제한받거나 속박당하지 않으려고 그 모든 것들을 버리는 것입니다. 그러면 모든 것을 소유할 수 있는 유일한 상태인 무(無)의 존재처럼 나는 전멸되어 거대하고 광대해질 것입니다.

하나님은 **바다보다 넓으시기에,** 나의 단순한 동기나 재간으로 하나님을 내 자아 속에 집어넣는 것은 어리석은 일입니다. 내가 바다를 담을 수 없는 것처럼 그분을 다 이해할 수 없다는 것을 알며, 이 사실은 나 자신을 무한한 바닷속에 던져 바다에 삼키워 상실되기를 갈망하게 만듭니다. 그래서 나는 자신을 고난의 맹렬한 급류 속으로 던져버립니다. 바다의 흐름과 썰물을 이해할 수 없는 철학자는 그것에 대해 생각하지 않고, 오직 사로잡히기 위해 자신을 바닷속으로 던집니다.

나는 오랫동안 하나님의 거룩한 사람들 가운데서 그분의 흐름과 반사적인 흐름을 유심히 살피고 고찰한 후에 그것을 이해할 수 없다는 것을 깨달았습니다. 그리하여 그것을 연구하는 것을 중단하고 하나님 안에 깊이 잠겨 휩쓸려 버렸습니다. 이렇게 하여 나는 평생 동안 관심을 기울이고 열심과 갈망으로 배울 수 있었던 것보다 더 많은 것을 한순간에 배울 수 있었습니다."

"만약 모든 것을 바꾸시고 그들을 하나로 연합하시는 분이 하나님이시라면, 우리는 왜 그분의 연합 안에서 함께 모이도록 우리 자신을 허락하지 않습니까? 어째서 무익한 염려와 관심으로 스스로에게 짐을 지우지 않고, 그 연합 안에서 소멸되기를 허락하지 않습니까? 모든 축복 중에 가장 위대한 축복을 가로막으려는 것입니까?"

12. 헛된 사람은 자기의 교만에 높이 들어 올려져서 스스로 믿기를 들나귀 새끼처럼 자유롭다 한다.

13. 그러나 너는 마음을 굳게 하고, 주를 향해 네 손을 내미는구나.

이것은 욥뿐만 아니라 내적인 영혼들이 받는 책망들 가운데 하나로, 그들은 '경솔한 **교만으로 스스로를 자유롭게 하고 싶어 한다**' 고 비난받습니다. **"아들이 너희를 자유하게 하면 너희가 참으로 자유하리라"**고 선포하셨듯이(요 8:36), 하나님께서는 친히 영혼들을 자유롭게 하십니다. 피조물은 절대로 자신을 자유롭게 하지 못합니다. 하나님이 그렇게 하십니다. 그러나 하나님께서 사람을 자유하게 하실 때 교만은 여전히 사로잡혀 있기를 갈망합니다. "그들은 나를 끈으로 묶어 불 속에 던져 넣습니다. 불은 나를 상하게 하지 않고 끈만 태웠습니다. 나는 마땅히 하나님께서 주신 자유를 사용해야 하겠습니다. 다른 이의 도움을 바라지 않고 내가 스스로를 자유롭게 하는 것이 더 낫다고 생각하면서, 여전히 사로잡힌 채 있으려 하는 것은 오히려 교만일 것입니다."

거짓 친구는 계속해서 말합니다. **"확신에 찬 자유 안에서 주를 향하여 네 손을 내밀며 네 마음을 정하는구나."**

14. 만일 네 행실에서 불의를 제하고, 악이 네 장막에 거하지 않는다면,

15. 그러면 네가 흠 없이 되어 네 손을 들 수 있을 것이요, 네가 강하여지고 두려워하지 않게 될 것이다.

16. 네가 모든 환난을 잊을 것이며, 물이 흘러가버린 것같이 네가 그것을 더 이상 기억하지 않을 것이다.

하나님께 자신을 내어 드린 자, 자신의 힘에 완전히 절망하여 선하신 하나님의 신령한 능력으로 구원 받을 것을 기다리는 자를 비난하는 것은 유감스러운 일입니다. 더구나 소발은 욥이 **자신의 죄악을** 버린다면 그가 얼굴을 들고 나아갈 수 있다고 말합니다. 하나님이 하시도록 내어 드리기보다 오히려 자신의 힘으로 할 수 있다고 믿는 것이 더 교만한 것 아닙니까? 사람이 그렇게 해서 **자신의 죄가 없어졌다는** 은밀한 확신으로 혼란 없이 **머리를 들 수** 있다고 믿다니요. 고백하건대, 나는 그런 식의 선행이나 겸손, 즉 하나님보다 우리를 더 능력 있게 만들면서 두려움 없이 자신을 높이고 그 자리를 굳건히 지키게 하는 이런 겸손이 이해되지 않습니다.

의인도 일곱 번 넘어진다면(잠 24:16), 과연 **두려움이 없는** 상태란 무엇일까요? 두려워하지 않는 진실한 길은, 우리가 자신을 높이지 않고 하나님의 공의 안에서 믿는 것입니다. 이는 하나님께 우리를 온전히 맡기고 그분께서 친히 우리의 공의가 되시게 하는 것입니다. 그렇게 할 때 하나님의 공의를 잃을 것에 대한 두려움도 없을 것입니다. 추락에 대한 두려움을 갖지 않는 길은 오직 지극히 낮아지고 고난 받아서 더 이상 추락할 수 없게 되는 것입니다.

"내가 아직도 나의 의로 의롭다면, 나는 하루에도 일곱 번씩 넘어질 것이고, 무한정 넘어질 수 있습니다. 그러나 더 이상 나의 의로 의로운 것이 아니라면, 내가 하나님의 의로 의롭다면, 그 상태에서 나 자신을 끌어내지 않는 한 나는 불의하지 않을 것입니다. 내가 그 어느 것에도 존재하지 않고 처할 수 있는 가장 낮은 상태에 있게 되면, 나는 더는 추락할 수 없게 될 것입니다."

"**'나의 불행을 잊을 것'** 이라고 나에게 말했는데, 이것은 내가 원하는 바도, 나의 힘으로 할 수 있는 것도 아닙니다. 내가 불행한 동안에는 결코 나의 비참함을 잊을 수가 없습니다. 또한 죄인인 이상, 최소한의 생명을 가졌거나 내 속에 나를 지탱시키는 최소한의 것이라도 가진 이상, 나는 결코 비참해지는 것을 그만두지 않을 것입니다. 내가 어떻게 보이든지 간에, 항상 낮아져야 하고 가련해져야 합니다. 나는 가능한 아담의 모든 본성을 잃고 무의 존재가 되지 않고는 이 비참함을 막을 수 없습니다. 왜냐하면 사도 바울이 말했듯이 **새로운 창조물**이 되는 것이며(고후 5:17), 전멸되지 않고는 이루어질 수 없기 때문입니다. 그러므로 전멸되기 전까지는 나의 비참함을 잊을 수 없습니다. 당신의 비유법을 사용하면, 나 자신 안에서 살게 했던 **그 물들**이 **흘러** 바다로 사라지고 삼켜져서 더 이상 지각되지 않아야 합니다. 이것이 이루어지기까지 나는 언제나 불행하고 죄인입니다."

17. **네 생명이 쇠하는 것처럼 보일 때, 네가 정오의 빛을 발하는 해처럼 나타날 것이요, 네가 네 자신을 잃어버렸다고 믿게 될 때에, 너는 새 벽별처럼 떠오를 것이다.**
18. **너에게 주어진 소망이 확신으로 너를 채울 것이요, 너는 무덤에 들어가 철저히 안전하게 휴식할 것이다.**

그의 날과 생명이 끝나가는 한 영혼이 스스로를 이끌기 위해 제정신을 차리게 되면, 비록 그의 생명이 거의 끝나가고 죽음이 가까울지라도, 자연스럽게 그의 생을 다시 시작하는 것이 분명합니다. 대부분의 사람들이 속고 있는 것이 바로 이것입니다. 그들이 **빛** 속으로 다시 들어가기 때문에 정신을 차리기 위해 훨씬 더 좋은 일을 했다고 믿게 되는 것입니다.

만약 어떤 영혼의 모든 행복이 오직 하나님만 사시도록 철저하게 자기에 대해 죽는 것이라면, 그 영혼이 다시 찾은 이 생명은 그에게 득이 아니라, 상상도 할 수 없는 해가 될 것이 분명합니다. 이것은 마치 사형 선고를 받은 죄인이 교수대에서 반쯤 목이 졸렸는데, 나중에 다시 질식시키기 위해 다시 숨쉴 수 있게 해주는 것과 같습니다. 그가 이런 식으로 생명을 이어 나갈 수 있게 해주면, 그는 거의 죽어 가는 사람의 눈을 뜨게 해서 다시 빛 속에 둡니다. 그러나 이것은 오히려 그의 고통을 더욱 가중시킬 뿐입니다. 이것은 자비가 아니라 잔인한 것입니다. 이런 상태에 있는 자신을 불쌍히 여기는 것은 스스로에게 잔인한 것입니다. 우리가 완성되기 위해서는 자신에게 죽음을 허락하는 편이, 이런 식으로 생명과 빛을 다시 찾는 것보다 훨씬 낫습니다.

하지만 특별히 사람들이 이와 반대로 충고할 때, 계속해서 죽음을 허락하는 용기를 낼 자가 누가 있겠습니까? 소멸된 상태에서 영혼이 지혜자를 만나 이 주제에 관해 그들의 말과 충고를 따르는 것은 참으로 끔찍한 일입니다. 사실 그렇게 하는 것은 **별**처럼 아주 잠시 동안만 자신을 보게 합니다. 그것은 오직 희미해지기 위해 **떠오르는 새벽별**에 불과합니다. 반면에 영혼이 전멸되는 것을 스스로 허락했다면, 그는 **해**의 빛 외에는 다른 빛이 없는 특별한 별, 곧 **'해'**(Sun)가 되었을 것입니다.

소발은 계속해서 **"네게 주어진 소망으로 인해 네가 확신을 갖게 될 것이다"**라고 말합니다. 희망이란 무엇입니까? 그것은 당신이 하나님만 신뢰하는 대신, 당신을 조명하고 이끌 가냘픈 빛을 신뢰하는 것입니다. 또한 희망은 부패의 무덤 대신에, 두려움이나 아무 의심 없이 전적으로 자기 확신 안에 있는 자신을 보면서, 하나님 안에서 자신을 잃지 않고 달콤한 묵상 속에 파묻혀 **평안히** 잠들게 될 것이라는 사실입니다. 오, 어쩌면 이토록 눈이 멀 수 있습니까.

19. 네가 누구의 방해도 받지 않고 휴식하게 될 것이고, 많은 이들이 너에게 호의를 베풀어 달라고 구하게 될 것이다.

소발은 계속해서 고난 받는 자에게 또 다른 안식이 있다고 제안합니다.

그 안식에는 그를 적대하거나 **방해하는 자가** 더는 없을 것입니다. 또 거기서 비난은커녕, 모든 사람이 욥을 찬양하고 칭찬하며, 우주적인 존경으로 욥을 의뢰하고 경외하게 될 것이라고 합니다. 공포와 증오로 자신을 경멸하는 이 영혼은 한층 더 고통 받고 자기 노력으로 자신을 구원하기보다는 하나님을 신뢰함으로 고통이 사라질 것이라고 생각하는 것 외에는 이런 말에 귀기울일 수가 없습니다.

12장

1. 욥이 말하기 시작하며 대답했다.
2. "그러면 오직 너희들만 사람인가? 또 너희가 죽으면 지혜도 함께 죽는 것인가?
3. 나도 너희들처럼 심장이 있고 너희들보다 못하지 않으니, 너희들이 아는 것을 모르는 자가 어디에 있는가?
4. 나처럼 친구에게 조롱거리가 된 자가 하나님을 부를 것이며, 사람들이 의로운 자의 순전함을 조롱하였으므로 하나님께서 그를 들으실 것이다.

하나님에게서 취한 능력을 피조물에게 돌리는 것을 지켜보는 것만큼 내적인 영혼을 괴롭게 하는 것도 없습니다. 욥에게는 이것이 자신의 모든 슬픔보다 더 비통한 것입니다. 그래서 **욥**은 하나님과 그분을 신뢰하는 자들을 대신해 이렇게 대답합니다. **"하나님께서 자신을 드러내실 사람이 오직 당신들뿐입니까? 당신들이 죽으면 지혜도 함께 죽는다는 말입니까?** 만약 당신들만 지혜자라면 그렇게 될 것입니다.

하지만 하나님께서 당신들과 친밀하게 교제하시는 것 외에는 우리와 교제하실 다른 방법이 없다면, 그분은 하나님이 아니십니다. 나도 **당신들처**

럼 생각이 있으니 하나님께서 나를 가르치실 수 있지 않겠습니까? **나는 당신들보다 열등하지 않습니다.** 모든 사람은 오직 무의 상태와 죄 속에 있기 때문입니다. **당신들이 말하는 것을 모를 자가 있겠습니까?** 하지만 가장 많은 도움을 받아야 할 친구들에게 비웃음을 당하는 나 같은 자는, 친구들에게 버림당함으로 더욱더 하나님을 향하게 됩니다. 버림받은 **내가 하나님을 부르짖으면 그분께서 들으실 것입니다.**"

그리고 하나님께서는 욥처럼 취급받는 모든 영혼에게 동일하게 행하실 것입니다. 하나님 안에서 한 영혼이 가지고 있는 **의의 순전함**과 확신은 오로지 자신만을 신뢰하는 자들에게 도리어 **비웃음을 당할 것입니다.**

5. 이것은 부유한 자가 경멸하는 등불이지만, 그것은 정해진 때를 위해 준비된 것이다.

사람들이 순전한 영혼들을 비웃고 조롱해도, **그것은 언젠가 빛으로 조명하기 위해 준비된 등불입니다.** 그것도 다름 아닌 하나님께서 친히 준비하신 등불입니다.

하지만 지식과 은사와 계시가 많은(부유한) 사람들은 이 **등불이 비치는 것을 몹시 싫어합니다.** 그들의 경멸에도 불구하고 예수 그리스도께서는 등불을 준비하셨고, 그분의 뜻대로 그분의 **정해진 때**에 그것을 처리하실 권세를 홀로 가지고 계십니다.

6. 세상이 다 아는 강도들의 거처는 풍성하고, 하나님께서 그들의 모든 소유를 그들의 손에 두신 분임에도 불구하고, 그들이 하나님을 대항

하여 담대히 일어서는구나.

욥이 **'강도들의 거처'** 라고 말한 것은, 그들이 하나님께 속한 수많은 것들을 착복한 사람들의 영혼이기 때문입니다. 그리고 그곳이 풍성한 것은 훔친 축복들 때문입니다. 착복은 명백한 절도 행위입니다. 하나님께서 이 영혼을 축복으로 채우신 후에 수많은 **은혜를** 더하실 때, 그 영혼은 그것을 **당돌하게도** 자신의 공로로 여깁니다. 그렇게 하여 하나님의 **긍휼 대신 하나님의 분노**를 이끌어 옵니다.

7. **동물들에게 캐물어 보아라. 그러면 그것들이 너에게 가르쳐 줄 것이다.**
8. **땅에게 말하여라. 그러면 그것이 네게 대답할 것이요, 바다의 물고기들이 너를 지도할 것이다.**
9. **이것들을 지으신 것이 다른 아닌 하나님의 능력이라는 것을 누가 모르겠는가?**
10. **모든 생물의 생명과 사람의 육체에 생기를 불어넣는 모든 영혼이 그 분의 손안에 있지 않은가?**

만약 당신이 **그들에게 묻는다면,** 가장 사나운 들짐승도, **그들의 전 존재로** 모두가 알고 있는 사실, 즉 하나님께서 모든 **것을 만드셨음을 당신에게 가르쳐 줄 것**입니다. 하나님께서 자연과 물질의 모든 것을 만드셨고 큰 관심을 가지고 돌보시기 때문에, 그것들이 사라져야 할지라도 우리는 하나님께서 불멸의 영혼을, 그리고 친히 그분의 기쁨이 되도록 창조하신 영혼을 더욱 특별히 돌보아 주실 것이라고 믿어야 하지 않겠습니까?

하나님께서는 영혼을 인도하시기 위해 그분의 손으로 그 **영혼을 붙잡아 주십니다.** 그렇다면 어째서 우리는 자신을 그분께 내어 드리지 않는 것입니까? **우리의 혼과 영을 손안에 가지고 계신 분이 하나님이라면,** 우리의 원대로 할 수 있는 일은 아무것도 없습니다. 그분은 완전한 주인이십니다. 우리의 저항이 고통을 길어지게 한다면, 그 저항이 무슨 소용이 있겠습니까?

하나님께 우리 자신을 드리고 그분의 돌보심에 우리를 맡기기 위해 우리의 자유를 사용하지 않는다면, 그것은 우리에게 치명적인 것이 될 수도 있습니다. 물질적인 것은 아무 저항 없이 다스림을 받는다는 이점이 있습니다. 그러나 사람은 저항합니다. 그들의 자유를 하나님을 대적하는 데 사용합니다.

오, 오직 하나님께 드리기 위하여 자유의지를 사용하는 자들은 정말로 행복한 사람들입니다. 그들은 포기하도록 요구된 것들을 기꺼이 포기합니다. 그리고 더 적게 소유할수록, 하나님께서 취할 수 있는 그들의 소유는 더 풍성해집니다.

13. 지혜와 힘이 하나님께 속하였고, 모략과 명철도 그분께 있나니
14. 만일 하나님이 허무려고 오시면 그것을 다시 세울 자가 없고, 그분이 사람을 가두시면, 그를 구해낼 자가 없다.

우리를 적절하게 다스리고 인도할 **지혜가 하나님의 손안에 있으며,** 절대적인 권세로 행할 **힘**과 능력 또한 그분의 손에 있습니다. 그렇다면 우리는 왜 두려워하고 주저하는 것입니까? 왜 거리낌 없이 우리 자신을 내어드리지 않습니까? 그분이 그렇게 하실 수 없을까 두렵습니까? 하나님께는 **능**

력이 있습니다. 하나님께 능력이 없으시다면, 능력이 있는 것처럼 행하지 않으셨을 것입니다.

하나님은 **지혜** 그 자체이십니다. 그분께서 우리를 어떻게 인도해야 하할지 모르실 것 같아서 두렵습니까? 아니면 우리에게 무슨 일이 일어나는지 모르실 것 같아서 두려운 것입니까? **그분께는 모략과 명철이 있습니다.**

만약 하나님께서 허물기 원하시면, 그것을 다시 세울 자가 없습니다. 그렇다면 어떻게 우리가 우리 자신을 지킬 수 있겠습니까? 우리에게 자신을 지키고 하나님께 대항하여 방어할 수 있는 능력이 있다고 생각합니까? 우리가 원하는 만큼 건물을 많이 세워도 그분은 그것을 뒤집어엎으셔서 돌 하나도 돌 위에 남지 않고 모두 파괴하실 수 있습니다.

또 **만일 하나님께서 사람을** 그분 안에, 곧 **성채** 안에 가두시면, 아무도 그곳을 **열고 그를** 밖으로 데리고 나**올 수 없습니다.**

오, 복된 속박이여, 노예가 왕이 되게 하는 속박이여! 당신은 눈에 보이는 모든 자유보다 진정한 노예가 되기를 더욱 갈망해야 합니다.

15. 만약 그분이 물들을 그치게 하시면 모든 것이 메말라 버리겠지만, 그분이 물들을 내보내시면, 그 물이 땅을 뒤집어 버릴 것이다.

만약 하나님께서 은혜의 **물들을 그치게 하시면, 모든 것이 메마르고** 사라져 죽게 됩니다. 그러나 **만일 하나님께서 물을 풍성하게 내보내시면,** 그분의 뜻에 따라 완전하거나 갑자기 혹은 아주 천천히 물이 **땅을** 변화시키고 **뒤집어 버릴 것**입니다. 이것은 동물적이고 육신적인 우리의 내면에 있는 **땅**입니다.

16. **힘과 지혜가 그분 안에 있고, 그분은 속이는 자와 속는 자를 모두 알고 계신다.**

17. **그분은 다른 사람들에게 충고하는 자들을 어리석은 자가 되게 하시고, 그들의 결말은 비참하다.**

19. **그분은 제사장들에게서 그들의 영광을 빼앗으시고, 가장 위대한 선생들을 속이신다.**

20. **그분은 진리를 사랑하는 자들의 언어가 달라지게 하시고, 노인에게서 지식을 제거하신다.**

하나님은 자신의 판단을 의지하는 사람과 모두가 조언을 구하는 자들을 **어리석은 자가 되게 하십니다.** 그리고 제사를 주관하도록 예정된 **제사장들에게** 수많은 수치거리와 오명을 보내셔서, 그들을 **치욕**과 불명예에 빠지게 하십니다. **하나님은** 자기의 지식을 의지하고, 모든 이가 예언자로 여기며, 그의 말을 경청하는 **가장 위대한 선생들을 속이시고,** 진리의 지식과 내면의 비밀을 작고 어린 자들에게 드러내시려고 그들에게는 감추십니다. **예수님께서 말씀하셨습니다. "천지의 주재이신 아버지여 이것을 지혜롭고 슬기 있는 자들에게는 숨기시고 어린아이들에게는 나타내심을 감사하나이다"**(마 11:25).

하나님께서는 진리를 사랑하는 사람들이 고대 작가들에게 지나치게 집착하면, 그들의 **말을 바꾸어 버리십니다.** 고대 작가들은 마치 하나님을 제한할 수 있는 것처럼, 하나님의 능력을 제한시킵니다. 하나님께서 필요에 따라 상황을 변화시키실 때, 자신을 거스르지 않으면서 매일 아무도 모르게 그 일들을 하실 수 있습니다. 한때 시행된 일이 다른 때에 행해져야 하는 다른 일을 가로막지 않습니다.

22. 그분은 깊은 것들을 흑암 밖으로 꺼내시며, 죽음의 그림자가 빛 안으로 들어오게 하신다.

하나님께서는 짙은 어둠 속에 있어서 알려지지 않았던 **깊은 것들을 드러내십**니다. 그분은 그때까지만 해도 이 영혼이 알지 못했던 죽음과 자기부인의 상태에 대한 지식을 주시면서 **죽음의 그림자를 빛 안으로 가져오십니다.** 어둠이 빛이 되는 상태를 통과하면, 감춰진 것, 곧 파묻혀 있던 것이 알려지게 될 것입니다.

현 시대 사람들은 대부분 오직 생명과 빛, 즉 살아 있는 것과 찬란한 일들만 가치 있다고 생각합니다. 그러나 죽음과 전멸, 어둠, 믿음의 상태, 장사 지낸 바 된 것이 **빛으로 돌아오는 날이 있을 것이고 그때가 이미 도래했습니다.** 예수 그리스도께서 가르치셨고, 사도 바울이 확증하였으며, 구약과 신약의 수많은 성도들이 경험한 그날은 지금은 알려져 있지 않습니다.

죽은 시체를 대하듯, 사람들은 그날에 대해 두려워하고 염려합니다. 하지만 참기 힘든 어려운 이 계절이 지나면, 그것은 활짝 열린 대낮의 빛 속으로 들어가게 될 것입니다.

23. 그분은 민족들이 흥하게 하신 다음에 그들을 멸하시며, 그들이 망한 후에 그들을 회복시키신다.

얼마나 많은 민족들이 흥하다가 멸망당하고 다시 세워졌는지요! 하나님의 일반적인 인도하심은 매우 특이한 것입니다. 하나님께서는 영혼 안에 은혜와 은총을 배가시키시고, 그 위에 수많은 축복을 부으심으로 영혼을 안

위하십니다. 하지만 은총을 증가시키신 후에는 모든 영광을 얻기 위해 그들을 무너뜨리시고, 모든 이들에게 행하신 분이 하나님이심을 알게 하십니다. 비록 그럴지라도, 하나님께서는 그들을 완전함 가운데 더 많은 혜택으로 회복시켜 주시려고 멸하시는 것뿐입니다.

13장

13. 내 생각에 떠오르는 것을 모두 말할 수 있게 잠시 조용히 있으라.

14. 내가 어찌하여 내 살을 이로 물어뜯었는가? 또 어찌하여 내 생명을 내 손에 두었는가?

자신의 모든 소유를 잃기 시작하는 끔찍한 상황에 영혼은 더 이상 말을 자제할 수 없습니다. 말이 터져 나오는 것을 멈추지 못하는 어리석은 자처럼, **이 영혼은 생각나는 모든 것을 말해야만 합니다.**

욥은 **"내가 어찌하여 내 살을 내 이로 물어뜯었는가?"**라고 말했습니다. 이 영혼은 여기서 모든 신령한 삶 가운데 가장 고통스러운 상태에 대해 불평합니다. 이것은 자신이 고통당하는 모든 악의 원인이 바로 자신이라고 믿기 때문입니다. 영혼은 그것을 잘 알 뿐만 아니라 그것이 매우 잘 보입니다.

하나님께서는 영혼들의 경솔하고 무분별한 특정 행동들을 계속해서 허락하시는데, 그것은 그 영혼에게 고난을 가져옵니다. 영혼들은 자신이 파멸되기를 갈망하면서 자기 자신에게 덤벼들어 자신을 게걸스럽게 먹습니다. 이 무분별한 행동은 고통을 가져오고, 영혼들은 그것으로 위안을 삼습니다. 그들의 모든 고통을 초래한 것은 다름 아닌 그들 자신입니다. 심지어 그들은 자발적으로 그렇게 했습니다. 하지만 하나님은 이에 관하여 영혼들을 화나게 하시며, 그들의 모든 능력과 격렬한 자기 포기로 자신을 파괴하도록 이끄십니다. 이것은 경험해 본 자만이 이해할 수 있습니다.

영혼은 말합니다. "나의 하나님, 나를 산산조각으로 부수시고 으깨어 주소서. 새로운 고통을 주소서. 이것이 주님을 기쁘시게 한다면 말입니다. 이 모든 것이 나에게는 달콤할 것입니다. 그리고 감히 말씀 드리면, 가장 두려운 고문이 내게는 오히려 즐거움이 됩니다."

그는 계속해서 말합니다. **"어찌하여 나는 미친 듯이 노하여 서두르듯이, 내 생명을 내 손에 두었는가?"** 인간은 자신의 고통에 눈이 멀고 얼이 빠져서 자기 손에 자기 생명이 있다고 생각합니다. 그래서 하나님께 항복하는 영혼의 포기가 실로 위대한 것입니다. 또 이것은 **"누구든지 제 목숨을 구원하고자 하면 잃을 것이라"**는 복음의 권면(마 16:25)을 잘 실천하는 것입니다. 어떤 사람은 자발적으로 그것을 서두르는 것처럼 보이는데, 하나님의 계획을 진행시키려고 자기 생명을 멸하는 데 더욱 열심인 것처럼 보이기까지 합니다.

여선지자 드보라는 **"이스라엘의 자녀들이 자발적으로 자신을 위험에 내주었다"**고 말했습니다(삿 5:9). 이것은 하나님의 손에 자기를 자발적으로 내어 드린다는 뜻입니다. 우리 자신에 맞서 하나님과 연합하는 자기 포기는 자신의 멸망을 허락할 뿐만 아니라, 그렇게 되는 것을 기뻐하기까지 합니다. 하나님이 치실 때, 자신이 그런 식으로 진멸되는 것을 지켜보면서 기뻐합니다. 그분의 내려치심을 가까스로 인내하며 받아들이는 것과 하나님께서 우리에게 고난 주시는 것에 만족하며 즐거워하는 것 사이에는 엄청난 차이가 있습니다.

15. 하나님께서 나를 죽이실지라도, 나는 그분을 신뢰할 것이요, 그분의 임재 안에서 나의 길들을 정죄하는 것을 멈추지 않을 것이다.

16. 그리고 그분이 친히 나의 구원자가 되실 것이다.

이렇게 하여 하나님을 위해 자신을 무너뜨리기로 결단한 영혼은 자기 확신 안에서 더욱 용감하게 행합니다. 영혼이 자신을 무너뜨릴수록 믿음과 소망은 더욱 커집니다. 영혼의 소망이 커질수록, 영혼의 상실도 더욱 확실해집니다. 그리하여 한편에서는 영혼의 포기와 믿음으로, 또 다른 한편에서는 영혼의 완전한 전멸에 대한 확신으로 소리칩니다. **"하나님께서 나를 죽이실지라도 나는 항상 그분을 신뢰할 것입니다."** 네, 그렇습니다. 나는 이런 영혼이라면 지옥에 있을지라도 소망을 가졌을 것이라고 믿습니다.

자신에 대한 절망이 실제적이고 절대적일수록, 하나님을 향한 신뢰는 더욱 강합니다. 바로 이런 이유로 그 영혼은 "나의 피할 수 없는 파멸을 보며 하나님의 임재 가운데 내 자신과 관계된 모든 것을 **책망**하고 정죄할지라도, **주님은 친히 나의 구원자가 되실 것**입니다"라고 고백하는 것입니다.

내가 가장 전멸에 가까울 때 가장 풍성한 구원을 받을 것입니다. 이러한 소망은 모순으로 말미암아 새로워집니다. 이 영혼의 적절한 상태는 아무것도 소망하지 않는 것입니다. 왜냐하면 그는 완전히 잊혀진 상태로 살면서 자신을 위한 것은 아무것도 기대하거나 바라지 않기 때문입니다. 그러나 모순되게도 이때 하나님의 신실하심과 신뢰의 사랑에 온전히 눈을 뜨게 되어 그것을 표현할 수밖에 없게 됩니다. 하나님께서는 그들이 처한 상황을 알려 주실 뿐 아니라, 그들의 이야기를 듣는 자들에게도 이것의 유익을 알려 주시려고 그렇게 하십니다.

19. **나와 함께 심판 받기를 원하는 자는 오라. 내가 어찌하여 침묵 가운데 쇠약해지겠는가?**

욥은 자신의 의로움을 의지하는 사람들을 부르며 **자신과 함께 심판을 받자**고 합니다. 왜냐하면 그는 무엇이든 선한 것이 없기에 악한 것도 하나도 없다고 확신하기 때문입니다. 욥은 자기의 모든 의와 자기가 소유했던 모든 선한 것을 버렸기에, 자신이 모든 악 또한 버리게 되었음을 깨닫습니다. 그는 하나님께 속한 것이 아니라 우리에게 속한 것만을 심판하시는, **"내가 너의 의를 심판하리라"** 말씀하시는 하나님의 심판을 두려워하지 않는 것입니다.

욥은 **"어찌하여 내가 침묵 가운데 쇠약해지겠는가**(소멸되겠는가)" 하고 덧붙입니다. "나는 침묵합니다. 그리고 멈추지 않고 서서히 파멸될 것입니다."

20. **주여, 내가 주께 오직 두 가지를 구합니다. 그러면(그것을 들어주시면) 내가 주의 얼굴을 피하여 숨지 않을 것입니다.**
21. **주의 손의 무게를 나에게서 옮겨 주시고, 내가 주의 위엄에 두려워하지 않게 해 주십시오.**
22. **나를 부르십시오. 그러면 내가 대답할 것입니다. 아니면 적어도 내가 말하게 하시고 주는 나에게 대답해 주십시오.**

버림 받은 이 영혼은 극심한 고통 가운데 거룩한 담대함으로 말합니다. "**내가 오직 주님께 구하는 것은** 내게 두 가지 일을 행하지 않으시는 것입니다. 내가 더 이상 나의 오물로 덮이지 않도록, **주의 손을 내게 대는 것을 멈추어 주십시오.** 그리고 나의 일부를 이루는, 종종 나를 놀라게 하는 끔찍하고 피할 수 없는 이 **두려움을 가져가 주십시오.** 더는 주님으로부터 나를 숨기려 하지 않을 것입니다. 무의 존재인 나는 어느 것 안에서도 존속할 수 없고, 어떤 것도 두려워할 수 없습니다."

욥은 영혼의 확신을 가지고 다시 말합니다. 더 이상 아무것도 갈망하지 않으니, 무엇을 어떻게 두려워해야 할지도 모르겠다고 말입니다. "**나를** 주님께 **불러 주십시오. 내가 주님께 대답하겠습니다.** 내게는 이제 당신의 뜻 외에 아무것도 없습니다. 그러므로 나는 주님이 행하실 모든 것을 갈망합니다. 주의 의로 나를 부르사 벌하여 주십시오. 그렇지 않으면 주님의 자비로 용서해 주십시오. 무엇이든 상관없습니다. 나에게는 모든 것이 마찬가지입니다. 나는 주님의 자비뿐만 아니라 의도 사랑합니다. 그러니 내 안에서, 내게 주님의 뜻대로 행하여 주십시오.

아니면 차라리 내가 당신께 아뢰는 것을 허락해 주셔서 다음과 같이 말하게 해 주십시오. '나는 모든 것을 잃어버렸고 그게 무엇이든 어디에도 존재하지 않습니다. 그래서 더는 내 안에서 은혜를 인식하지 않습니다. 나는 이제 그런 은혜의 단계에 있기보다는 죄를 범하지 않는 단계에 있음을 깨닫습니다. 무의 존재는 죄를 범할 수 없습니다. 그래서 당신께 구하는 것입니다."

23. 내가 얼마나 많은 불의와 죄를 범하였습니까? 내가 내 죄와 허물들을 보게 해 주십시오.

이 단계에 이른 영혼은 자신이 어떻게 죄를 범할 수 있는지 간절히 알고 싶어 합니다. 내가 앞서 말한 바와 같이 자기 안에서 아무것도 발견하지 못한 그는, 또한 모든 능력이 제거되었음을 깨달으면서 자신이 많은 악을 저지를 수 있다는 사실조차 알지 못합니다. 이것은 교만해서도 아니고, 자기 안에서 어떤 의를 보기 때문도 아닙니다. 다만 어디에서도 자신의 존재를 찾지 못하기 때문입니다. 그는 모든 선하거나 악한 것 아래 있는 자신을 발견합니다. 그러면서 선이든 악이든 어느 것도 될 수 없음을 깨닫습니다.

그리고 자신이 이런 단계에 있음을 깨달은 영혼은 하나님께 기도합니다. 인간이 범할 수 있는 **허물의 본질을 보여 달라고**, 인간이 어떻게 하나님을 벗어나 심기를 상하게 할 수 있는지 알려 달라고 구합니다. 이것은 순수한 호기심이지만, 그것이 우리 자신에 관한 것이라면 불완전하게 보일지도 모르겠습니다. 욥은 자신뿐만 아니라, 다른 이들에게도 알려 주기 위해 이런 호기심을 가졌습니다. 이런 이유로 허물은 중요한 것이 아니었습니다.

24. 어찌하여 주께서는 내게서 주의 얼굴을 숨기시며, 어찌하여 나를 주의 원수처럼 여기십니까?

25. 주께서는 바람에 흩날리는 잎새에 주의 능력을 과시하시며, 마른 검불을 쫓아가십니다.

"나는 죄를 지은 것보다 더 비참해져 있습니다. 그리하여 내게는 고통을 느낄 수 있는 동물적인 부분만 남아 있습니다. 죄를 지을 힘도, 의지도 없습니다. 그런데 왜, 어찌하여 **내게서 주의 얼굴을 숨기심으로** 이렇게 나를 모질게 괴롭히십니까? **어찌하여 나를 주의 원수로 여기십니까?** 무가치한 존재가 어떻게 주께 대적할 수 있습니까?

슬프게도 나는 더 이상 존재하지 않는 것 같습니다. 동시에 당신이 나를 원수처럼 대하신다는 생각이 끊이지 않습니다. 그리고 다른 이들이 악의로 행하는 바로 그것을 나도 모르는 사이에 나의 연약함으로 인해 겪고 있다는 생각이 듭니다. 만약 주께서 나도 모르는 사이에, 주님을 불쾌하게 하는 어떤 일을 하게 하신다면, 그것은 나를 원수로 취급하시는 것이 아니고 무엇입니까?"

욥이 말하고자 하는 것을 제대로 이해하려면, 그가 처해 있는 상황을 이해해야 합니다. 그는 하나님과의 관계에서 전적으로 거룩한 상태였고, 사람과의 관계에서도 육체적으로 순수한 상태에 있었습니다. 우리에게는 동일하게 거룩하지는 않지만, 똑같이 죄가 없는 두 부분이 있습니다. 하나는 초자연적이고 거룩하며 그 안에서 하나님의 형상이 형성되는 모든 것입니다. 그리고 다른 하나는 전적으로 동물적이고 감각적인 모든 것입니다.

죄로 인해 우리 안에 있는 영적이고 신성한 것 속으로 악독이 흘러들어 가게 되었고, 아담으로 인해 그의 본질적 특성이 모든 것들(만물)에 스며들게 되었습니다. 상위의 영적인 영역과 하위의 육적인 영역이 결합되어 있기 때문입니다. 죄는 육적인 영역을 통해 들어왔습니다. 이 두 부분이 하나로 연결되어 있기 때문에 상위 영역이 육적인 영역에 의해 죄의 유혹을 받기가 쉽습니다. 하지만 상위 영역은 죄에 동의하지 않을 자유가 있었습니다. 상위 영역은 하위 영역과는 달리 올바른 위치에 있어 아직 섞이지 않은 상태이고 지금까지 그러하듯이 서로 혼동이 되지도 않았기 때문입니다.

그런 관점에서 아담은 너무나도 큰 죄를 지었습니다. 그는 다른 어떤 인간보다도 위대한 빛과 함께 있었는데도 의지적으로 죄를 범하였기 때문입니다. 하나님은 우리에게 육적인 영역으로 죄가 들어왔다는 것을 보여 주시려고 하위 영역을 상징하는 여자로 하여금 아담을 꾀어 죄를 짓게 만드셨습니다. 추측해 보건대, 하나님의 입김으로 상위 영역에 최초의 의가 전달되었듯이, 지옥 뱀의 쉭쉭거리는 소리에 하위 영역으로 죄가 미끄러져 들어온 것 같습니다.

하나님께서는 남자(사람)를 빚으신 후 그 속에 생기를 불어넣으시고, 하나님의 의를 품게 하십니다. 그런데 여자를 만드실 때는 남자에게서 취하여 빚으셨고 새 영을 불어넣지는 않으셨습니다. 하지만 그녀는 남자의 영으로부터 (하와는 처음부터 그것을 가지고 있었습니다) 하나님의 의를 받았습니다. 이렇게 하여 상위 영역은 하위 영역에 하나님의 의를 퍼트렸습니다. 하지만 죄에 있어서는 완전히 그 반대입니다. 뱀은 죄를 그 하위 영역에 불어넣습니다.

그러나 상위 영역에서 끊임없이 흘러나오는 것이 하위 영역에 영향을 미치지 못했을지라도, 하위 영역 안에 있는 것이 올라오는(역류하는) 것을 막아 주는 방벽이 있었습니다. 그리고 타락의 악독이 상위 영역으로 올라가려면, 반드시 상위 영역에서 자발적으로 그 문을 열어 주어야 했습니다.

그것만 아니었다면, 아담은 항상 죄가 없었을 것이고, 자신의 하위 영역에 그의 죄 없는 상태를 전해 줄 수 있었을 것입니다. 하위 영역은 아담 없이는 결백(죄 없는 상태)을 잃을 수 없으니 말입니다. 만일 아담이 죄를 범하지 않았다면, 즉 하와만 홀로 그 열매를 먹었다면, 그로 인해 최초의 죄 없는 상태를 상실하지는 않았을 것입니다. 죄 없는 상태의 손상은 오직 아담을 통해서만 일어날 수 있는 일이었습니다. 그것은 그의 의지에 그의 후

손들의 의지가 포함되어 있었기 때문입니다. 그러면 하와는 (육체적으로 죄를 범하더라도) 죄가 없는 상태로 있었을 것이고, 완전하고 충만한 지식과 확고한 의지를 뜻하는 불순종의 죄를 범하기 쉬운 존재가 되지 않았을 것입니다.

또한, 만일 아담이 자발적으로 그 문을 열지 않았더라면, 그는 악독에 오염되지 않았을 것입니다. 이것은 우리 몸의 구조로 다시 한 번 입증됩니다. 머리는 모든 지체에 영향을 끼치지만 그들로부터 어떤 영향도 받지 않습니다. 머리는 하위 영역의 이상이나 장애로 인해 생기는 약간의 우울증이나 망상 외에는 아무것도 받아들이지 않습니다. 그러나 그것을 전체적으로 잘 조절(조정)하고 거기에 아무 문제도 없다면, 그로 인해 해를 받는 일은 없을 것입니다.

우리는 이제 욥이 말한 상태에 이르렀습니다. 아담이 동의함으로 인해 두 영역이 혼합되었고, 하위 영역과 상위 영역이 그런 식으로 결합되면서 상위 영역이 하위 영역의 영향을 받게 되었습니다. 그리고 하나님께서 세우신 질서가 뒤집어져서 전에 아담이 하위 영역에 의를 전해 주었던 것처럼, 이제는 하위 영역의 죄로 인한 우울과 망상을 받아들이게 되었습니다. 이러한 혼란과 무질서는 모든 악의 원인이며, 하나님께서는 이것을 치유하기 원하십니다. 그리고 하나님께서는 사람을 죄 없는 상태로 회복시키기 위해 이와 같은 악의와 무질서, 혼란을 점차적으로 제거하십니다.

이 과업을 완수하시려고 하나님께서는 상위 영역을 하위 영역에서 분리시키신 후 아담이 열어 놓았던 문을 닫으십니다. 그 결과로 머리는 한동안 몸에 영향을 미치는 것을 완전히 중단할 뿐만 아니라, 상위 영역에서 하위 영역으로 아무것도 퍼지지 않고, 마찬가지로 하위 영역의 독 역시 더 이상 상위 영역으로 올라가지 않습니다.

그러면 상위 영역은 창조 당시의 죄 없는 상태로 있게 됩니다. 반면 하위 영역은 아무 구제도, 위안도 받지 못하고, 모든 악한 영향력 가운데 있게 됩니다. 심지어 상위 영역과 연결되어 있을 때보다 더 악의에 찬 것처럼 보입니다. 왜냐하면 그때는 하위 영역이 그 악한 기운을 상위 영역에 전염시켰을지라도, 여전히 상위 영역으로부터 어느 정도의 선한 영향력을 받았기 때문입니다. 하지만 이제 그 모든 악의와 함께 완전히 버림 받았고, 설명할 수 없는 괴로움에 시달리고 있습니다.

그러나 하위 영역이 자신을 마귀보다 더 악하게 여길지라도, 어디에서 죄를 찾아야 하는지 알지 못합니다. 왜냐하면 의지가 더 이상 연결되어 있지 않기 때문입니다. 의지는 그 모든 영향력과 함께 잠시 활동을 중단하고 억제하며 보류하고 있습니다.

상위 영역 혹은 상류는 마치 벽처럼 멈춰 있었지만 하위 영역(하류)은 완전히 말라 버렸던 요단 강의 갈라짐은 이것을 너무나도 잘 보여 줍니다(수 3:16). 이것은 아래쪽 물이 없어지지 않았던 홍해의 갈라짐과는 다릅니다(출 14:22). 그때는 잠시 동안만 갈라졌다가 죄를 삼키기 위해 다시 합쳐졌습니다. 또한 이것은 이 두 종류의 정결 의식 사이의 차이점을 보여 줍니다. 둘 중 요단 강은 상위 영역 전체가 하위 영역에서 분리되어 있어 조금도 연결되어 있지 않으며, 하위 영역은 악의 안에 머무르는데, 그것이 마귀 그 자체보다 더 해롭게 보입니다. 하지만 이 악의는 요단 강 하류의 물처럼 서서히 끊어집니다.

욥이 말하는 상태가 바로 이것입니다. 그는 한편으로 죄로 더럽혀지지 않은 자신을 보았습니다. 하위 영역만이 죄를 범할 수 있는데, 이제 하위 영역에 남아 있는 것이 아무것도 없습니다. 그러나 그는 다른 한편으로 상당히 육적인 상태의 자신을 발견합니다. 타락한 본성의 경험에 깊이 빠져 있고, 거기에는 최소한의 선도 섞여 있지 않습니다. 그는 자신이 하나님의 원

수처럼 여겨지고, 모든 귀신들보다 더 악하다고 생각합니다.

그래서 그는 바로 이것에 대해 불평하며 이렇게 말합니다. "내가 더 이상 존재하지 않고 나 자신에게서 분리되어 있다면, **어찌하여 나를 주의 원수처럼 여기십니까?** 그리고 나는 왜 아직도 이렇게 비참한 것입니까? 선한 것은 찾아볼 수 없는 완전한 악의 속에 처박혀 있는 내 모습을 봅니다. 그런데도 죄를 볼 수 없습니다. 내 안에 죄를 범할 가능성이 있거나 갈망하는 것이 아무것도 보이지 않기 때문입니다. 하위 영역이 악하게 보이는 만큼, 상위 영역은 그만큼 더 거룩해 보입니다."

하위 영역이 악의 가운데 있으면, 어쩐지 대단하다는 생각이 듭니다. 하나님이 그것을 포도주 틀에 넣어 모든 악의가 빠져나오게 하시기 때문입니다. 그때까지 자기 안에 이 모든 악의가 있다는 것을 깨달은 적이 없었기에 그처럼 추악하고 더러운 자신을 보는 것이 경악스럽습니다.

스폰지는 겉으로 보기에는 깨끗한 것 같습니다. 있는 힘껏 짜지 않으면 그 안의 더러운 것이 보이지 않습니다. 타락한 본성도 마찬가지입니다. 인간은 강하게 쥐어짜지 않으면 자기의 악의를 깨닫지 못합니다. 또 그 고통은 상상할 수 없을 정도입니다. 인간은 그 불순물들이 갑작스럽게 생겨난 것이라고 생각합니다. 하지만 그렇지 않습니다. 그것은 이미 영혼 안에 존재해 온 오래된 것으로 그동안 숨겨져 있었을 뿐입니다.

그들은 이렇게 말할 것입니다. "그렇지만 나는 이전에 한 번도 경험해 본 적 없는 혼란으로 시험을 당하고 있는 것처럼 느껴집니다." 이 말은 사실입니다. 그동안 본성에 속한 악의 가운데 숨어 있었기 때문에 그 존재를 알지 못했던 것입니다.

이제 하나님이 오셔서 그 악의를 끄집어 내시려고 그의 본성을 짓누르십니다. 그 안에 있는 더러움을 없애버리려고 돌진하십니다. 그러면 영혼은 몹시 놀라게 됩니다. 하위 영역과의 내적 교류가 모두 끊어졌을지라도, 시력은 사라지지 않고 그대로 있기 때문입니다. 그래서 하위 영역이 그 모든 악취를 감지하는 것처럼, 그는 모든 사악함을 보게 됩니다. 이러한 시력은 두 영역이 분리되어도, 눈에 띄는 불신 혹은 배신으로 성취된 것에 간섭하려 하지 않는 한, 문제가 되지 않습니다. 그것은 대단히 다른 상황입니다. 이런 이유로 하위 영역이 고통스러울수록 상위 영역은 더욱 평안하고 거룩해지는 것입니다.

하나님은 영혼의 본체에까지 침투해 있는 모든 더러움을 점차적으로 눌러 빼내십니다. 너무도 철두철미하게 더러움을 짜내시기 때문에 남아 있는 것이 아무것도 없습니다. 마치 스폰지를 강하게 짜는 것처럼 모든 더러움을 완전히 눌러 짜 버려서 이후로 더는 짜낼 것이 없도록 철저하게 제거해 버리십니다. 인간의 본질적 특성에서 비롯된 악의가 없을 때, 그렇습니다. 유혹들, 엄청난 고난이 우리의 영혼을 가차없이 짓누를 수도 있습니다. 하지만 더는 아무것도 나오지 않습니다. 그런 다음 진짜 악의 안에서 끄집어 낸 이러한 본성은 본래의 순전함을 회복합니다.

죄를 범한 아담의 타락에서 비롯된 모든 것이 그 영혼에게서 완전히 빠져나와 거룩한 것이든 자연적인 것이든, 이제 죄가 없는 아담 외에는 아무것도 남지 않습니다. 상위 영역은 거룩하고 순결해지며, 하위 영역은 본래의 순결한 상태로 돌아가게 됩니다. 그러면서 두 영역 모두 온전하게 죄가 없는 상태가 됩니다.

하나님이 이런 정결 작업을 그렇게 철두철미하게, 만족하실 만큼 행하시는 영혼들은 극소수입니다. 대부분은 스폰지를 살짝 눌러 짜내는데, 그들에게는 그토록 강력한 작업을 견뎌 낼 힘이 없기 때문입니다.

그러나 스폰지를 철저하게 쥐어짰는데도 고통스러워하지 않는 사람들이 있습니다. 그들은 자기 안에서 더 이상 죄책을 발견하지 않기 때문입니다. 여전히 밖으로 보이는 약간의 더러움이 있을지라도, 그것은 순전히 자연적인 것에서 생겨난 것이며 악의적이지 않아서 고통을 초래하지 않습니다. 이것은 마치 스폰지 위에 살짝 내려앉은 먼지를 가볍게 털어버리는 것과 같습니다. 하지만 본질적인 특성 중에 악의적인 것은 아무것도 남아 있지 않습니다. 외적인 불순물들은 활발함과 약간의 성급함에서 비롯된 잔재들로 단지 피상적이고 잠시 동안만 지속됩니다.

홍해의 물이 처음으로 갈라진 것을 이 마지막 분리와 본질적 특성의 정결에 적용하는 사람들이 많습니다. 하지만 그들은 크게 속고 있습니다. 그들은 내가 말한 첫 번째 분리만을 경험할 수 있었을 뿐입니다. 갈라진 물이 다시 섞인 후 모든 죄를 수장시킵니다. 이것은 다름 아닌 회개를 뜻하며, 처음에 생긴 얼룩만 제거합니다. 그러나 그들의 악의를 수장시켜 버려도, 물속에는 다름 아닌 죄의 연료(육신의 정욕과 그 영의 본질적 특성)가 되는 악의가 소멸되지 않고 숨겨진 채 그대로 있습니다. 이것이 바로 그들이 스스로 나가게 하지 않고, 즉 분리되지 않고 하나님이 정화시키시는 영혼과 다른 영혼의 차이점입니다. 나는 이 차이가 뚜렷하다고 생각합니다.

그러나 상위 영역이 거룩 가운데 있고 하위 영역이 자연계에 있게 되면, 하나님은 특별히 거룩하게 하신 영혼들을 모두 그분께 데려가거나 받아들이십니다. 하지만 그런 경우는 지극히 드뭅니다. 생각보다 훨씬 더 희귀한 일입니다. 그러나 하나님이 보기 드물게 그분의 영광을 위해 계획하신 자들, 곧 다른 사람들을 돕도록 선택하신 자들, 특별한 은총으로 독특하게 계획하신 자들에게는, 하위 영역 위쪽 상위 영역에서 중단된 모든 것이 사라지도록 허락하십니다. 그러면 이제 아담에게 속한 것은 아무것도 없습니다. 그것은 모두 제거되었습니다.

요단 강 하류의 물이 다 빠지자, 완전히 메마르고 깨끗한 강바닥만 남았습니다. 사도 바울은 이것을 다음과 같이 확실히 했습니다. "누구든지 그리스도 안에 있으면 새로운 피조물이라 이전 것은 지나갔으니 보라 새것이 되었도다"(고후 5:17). 즉, 죄를 범한 아담에게 속했던 모든 것이 사라졌습니다. 그리하여 이제 본래의 정결함만 남아 있습니다. 그리고 죄가 없는 상태인 아담의 강바닥에 아무것도 섞이지 않은 거룩한 물이 흐를 수 있게 되었습니다.

하위 영역은 상위 영역에서 흘려 보내는 것을 지속적으로 받습니다. 아무것도 돌려보내지 않습니다. 창조 당시의 질서 안에 있게 됩니다. 그리고 여기서 **전멸(자기 소멸)**의 과정으로 연결됩니다. 죄를 범한 아담에게 속했던 모든 것이 완전히 파괴되어 사라지고 오직 하나님만 남게 됩니다.

욥이 하나님께 "**주님은** 가장 약한 부분만 공격하시며 **잎새에 주의 권세를 과시하십니다**"라고 말했을 때, 그는 분리의 때, 곧 상위 영역과 단절된 채 하위 영역이 짓눌리는 시기에 있었습니다. **잎새가 바람에 흩날리듯이,** 바람이 불 때 흐르는 물이 서서히 마르는 것처럼, 하위 영역이 바싹 마르고 전에 위로를 주던 달콤하고 유익한 물을 빼앗기게 되었습니다. 그럼에도 이런 과정은 잎새에 대한 수고에 비교될지라도, 지속적으로 거룩한 능력이 가져오는 가장 큰 효과입니다. 또 어떤 사람은 이를 이르는 데 하나님의 능력이 필요하다는 사실을 믿지 않을 것입니다. 사람은 잎새가 아니지만, 끊임없이 하나님께 저항합니다.

마귀가 성 파콤[4]을 혼란스럽게 하려고 그는 물론 다른 많은 이들에

---

4) St. Pacome: 성 파코미오스라고도 함. 그는 이집트 초대 공동수도원 설립자였으며, 수많은 수도사들이 함께 생활하면서 성인의 공동수도제도를 따랐다. 서기 346년에 안식하였으며, 그의 콥틱 이름인 '파콤'은 '독수리'라는 뜻이다 – 역주.

게 잎새 하나를 커다란 밧줄로 묶어 끌고 가게 했다는 이야기가 있습니다. 저 악한 영이 그렇게 했다는 것이 사실이든 거짓이든, 이것은 좋은 예가 됩니다. 모든 악의 세력은 그 잎새를 끌고 갈수도 심지어 흐뜨러뜨릴 수조차 없습니다. 그것을 완전히 없애버리려면 하나님의 능력이 필요합니다.

욥은 덧붙여 말합니다. **"주께서는 마른 검불(짚)을 뒤쫓아가십니다."** 하나님은 온갖 종류의 십자가와 고난을 도리깨로 사용하셔서 짚에서 알곡을 거두시는 분입니다. 그분은 이처럼 알곡을 거두실 때, 이와 같이 메마른 짚은 하나도 남기지 않으십니다. 그것은 더는 수분이나 하늘의 도움을 공급받지 못합니다. 그렇다면 그분은 마른 짚을 어떻게 처리하십니까? 그분은 마른 짚을 **쫓으시는데** 그것이 완전히 사라질 때까지 멈추지 않으십니다. 하나님은 그것이 가축의 먹이나 깔짚이 되게 하십니다. 또 마른 짚은 퇴비가 되어 낟알을 썩게 할 뿐 아니라 낟알이 다시 발아하여 열매 맺는 데 기여합니다.

26. 주께서 나를 대적하여 대단히 쓰라린 것을 명령하시며, 내가 젊었을 때에 지은 죄들로 나를 멸하기를 간절히 바라십니다.

하나님께서 **영혼을 대적하여 명령하신 상당히 쓰라린 것들은** 그 영혼에게 지극히 복된 계획입니다. 그러나 그것은 하나님이 영혼을 멸하기 위해 세우신 상당히 잔인하고 가혹한 계획으로 보입니다. 그리고 그것은 오직 지극한 **쓰라림, 곧 괴로움으로** 달성할 수 있습니다.

영혼은 말합니다. **"주님은 내가 젊었을 때에 지은 죄로 나를 멸하기를 간절히 바라십니다."**

"당신은 오래전에 그 죄들을 정결하게 하셨습니다. 그러므로 주께서 이런 종말을 가져오시는 것은 내가 실제로 저지른 죄 때문이 아닙니다. 또한 모두를 겁먹게 하는 이 육신의 부패 때문도 아닙니다. 주의 선하심으로 나는 그것에 책임이 없기 때문입니다. 연약하고 감각적인 본성으로 내가 범하게 된 죄들 때문도 아닙니다. 주께서 그것들을 잊으셨습니다.

그것은 **내가 젊어서 저지른 죄악들,** 나의 인간적 본성, 곧 내 안에 죄를 범한 아담의 속성, 곧 태어날 때부터 죄성을 가지고 있기 때문입니다. 나이와 함께 힘을 얻은 죄성은 하나님께서 내 속에 두신 선함을 제거하고 오염시켰습니다. 주께서 지금 나를 파멸시키고 멸망시키시는 이유가 바로 이것입니다."

27. 주께서 내 발을 차꼬에 채우시고 나의 모든 길을 자세히 살피시며 나의 모든 행적을 면밀히 조사하셨습니다.

"**주께서 내 발을,** 다시 말해 주를 향해 나아가서 나를 완성시킬 수 있는 힘을 **차꼬에 채우셨습니다.** 내가 그것을 더 이상 사용할 수 없도록 묶고 조이셨습니다. 나의 모든 힘을 꽁꽁 묶으신 후에 내가 걷기로 선택한 모든 길, 나를 위해 갔던 그 길들, 곧 **나의 행적**과 내 행한 모든 일들을 **자세히 살피셨습니다.** 즉 주께서는 정죄하고 벌 주시려고 지금 나를 지켜보시는 것입니다."

28. 나는 썩은 것처럼, 그리고 좀 먹은 옷처럼 소멸되어야 하겠구나.

"그리고 그중에서도 내게 남아 있는 것, 곧 자기 위주의 삶에 속한 것들은 가장 끔찍하게 썩어 소멸되어야 합니다. 마치 좀이 옷을 갉아먹듯이 말입니다." 사람의 의복, 곧 드레스와 영광의 장식품에 좀이 슬면, 그것은 쓸모없게 됩니다. 심지어 완전히 망가집니다. 벌레 먹어 온통 조각난 의복을 부끄러워하지 않고 입을 수 있는 사람이 어디에 있겠습니까? 사람들은 벌레 먹은 옷이 닿는 것마다 망가질까 봐 무서합니다. 그래서 다른 옷들이 썩지 않게 하려고 그것을 버립니다. 우리가 행한 모든 선, 즉 인간의 본성적 특성이라는 벌레에 먹힌 결과가 이와 같습니다.

14장

1. 여인에게서 난 사람은 잠시 동안만 살 뿐이고, 많은 불행으로 가득합니다.
2. 그는 꽃처럼 피었다가 산산이 부서지고, 그림자처럼 달아납니다. 그리고 그는 결코 같은 상태로 머물러 있지 않습니다.

우리가 행한 가장 거룩한 행위는 **여인에게서 태어난 사람이라는 것입니다.** 이것이 우리 안에서 은혜로 수행되고 성취될지라도, 아담의 인간적 특성에 속한 불안전함과 연약함에 빠지게 됩니다. 이런 행위들은 거의 힘이 없습니다. 강하게 보일지라도, 잠시 동안만 지속될 뿐입니다. 그것도 **불결함과 비참함**으로 가득합니다. 그것은 마치 짚불 같아서 잠깐 치솟으며 크고 밝게 보이지만, 잠시 그 상태로 있다가 연기로 가득 차고 오직 암흑만 남게 됩니다.

이런 사람, 혹은 이런 행위는 **예쁜 꽃처럼** 향기롭고 기분 좋습니다. 아름답고 보기 좋습니다. 하지만 이내 우리의 남용과 자기애로 산산이 부서지고 파멸하게 됩니다. 그것은 마치 **그림자처럼 사라집니다.** 이러한 인간의 본질적 가치는 자주 변하고 **결코 같은 상태에 머물러 있지 않습니다.** 확고함이나 결단력 없이, 강함과 약함이 지속적으로 교체될 뿐입니다.

3. 주께서는 그와 같은 사람이 주님 앞에 불러 심판하시고자 관심을 기울일 만한 가치가 있다고 생각하십니까?

"주님, 무슨 이유로 **그런 종류의 행위를 지켜보시고 자세히 살피시다가** 나중에 **심판하시고 그토록 가혹하게 치실 만한 가치가 있다고 여기시는** 것입니까? 그처럼 작은 일, 즉 사람이 여자에게서 태어나는 것이 주께서 모든 관심을 기울이실 만큼 가치 있는 일입니까? 다른 모든 사람에게 자비를 베푸시면서 한 사람을 그토록 강력하게 멸하는 것이 주님의 유일한 목적이었던 것처럼 말입니다."

4. 누가 더러운 피로 태어난 자를 순결하게 만들 수 있겠습니까? 그 일을 하실 수 있는 분은 하나님 한 분밖에 없지 않습니까?

욥은 세상의 어느 것도, 피조물의 어떤 재간이나 노력도 아담 안에서 우리가 잉태되면서부터 발생하는 인간의 본질적 특성을 **멸할 수 없음을** 보여 줍니다. 이기적이고 사악한 모든 행위들이 우리와 함께 잉태되어 태어날 때부터 가지고 있습니다. 결과가 원인보다 나을 수 없고 시냇물이 샘의 근원보다 나을 수 없듯이, 오염되고 망가지고 부패한 원인은 오직 부패만 낳을 뿐입니다. 이런 이유로 피조물의 모든 행위는 그 자체로 살아가는 한, 아무리 아름답게 보여도 인간적 본성에 의해 그 내면이 상하고 부패하게 됩니다. 마치 과일이 겉보기에는 괜찮아 보여도 그 속에 벌레가 있는 것과 같습니다.

그러므로 은혜로 고상하고 고귀해졌을지라도 사람이 자기 영혼을 인간의 본질적 특성으로부터 완전히 정결해지게 할 수 있는 방법은 없습니다.

비록 그 영혼이 죄에서 정결하게 되었을지라도 말입니다. 사람이 행하는 행위의 원천과 기원 역시 인간적 본성이기 때문입니다. 그러므로 그런 식으로 더러움이 있는 모든 작업으로는 그 일이 발생한 근원을 완전히 정결하게 할 수 없습니다.

"오, 나의 하나님, 오직 주님만이 홀로 순결하시고 능력 있고 강하십니다. 영혼의 근원에 있는 사악함을 정결하게 **하실 수 있는** 분은 오직 **주님뿐**입니다. 하지만 주님은 오직 자신을 전적으로 내어 드린 영혼 안에서만 그 일을 행하시며, 자기 재간으로 그 일을 해 보려는 영혼들 안에서는 그렇게 하지 않으십니다. 오직 하나님만이 우리를 창조하실 수 있었습니다. 또한 우리에게서 이기적이고 사악한 본성을 가져가시고 우리를 근본적으로 정결하게 하실 수 있는 능력이 오직 하나님께만 있습니다. 오직 하나님이 정결하게 하지 않으신 것은 모두 진정으로 정결한 것이 아닙니다."

6. 그러니 그 사람을 조금 내버려 두셔서 그가 품꾼처럼 기다리고 기다리던 날이 될 때까지 쉬게 해 주십시오.

이 구절에는 두 가지 의미가 있습니다. 첫 번째는 욥 혹은 내면적인 사람이 하나님께 안식의 날과 상급이 임할 수 있도록 손의 무게를 조금 **제하여** 주실 것을 간청하는 것입니다. 그가 이런 식으로 말하는 것은 시험이 시작되면서 슬픔의 날들에 기쁨, 즐거움, 환희가 뒤따랐기 때문입니다. 그것은 어떤 사람이 철저한 상실과 결핍의 시간에 견뎌 낸 모든 고통을 한 번에 보상해 주었습니다. 따라서 품꾼이 모든 노역을 쉬고 그에 대한 보상을 받을 스 있는 노동의 끝을 **갈망**하는 것처럼, 그도 보상의 날을 갈망하고 사모

합니다. 이러한 갈망은 수고 가운데 있는 그를 크게 위로해 주고, 더 길고 온전한 즐거움을 누리기 위해 심지어 더 많은 수고를 바라게 만듭니다. 하지만 여기서는 그와 같은 모든 위안거리들이 거절당했고, 하나님께서는 쉬지 않고 치십니다.

또 두 번째로 다음과 같이 이해할 수 있습니다. 이것은 마치 욥이 자신의 죽음을 재촉하기 위해 자기를 버려 달라고 하나님께 간청하는 것처럼 보입니다. 욥은 "(그 사람을) 조금 **내버려 두십시오.**"라고 말했습니다.

오, 하나님, 이 사람에게서 손을 떼십시오. 그를 붙들지 마시고 혼자 두십시오. 그에게서 지각할 수 있는 주의 임재를 거두어 주십시오. 이렇게 주께 속한 것을 분리하셔서 그를 아무것도 아닌 존재가 되게 하시고, 그의 모든 존재를 상실하게 하소서. 그러면 그는 상실과 자아의 소멸 가운데 **안식**을 찾고, 부활과 새 생명의 날이 **올 때까지** 오직 당신 안에서 평온하고 고요하게 머물러 있을 것입니다. 이제 아담의 부패 속에는 이러한 평온이 없을 테니까요.

모든 악을 종결하고 모든 축복이 시작되는 날을 너무나도 간절히 기다렸습니다. 그날은 새 사람이 태어나는 날이요, **'옛것에 속한 것은 지나갔으니 모든 것이 새롭게 되는'** 날입니다(고후 5:17).

7. 나무에게는 소망이 있으니, 베어질지라도 다시 싹이 트고 그 가지들이 새로 돋아납니다.

8. 그 뿌리가 땅속에서 나이 들고, 그 줄기가 흙 속에서 죽게 될 때에,

9. 그것은 물의 영향력을 느끼며 다시 싹이 트게 될 것이요, 그것이 처음 심겼을 때처럼 가지들이 나올 것입니다.

나무가 베어져도, 거기에는 여전히 **소망**이 있습니다. 하지만 사람이 그것을 뿌리채 뽑아 버리면 아무것도 남지 않습니다. 사람도 마찬가지입니다. 그 사람을 베고 상처 입히는 것은 소용이 없습니다. 오히려 그의 인간적 본성만 돋보이게 하고 강화시킬 뿐입니다.

만약 그의 뿌리가 땅속에서 늙어 가야 한다면, 베어진 나무가 죽는 것처럼 오랜 선행으로 그가 겸손의 티끌(흙)이 되었을 때, 그리고 자신이 아무것도 아니라는 것을 깨닫게 될 때, 자신이 이를테면 썩은 줄기처럼 무익하다는 것을 알게 됩니다. 그렇지만 그는 물의 기운에 싹이 틀 것이며, 두드러진 은혜의 향기로 인해 죽음에서 일어나 완전히 새롭게 될 것입니다. 그러면 처음보다 훨씬 더 능력 있는 **가지들이 나오게 될 것입니다.**

오, 인간의 본질적 특성이여, 그대를 멸망시키기 위해서는 그대를 뿌리째 뽑아야 합니다.

10. 그러나 사람이 죽고, 쇠하고, 소멸되면, 부탁입니다, 그는 어떻게 됩니까?

11. 물들이 바다에서 흘러나오는 것처럼, 강이 완전히 비어 말라 버리듯이,

그러나 여전히 아담 안에 있는 사람의 행위들이 소멸되도록 인간의 본질적 특성이 죽으면, 그리고 자아에 속한 모든 것이 없어지게 되면, 상황은 상당히 달라질 것입니다. 그는 이제 늘 푸른 나무 같지 않을 것입니다. 그것을 베어 버리기 위해 무슨 조치가 취해졌든지 상관없이 말입니다.

그는 마치 **바다에서 흘러나오는 물**처럼 원천에서 끊어진 채 고여 있게 될 것인데, 여기서 영혼의 하위 영역으로 흘러들어가는 것은 조금도 없습니다. 또 이 강, 혹은 죄가 없는 아담에게 속한 부분은 위반자 아담에게서 받은 인간의 모든 본질적 특성에서 자유로운 상태입니다. 그 강바닥에는 위반자 아담의 것은 아무것도 남아 있지 않습니다. 모든 것이 사해(죽음의 바다)로 떠내려 가서 사라져 버렸습니다. 결코 다시는 돌아오지 못합니다. 이제 강바닥에는 그 흔적이나 기색조차도 없습니다.

12. 그리하여 사람이 잠든 후에 다시 일어나는 일은 없을 것이며 하늘이 녹아 없어지기까지 그는 잠에서 깨어나지 않을 것입니다.

욥은 말합니다. "죄인인 **이 사람은** 그렇게 잠이 들겠지만, 결코 깨어나지 않을 것입니다." 그는 이제 젊어지지 않을 것입니다. 자기 노력과 수고로 더는 기쁨을 누리거나 삶을 유지하지 않을 것입니다. 그에게서 인간의 본질적 특성의 뿌리가 제거되었기 때문입니다.

그는 이제 죄인으로 일어나는 일은 없을 것이지만, 죄가 없는 사람으로 일어나게 될 것입니다. 그에게 놋으로 보이던 하늘이 산산이 부서진 뒤, 앞서 설명한 것처럼 상위 영역에 보류되어 있던 것이 다시 거기로 흐르게 될 것입니다. 그러면 죽은 이 사람에게 예수 그리스도 안에서 새 생명이 주어질 것입니다. 이전에 예수 그리스도는 그 사람의 내면의 하늘에서 쫓겨났고 출입을 금지당했는데, 이제 그 문이 부서질 것이고, 그는 안식과 자유와 생명을 얻게 될 것입니다.

13. 오, 내가 지옥으로 내려가는 것을 허락해 주셔서 주의 진노가 지나갈 때까지 나를 거기에 숨겨 주십시오. 그리고 때를 정해 두시고 나를 기억해 주십시오.

욥은 두 가지를 구합니다. 그중 하나는 **하나님의 진노가 지나갈 때까지 지옥에 내려가 있게 해 달라는 것**입니다. 이런 상태로 고통당하느니 차라리 지옥에 있는 편이 낫다고 여기지 않을 자가 있겠습니까! **하나님의 진노의 때가 지나가기까지** 지옥에서 안식하고 위안을 얻기를 얼마나 간절히 갈망하겠습니까! 오, 하나님, 누가 그런 진노를 이해할 수 있겠습니까! 이 가련한 영혼이 그보다 차라리 끝없이 고통 받기를 바라는 마음은 얼마나 크겠습니까! 만일 이 영혼에게 선택권이 있다면, 그는 얼마나 크게 기뻐하며 지옥을 갈망하겠습니까! 또 만일 그것이 허락된다면, 그는 얼마나 많은 감사를 드리겠습니까!

하지만 영혼들이여, 당신들은 무엇을 구하는지 알지 못합니다. 지옥은 인간의 본질적 특성을 제거해 줄 수 없습니다. 오히려 그것을 당신 안에 보존할 것입니다. 인간의 본질적 특성을 멸할 수 있는 것은 오직 지옥보다 더 나쁜 이런 상태입니다.

두 번째로 욥은 자신의 구원의 때를 간절히 알고 싶어 합니다. 그러나 그에게서 모든 생각과 모든 갈망, 모든 성향, 모든 기질과 구원 받게 될 것이라는 모든 소망까지도 다 빼앗기 위해, 단호하게 거절당하게 됩니다. 그러므로 이와 같은 거절은 이 영혼에게 엄청난 순교의 고통이면서 여전히 하나님의 가장 큰 자비가 됩니다. 그러나 영혼은 고난이 지나가거나 끝나갈 무렵까지 알지 못합니다.

14. 사람이 한 번 죽은 후에 진실로 다시 살 수 있겠습니까? 변화가 임할 때까지, 고군분투하는 지금 이 자리에서 나는 기다릴 것입니다.
15. 주께서 나를 부르실 것이고, 나는 주께 대답할 것입니다. 주는 주의 손으로 행하신 일들에 주의 오른손을 펴실 것입니다.

욥은 **죽어서 멸망한 사람이 다시 사는 것**을 믿는 자가 있는지 묻습니다. 여기서 죽었다가 다시 사는 자는 죄인이 아닐 것입니다. 그는 예수 그리스도 안에 있는 새 사람입니다. 욥은 "나는 **날마다** 고난에 맞서 여전히 고군분투하면서 **변화가 임할 때까지,** 오직 하나님에게서 올 수 있는 그 변화가 이를 때까지 **기다릴 것입니다**"라고 말했습니다.

그러나 "이런 변화가 일어나면 **주께서 나를 부르실 것이고, 나는 주께 대답할 것**입니다. 주의 말씀으로 만물을 창조하신 것처럼, 무덤에서 나를 다시 불러 내셔서 내게 생명을 주시고 나를 새롭게 만드실 것입니다. 주님은 그때 내게 **주의 오른손을 내밀어** 새 생명을 주실 것인데, 그것은 **주님의 오른손으로 만드신** 나에게, 주를 위해 친히 창조하신 새 사람에게 주시는 말씀의 생명력입니다."

16. 주는 나의 모든 걸음을 세셨습니다. 그러나 내 죄를 용서해 주십시오.
17. 주는 내 죄들을 자루에 넣듯 숨기셨습니다. 그러나 내 죄악을 고쳐 주셨습니다.

"**주께서는 내 모든 걸음,** 즉 나의 모든 소행을 세셨습니다. 그러나 **내 죄들을,** 곧 내가 이 일들 가운데 행한 악들, 나의 본질적 특성들, 내가 훔친 것들을 **용서해 주십시오.** 이전에 **주님은 나의 죄들을 자루 속에 넣듯 숨기셨습니다.** 그리하여 그 죄들로 인해 더는 고통 받지 않게 해 주셨습니다. 그러나 주님은 평범한 호의를 베푸시는 것에 만족하지 않으시고, 내게서 모든 죄의 근원인 인간의 본질적 특성을 다 제거하심으로, 나의 죄악을 완전히 고쳐 주셨습니다."

18. 산이 무너져 스스로 파괴되고, 바위는 그 자리에서 옮겨지며,
19. 물이 돌들을 닳게 하며, 땅은 물의 범람으로 서서히 사라져 가니, 주께서는 사람도 그와 같이 멸하려 하십니까?

욥이 여기서 사용한 비유는 훌륭합니다. 산이 진동하여 계곡으로 흘러내림 같이, **바위가** 빠르게 굴러 떨어져 **그 자리에서 옮겨지는 것같이, 물이 돌들을 패이게 하는 것**같이, **홍수가 서서히 땅을 침식하여** 휩쓸어 가버리는 것같이, 내면의 사람도 그와 같이 **허물어집니다.**

이 구절은 하나님께서 자아를 소멸시키기 원하시는 사람을 인도하시는 방법을 알려 줍니다. 완벽의 정점에 서 있던 이 사람은 갑자기 큰 수치 속으로 떨어집니다. 이것을 경험한 다윗은 하나님께 이렇게 말했습니다. **"주는 나를 하늘로 들어올리셨습니다. 그런 다음 완전히 산산조각 내셨습니다"**(시 102:10). 이 사람은 자기 위치에 바위처럼 흔들림 없이 확고하게 세워졌다고 믿고 있다가 유혹의 바람이 불어오자 넘어지게 됩니다. 그는 자신이 고난으로 파괴되고 찢겨 지게 내버려 둡니다. 그 모든 것을 불굴의 용기로 견뎌 낼 수 있다고 믿는 것입니다.

범람한 물에 신속하게 휩쓸려 가버리는 땅처럼, 그는 자신이 행한 모든 선이 순식간에 떠내려가 버리는 것을 보게 됩니다. 나아가 그것은 반역적인 정욕의 홍수와 유혹에 최종적으로 소멸해 버립니다. 욥은 하나님께 이것이 사람을 인도하시기로 결정한 방법인지, 사람을 이런 식으로 멸하기를 원하시는지 질문합니다.

20. **주께서는 그가 영원히 사라지게 하시려고 그에게 힘을 조금 더하셨습니다. 그리고 그의 본성을 변하게 하신 다음, 그를 내쫓으실 것입니다.**

욥은 자신의 질문에 스스로 대답합니다. 그는 사람의 본질적 특성이 **오직** 극도의 고통으로만 제거되는데, 하나님이 이것을 독특한 방식으로 사용하신다는 것을 보여 줍니다. 먼저 **하나님은** 그 사람을 그분의 은혜로 **강하게** 하시지만, 그것은 **영원히 지속될 것 같은** 파멸 속으로 신속하게 **사라지게 하시기 위함입니다.** 그분은 때로 사람의 본성과 그가 처한 상황을 바꾸십니다. 하지만 결국에는 그가 자기 자신에게서 **완전히** 빠져나오도록 **그를 내쫓으십니다.** 그렇지 않으면 그 사람에게서 본질적 특성을 뽑아내셔서 그가 오직 하나님께 빠져 있게 만듭니다.

21. **그의 아들들이 귀족이든지 혹은 평민이든지 그들은 알지 못할 것입니다.**
22. **그러나 그럼에도 그의 육신이 살아 있는 한 그는 고통당할 것이며, 그의 영혼은 자기 자신에 대해 애통할 것입니다.**

그가 한 일들이 선하든 악하든, 고상하든 천하든, 또 그가 정말 중요하고 멋진 일들을 하고 있든, 가장 낮고 수치스러운 일을 하고 있든, 그것이 그를 괴롭게 하지 않을 것입니다. 그가 모든 것에 대해 죽고 하나님께 사로잡혀 자기 자신에게서 완전히 구원받게 되어도, **그는 깨닫지 못할 것입니다.** 그에게는 하나님의 뜻 안에서 모든 것이 같기에 자기 자신에 관해서는 아무것도 알지도 느끼지도 않을 것입니다.

그러나 그에게 **육신적인** 것과 아담의 부패에 속한 것이 남아 있는 한, **그는 고통받을 것이고** 고통에 민감해질 것입니다. 그리고 **그의 영혼은** 자기의 파멸을 두려워하며 **자기 자신에 대해 애통할 것입니다.** 그러나 그 영혼이 완전히 죽게 되면, 더 이상 고통받지도, 자기 자신에 대해 염려하지도 않을 것입니다. 두려움이나 갈망도 없고 자기 자신에 대한 관심도 없을 것입니다. 다른 것들처럼 자신의 황폐함에도 무관심하게 될 것입니다. 만약 이 영혼이 황폐함 속에서 하나님의 영광과 진정한 기쁨을 발견할 수 있다면, 그것에 대해 심지어 웃게 될 것입니다.

15장

1. **그 후 엘리바스가 욥에게 대답했다.**

4. **"네가 할 수 있는 한 모든 두려움을 없애 버렸고, 주께 드려야 할 기도를 없애 버렸구나.**

5. **네 죄악이 네 입을 가르쳤고, 네가 신성모독 하는 자들의 이야기를 따라하고 있다.**

보통은 자기 감정을 꾸밈없이 솔직하게 이야기하는 사람들에게 이런 질책을 던집니다. 그들은 자기들의 구원에 대해, 심지어 그것을 구하는 것에 무관심을 보이는데, 그것이 진정으로 하나님을 기쁘시게 한다면, 영원토록 고통 받는 것에 만족합니다. 이런 극단적인 신앙은 하나님을 멸시하는 것입니다. 그런 사람들은 하나님을 거스르는 것을 두려워하지 않는다고 비난을 받습니다. 하나님께 기도하는 것을 경시한다는 말을 듣습니다. 심지어 **그런 기도를 없애버리기까지** 하고, 그들의 악함을 바로잡고 고치는 온갖 수단과 방법을 거절한다는 말을 듣습니다. 마치 하나님의 모든 뜻에 맡겨 드리고 기꺼이 고통 받는 것이 고침 받게 해 달라고 간청하는 것보다 나쁜 것이라고 말하는 것 같습니다.

질책하는 자들은 여기에 더하여 죄, 곧 방탕과 마음의 **죄악**이 입술에까지 이르렀다고 선언합니다. 또 그들은 하나님을 온전히 신뢰하는 것을 신앙심이 없다고 하고, 자기를 포기하는 말들을 **신성모독**이라고 정죄합니다.

7. 네가 맨 처음에 창조된 사람인가?

8. 너는 하나님의 계획 안으로 들어가 본 적이 있는가?

9. 우리는 알지 못하는데 네가 아는 것은 무엇인가? 또 우리는 모르는데 네가 깨달은 것은 무엇인가?

그들은 계속해서 이 고난 받는 사람에게, 좀처럼 이해되지 않는 말들을 하면서 **모든 사람보다 앞서 존재했느냐고** 묻습니다. 그들은 욥에게 묻습니다. **"네가 하나님의 계획 안에 들어가 본 적이 있는가?** 또 실제로 그분이 다른 사람들과는 나누지 않으시는 것들을 너에게는 알려 주신 적이 있는가? **하나님이 우리에게는 모르게 하시는 것들을 네가 알고 있는가?** 우리가 그것에 관해 너만큼 알지 못한다는 것인가?"

오, 눈이 먼 불쌍한 자들이여! 하나님께는 헤아릴 수 없는 소통 방법이 있지 않으십니까? 그분은 그분의 비밀을 작은 자들에게 드러내시려고 지혜로운 자들에게는 숨기지 않으십니까?(눅 10:21) 만일 하나님이 소통하시는 데 매이고 제한받으시면, 하나님이 아니신 것입니다.

오, 하나님은 자기가 소멸된 영혼에게 아무도 깨닫지 못한 많은 것들을 얼마나 많이 이해하게 해 주시는지요!

13. 어찌하여 하나님을 대적하여 네 자신을 높이고 그토록 이상한 말들을 입 밖에 내기까지 하는가?

15. 주께서는 심지어 그분의 거룩한 자들 가운데서도 변하지 않는 자가 아무도 없음을 아시고, 그분의 눈에는 하늘도 깨끗하지 않다.
16. 죄악을 물처럼 마시는 혐오스럽고 쓸모없는 인간은 얼마나 더 그렇겠는가!

그들은 여전히 욥과 내면적인 사람들을 참을 수 없이 교만한 자들이라고 비난합니다. 또 욥의 단순함과 순결함을 엄청난 오만이라고 여깁니다. 힘을 다해 하나님의 광대하심을 선포하고, 전부를 하나님께 드리기 위해 피조물의 모든 것을 제거하면서 철저한 자기 소멸과 비참함의 무게에 짓눌린 사람을 하나님을 대적해 자신을 높인다며 비난하는 것은 이상한 편견 아닙니까?

그런데도 대부분 이렇게 비난합니다. 그들은 어떤 사람이 하나님께 사로잡힌 영혼에 대해, 그 영혼의 무신경함과 하나님에 대한 확고함에 대해 이야기하는 것을 참을 수 없어 합니다. 그들은 **"거룩한 자들 가운데서 변하지 않는 자가 아무도 없다"**고 선포합니다. 이 땅의 성도들도 정말 그러합니다. 그들은 그들의 거룩함 안에 있기 때문입니다. 또 대단한 존재이기에 늘 변할 수 있는 것입니다.

그러나 이미 죽어 더 이상 자기가 존재하지 않기에 변하기 쉽고 불확실한 것들을 모두 잃어버린 자아가 소멸된 사람들의 경우에는 그렇지 않습니다. 불변하시는 하나님이 변하지 않는 보잘것없는 존재 안에 거하시기 때문에 이제 그들은 오직 무가치한 상태에서만 존재하는 것입니다.

(자아가 소멸된 사람들은 그들의 자유를 사용하여 무가치한 상태에서 빠져나가지 않습니다. 그렇게 하지 않으면 이 땅에 사는 한, 그들도 위에서 말한 대로 될 수 있기 때

문입니다.)

비난하는 자는 **"하늘도 깨끗하지 않습니다"**라고 덧붙입니다. 이 영혼들은 모두 그 모습이 천상의 존재처럼 보이지만, 여전히 인간의 본질적 특성은 **깨끗하지 않고** 범죄자 아담의 어떤 속성이 여전히 그들 안에 있습니다. 하지만 보잘것없는 존재는 더 이상 더럽지도 순결하지도 않습니다. 어디에도 존재하지 않습니다. 그런데도 비난하는 자들은 이 보잘것없는 존재를 혐오스럽고 쓸데없다고 여깁니다.

오, 복된 보잘것없는 존재여! 그대는 혐오스럽지 않습니다. 더 이상 자기 안에 존재하지 않기 때문에, 당신에게는 악의도, 자기 의도 없습니다. 오직 하나님만 당신 안에 거하십니다. 아니, 당신은 아무것도 아니기에 '당신' 이란 말 대신 '그것' 안에 거하신다고 해도 되겠습니다.

이제 순결함도 불결함도 없는 당신에게는 만물과 모든 공간에서 발견하게 될 하나님의 순결함과 정결함과 거룩함이 있습니다. 당신은 쓸모없거나 열매 맺지 못하는 존재가 아닙니다. 하나님은 바로 이 보잘것없는 존재를 통해 가장 위대한 일들을 행하십니다.

그러나 사람들은 순전한 영혼들을 비난합니다. 그들을 **혐오스럽고 쓸모없는** 존재라고 합니다. 가장 악하고 부정하며, 자기들의 상태를 망각했다고 비난합니다. 또한 더 이상 존재하지 않기에 아무것도 질책할 수 없는 변하지 않는 양심 때문에 **죄악을 물처럼 마신다**고 말합니다. 죄악의 근원인 인간의 본질적 특성이 제거되었으니, 결국 죄악의 행위, 곧 결과들이 사라졌는데도 말입니다.

18. 지혜로운 자들은 그분을 인정하고 침묵하지 않는다.

19. 오직 그들에게만 땅이 주어지고, 그들 가운데로 지나가는 이방인이

아무도 없을 것이다.

이 잔인한 친구는 말했습니다. "지혜롭고 현명한 사람들은 하나님의 위대하심을 **인정**하고, 그분 앞에서 **침묵하지 않습니다.** 그런데 당신은 그분 앞에서 침묵하며 머물러 있고 싶어 합니다. **하지만 오직 지혜로운 자들에게 이 땅의 소유권이 주어진 것을** 깨달으십시오." 그들은 이처럼 자기 자신으로 가득하여, 자기들 안에만 거하고 자기들에게는 낯선 것이 아무것도 없다는 말을 들을 수 있습니다. 그들은 자기들의 거처를 소유한 자들입니다.

고난 받는 이 가련한 자는 암묵적으로 대답합니다. "인정합니다. 그렇습니다. **지혜로운 자는** 온전히 **자기 자신을 소유합니다.** 하지만 나처럼 어리석고 불쌍한 자는 오직 하나님만이 자기들을 온전히 소유하시게 하려고, 자신의 소유권을 상실합니다." 이런 자들은 하나님께 자리를 내어 드리고 그 소유권을 침해하지 않습니다.

22. **악한 자는 사방에서 오직 칼만 보면서 자신이 어둠에서 빛으로 돌아올 수 있음을 믿지 않는다.**
23. **빵을 구하려고 일어날 때에, 그는 자신이 곧 어둠의 날에 압도당하게 될 것을 깨닫는다.**

고통 가운데 있는 사람을 고난 받고 있다는 이유로 **악하다**고 비난하는 것은 참으로 모욕적입니다. 오, 나의 하나님! 주께서 진정으로 범죄자 중 하나로 여겨지길 바라시며 이 십자가를 거룩하게 하지 않으셨다면, 십자가를 견디기가 얼마나 힘들었을까요! 그럼에도 거룩을 가장 진실되게 보여 주는 십자가는 타산적이고 세속적인 사람들의 마음속에서 죄의 상징으로 여겨질 필요가 있습니다.

세속적인 사람들은 이 영혼이 겪고 있는 큰 슬픔을 정죄합니다. 이 영혼은 전적인 자기 포기와 너무나도 끔찍한 어둠 속에 있는 자신을 보면서 결코 다시는 빛 속으로 들어가지 못할 것이 분명하다고 믿게 됩니다. 세속적인 사람들은 심지어 이것을 영벌의 징조라고 여기기까지 합니다.

오, 세상의 지혜로운 자들은 참으로 눈먼 자들입니다. 그들은 하나님이 이 영혼의 방종을 눌러 없애시려고 이런 시련을 허락하셨다는 것을 알지 못합니다. 어쨌든 우리가 믿던 상황이 곧 끝나고 더 풍성한 은혜가 뒤따를 것이 분명하다면 자기를 포기하는 것이 어렵지 않을 것입니다. 그러나 가장 고통스러운 상황에서 언제든 구원받게 될 것이라는 소망이 보이지 않을 때, 우리 자신을 하나님께 내어 드리는 것은 완전한 자기 포기입니다. 하지만 지혜로운 자들은 바로 이것을 정죄합니다.

지혜로운 자들은 여전히 이것을 영벌의 표시라고 여기는데, **도처에서** 모순과 박해의 **칼**이 이 영혼들을 따라다니고, **먹을 것**과 도움을 구할 때 아무것도 얻지 못하며, 사방이 온통 어두침침하기 때문입니다. 하나님이 그들에게 베풀어 주시는 가장 큰 은총이자 가장 확실한 사랑의 증거인데도, 눈먼 지혜자들에게는 영혼들이 저지른 죄에 대한 징벌을 받는 것처럼 보입니다.

16장

1. **그러나 욥이 그들에게 대답했다.**

2. **"너희는 모두 형편없는 위로자들이구나.**

4. **너희 영혼이 나와 같은 상태라면 좋을텐데!**

5. **나는 내 말로 너희를 위로해 줄 것이고, 아니면 너희에게 고개를 가로 저었을 것이다.**

감당할 수 없는 슬픔을 견뎌 내는 사람에게는 대단한 인내심이 필요합니다. 마땅히 그의 슬픔을 위로하고 덜어 주어야 할 사람들에게 그처럼 많은 모욕을 당하며 동요하지 않으려면 그만큼 대단한 인내심이 있어야 할 것입니다.

욥은 이렇게 말했습니다. **"당신들은 모두 형편없는 위로자들입니다.** 당신들의 위로는 나의 모든 고통보다도 못한 것입니다. **당신들의 영혼이 내가 있는** 바로 그 포도주 틀 **안에 있으면 좋을텐데! 나는** 당신들을 모욕하고 비방하는 대신 **위로했을** 것이고, 당신들의 슬픔에 함께하겠다는 증거를 보여 주려고 노력했을 것입니다. 만약 **당신들이 나에게 한 것처럼 내가 당신들을** 대했다면, 내가 주는 위안이 당신들의 슬픔보다 천 배나 더 참을 수 없는 것임을 알게 되었을 것입니다."

6. **내가 어떻게 하면 좋겠는가? 말한다고 내 슬픔이 사라지지 않을 것이요, 또 내가 침묵한다고 그것이 나를 떠나지 않을 것이다.**
7. **이제 내가 슬픔에 억눌리고 사로잡히니 내 몸의 모든 지체가 쇠약해졌다.**

"오, 하나님, 사방에서 나를 에워싸고 있는 이 많은 악들 사이에서 내가 무엇을 할 수 있겠습니까? 내 **슬픔에 대해 말한다면,** 그것은 사라지기는커녕 오히려 커질 것입니다. 사람들에게 내 슬픔에 대해 말하면 그들은 그것을 오해하고 감정이 상하여 더 심하게 박해합니다. 이것이 이 가련한 영혼들의 가장 큰 고통 가운데 하나입니다. 그러므로 **내가 침묵하면,** 즉 계속 잠잠히 있으면, **슬픔이 나를 떠나지 않을 것입니다**. 나는 도무지 침묵하는 법을 모릅니다. 만일 내가 침묵할 수 있다면, 그것이 내게 위안이 될 것입니다.

하지만 내가 거의 소진되고 **소멸될 정도의 슬픔이 나를 사로잡고 억누르는 지금** 잠잠해야 하는데도, 나는 불평해야만 하겠습니다. 나의 애가는 고통을 가중시킬 뿐입니다. 나는 내 악함에 대해 말할 수 없습니다. 그런데도 내가 그것에 대해 불평하면 그 악한 것들이 강해집니다."

8-9. **내 피부에 나타나는 주름들이 나를 대적하는 증거이며, 동시에 한 사람이 내 앞에서 거짓된 말들로 나를 반박하고 반대하기 위하여 일어선다.**

10. **나를 향한 그의 분노가 커져 이를 갈며 나를 협박하고 내 원수가 나**

를 끔찍한 모습으로 바라본다.

피부에 나타나는 주름은 감출 수 없을 만큼 뚜렷하고 확실하게 겉으로 드러나는 흠입니다. 또 그 영혼을 대적하는 증언을 해서 자기는 물론 다른 사람이 보기에도 엄청난 수치를 줍니다. 사람들은 이 영혼을 불쌍히 여기며 오직 그의 자아를 소멸시키기 위해 하나님이 이 흠을 허락하셨다고 보기는커녕 지나치게 화를 냅니다. 그들은 이런 사람들, 달리 말해 충분히 고난 받는 이들을 대적하는 데 보이는 대단한 열심에 만족하지 않습니다. 자기들에게 아무 해도 끼치지 않는 그들을 **협박하고**, 분을 가지고 그들을 대하며 어디서나 그들을 비난합니다. 죄가 없는 그들을 많은 것으로 고소하고 그들의 순수한 행위들을 나쁘게 해석합니다.

게다가 그들은 이 영혼들에게 반박하려고, 곧 단순한 사람들이 쉽게 빠지는 덫을 교묘하게 설치하려고 함께 모여 일어섭니다.

11. 그들이 나를 대적해 입을 열었다. 그들은 무자비하게 질책하며 내 뺨을 내리쳤고, 내 고통에 만족해한다.

이 말은 진정한 의미에서 예수 그리스도에게 적용되는 것이지만, 특별히 하나님께 속한 사람들이 경험하는 내적, 외적 박해를 설명하는 데도 적용할 수 있습니다. 외적 박해는 그들에 대해 **거짓으로 비난**을 가하는 것입니다. 그러나 그것은 그들의 **뺨을 때리는** 것과 같아서 그들의 평판을 떨어뜨리고, 그렇게 그들의 얼굴을 당혹감으로 덮어 버립니다. 사람들은 심지어 이 영혼들이 고통 받고 학대 당하는 것을 볼수록, 그들의 고통을 **만끽하며** 더 만족해합니다.

내적 박해는 사도 바울이 말한 **사탄의 사자**와 같은 것입니다(고후 12:7). 이것은 그 사람의 **뺨을 때리는데,** 이런 식으로 그에게 많은 고통을 안겨 줍니다.

12. 내가 전에는 온갖 부를 다 누렸는데, 나중에 갑작스럽게 억압을 당했다. 주께서 내 목을 잡고 나를 산산조각 내셨으며 그분의 과녁으로 삼으셨다.

이 말은 욥이 자기에 대해 모든 것을 요약한 것과 같습니다. 그는 "이전에 나는 가장 부자였고 은사와 은혜와 은총과 덕망과 영적 부요함으로 사람들 가운데서 가장 만족스러운 자였습니다. 그러나 하나님께서 갑자기 이 모든 것을 빼앗아 가셨습니다"라고 말했습니다. "그분이 나를 빈곤에 빠뜨리셨습니다. 나를 억압과 비참함 속에 던져 넣으셨습니다. 나의 상위 영역을 잠시 붙들어 두셔서 하위 영역과 내적으로 교류하지 못하게 하셨습니다. 그분은 나를 철저하게 산산조각 내셨습니다. 그렇게 하여 내가 그분이 영혼들 안에서 행하시는 작업의 영원한 표증이 되게 하셨습니다."

13. 하나님께서 나를 그분의 창끝으로 포위하시고, 사방에서 내 허리를 찌르셨다. 그분은 나를 불쌍히 여기지 않으셨고, 내 창자를 땅에 흩어버리셨다.

이는 사람이 **화살**과 불에 에워싸인 **상황**입니다. 오, 하나님, 이것을 경험하지 않고 이 고통을 이해할 자가 있을까요? 창은 사도 바울이 경험한 것처럼, 탐욕의 극악무도한 공격으로 허리에 상처가 날 때까지 포위합니다. **하나님은** 그분이 치는 자를 **불쌍히 여기지 않으십니다.** 사람이 탄원하고 자신을 방어할수록, 하나님께서는 더욱더 냉혹해지시는 것 같습니다. 이것은 사도 바울에게 말씀하신 것과 같습니다. **"내 은혜가 네게 족하도다. 이는 내 능력이 약한 데서 온전하여짐이라"**(고후 12:9). 그리고 욥은 이렇게 덧붙입니다. **"그분은 내 창자를 땅에 흩어버리셨습니다.** 곧 내 안에 숨겨져 있는 것들, 치욕과 수치를 드러내셨**습니다."**

14. **주께서 나를 갈갈이 찢으시고 잇달아 내게 고난을 보내셨다. 거인처럼 내게 엎드리셨다.**
15. **나는 맨살에 거친 베를 두르고, 재로 내 몸을 덮었다.**
16. **내 얼굴은 너무 울어서 부어 있고, 시력이 희미해졌다.**
17. **나는 내 손을 불의로 더럽히지 않았는데 이 모든 고난을 당했다. 하나님께 순전한 기도를 드렸을 때, 그렇게 되었다.**

참으로 하나님은 (사람이 전적으로 하나님께 자신을 내어 드릴 때) 이미 보내신 **고난 위에 새로운 고난을 보내는 것을 즐거워하시는 것 같습니다.** 그분은 상하게 하신 후에 곧바로 더 깊은 상처를 만드십니다. 만일 어떤 사람이 자신의 상처를 살펴보다가 아직 건강해 보이는 부분을 조금이라도발견하게 되면, 하나님은 바로 그곳을 더 강한 힘으로 치는 것을 즐거워하십니다. 그래서 온몸이 상처로 덮여 건강하거나 온전한 부분이 없으면, **새로운 상처**를 만드시는데, 나중에 생긴 상처가 훨씬 더 심합니다. 그 후 **하나님은** 그를 내던져 티끌로 만드**시려고 이 영혼 위에 거인처럼 임하십니다.**

이런 애정 어린 잔인함과 오직 자신만을 기뻐하시는 오, 거룩한 연인이여, 주님은 사랑하는 자에게 무수히 많은 상처를 주시고도 다시 오셔서 그를 내던지지 않으시면 만족하지 않으시고, 그처럼 모든 대적에게 기회를 주셔서 그를 억압하고 짓밟아 티끌이 되게 하십니다! 원수들은 의기양양하여 주의 모든 종들을 모욕할 것입니다. 하지만 이것은 대수로운 일이 아닙니다.

욥은 이렇게 말했습니다. "나는 이 영혼이 이런 식으로 취급받기를, 그리하여 하나님께서 그 영혼에게 긍휼을 베풀지 않으시기를 갈망합니다. 나는 상처를 숨기고자 했습니다. **맨살에 거친 베를 둘렀고,** 상처들이 보이지 않게 했습니다. 나는 무의 티끌 아래서 **수치**를 당했습니다. **눈이 붓고 흐려질 때까지 울었습니다.** 그러나 이 모든 것이 나의 심판자를 진정시키지 못했습니다. 오히려 그분의 혹독함을 가중시켰을 뿐입니다."

오, 욥이여, 하나님의 기쁨이 되기 위해 선택 받은 사람의 자녀들이여, 당신들은 거룩한 공의의 희생물입니다. 하나님의 공의는 당신들 위에서 그 힘을 발휘하는 것을 즐거워하십니다. 죄인들은 긍휼히 여김을 받지만, 당신들에 대해서는 어떤 긍휼도 없이 모든 분노의 화살에 노출되는 것을 즐거워하십니다.

여기서 욥은 우리에게 하나의 진실을 보게 합니다. 그것은 이러한 상태가 사람이 하나님을 대적할 때 발생하는 것이 아니라, 그 영혼이 가장 순전할 때, 하나님께 더욱 헌신되고 연합되었을 때 발생한다는 사실입니다. 왜냐하면 이것은 연약한 자를 위한 시험이 아니라, 가장 힘 있고 순전하며, 기도가 매우 장엄한 열려 있는 자를 위한 것입니다.

18. 오, 땅아, 내 피를 덮지 말고 내 울음이 네 품에서 숨막히게 말아 다오.

19. 보라. 나의 증인이 하늘에 계신다. 내 마음 깊은 곳을 아시는 이가 가장 높은 곳에 계신다.

너무나 무거운 고통의 무게에 짓눌리고 끔찍한 시련 가운데 있는 영혼은 그 자체로 극심한 증오를 느끼기 때문에, 최소한의 위로를 지옥보다 더 두려워합니다. 영혼 안에 행동할 수 있는 힘이 남아 있다면, 그 영혼을 가장 무서운 치욕으로 떨어지게 할 것입니다. **오, 땅아, 내 피를 덮지 말아 다오.** 나의 불행이나 수치의 근거를 숨기지 마라. 나의 학대와 상처가 모든 사람에게 알려지게 하라.

"나에게 그것은 문제가 되지 않습니다. 도리어 내가 소원하는 바입니다"라고 이 영혼은 말합니다. "나의 슬픔의 **소리**가 당신 안에서 어떤 피난처도 찾지 못하게 하시고, 내가 모든 사람들에게 버림 받게 하소서. 하늘과 땅에 나를 위한 구원과 도피처가 없게 하소서. 오, 이것이 내가 원하는 바입니다. 만약 내가 무엇을 갈망할 수 있다면, 나는 모든 불행을 소망할 것입니다. 그러나 어떤 악도 내게 미칠 수 없습니다. 그래서 스스로에 대한 증오심 때문에 나는 불행을 더 간절히 바라지도 않게 됩니다."

"하지만 이처럼 이상한 상황을 누가 이해하겠습니까? **오직 하늘에 계신 그분, 나의 유일한 증인**이시며, 나의 심판자이시고, **내 마음 깊은 곳**과 나를 몰락시킨 상황을 **아시는 그분만이 이해하실 수 있습니다.** 다른 사람들은 이를 보지도 못하고 심판자도 아닙니다. 나에게는 오직 그분만 아시는 것으로, 그분이 나의 **증인**이시요 **심판자**되시는 것으로 충분합니다."

오, 사랑이여! 당신을 사랑하는 자들의 영혼 속에 이처럼 순수한 사랑을 만드신 분이 당신 말고 또 누가 있겠습니까? 주님은 **하늘보다 높이 계실지라도**, 가장 혹독한 시련을 통해 친히 예비해 놓으신 심령들을 즐거워하십니다.

20. **내 친구들은 오직 말들뿐이구나. 그러나 내 눈은 하나님 앞에서 눈물로 녹는다.**

"가장 친한 **친구인** 이들은 나에게 **오직 말뿐**입니다. 그들의 말은 내가 느끼는 것과 너무나도 동떨어진 것이어서 그들의 말에 주의를 기울이지 않으며, **내 눈**과 믿음, **눈물**과 나의 슬픔을 오직 **내 하나님께 쏟아내고** 있습니다. 내 슬픔이 과도하지 않기에, 그리고 그로 인해 내가 소멸되는 것이 끝나지 않았기에 심하게 근심할 뿐입니다. 오, 언어여, 도대체 누가 너를 이해하겠는가?"

17장

1. **"내 생명이 쇠하고, 나의 날수가 줄어들 것이니, 이제 나에게는 무덤에 들어가는 것밖에 남은 것이 없구나.**

자기 위주의 삶에서 분리될 준비가 다 되면 그 영혼의 생명이 **쇠하고** 너무나도 견디기 힘들어져서 결국 멸망하게 될 것을 인지하기 시작합니다. 영혼은 생명이 서서히 자신을 떠나고 있음을, 자신을 버리고 있음을 감지합니다. **무덤에**서 티끌이 될 때가 오직 한 걸음밖에 남지 않았다는 것을 압니다.

욥은 깊은 슬픔으로 가득하고 자신의 영혼이 지나고 있는 상황에 사로잡혀 다른 것에 관하여는 말할 수가 없습니다. 그는 자신의 슬픔과 고통을 수많은 방식으로 표현합니다. 그런 방법들로는 마음에 위로가 되지 않아서 그의 고통을 이해시키기 위해 어떤 말을 사용해야 할지 알지 못합니다. 가장 경탄할 만한 것은 이 거짓 친구들의 핍박, 즉 그들이 퍼부은 온갖 비난과 모욕에도 욥이 말을 바꾸지 않는다는 것입니다.

2. **나는 범죄한 적이 없다. 그런데도 나의 눈은 슬픈 것과 고통스러운 것만 보는구나.**

"내 안에서 어떤 **죄**도 깨닫지 못하지만, 끊임없이 나 자신을 주목하며 살핍니다. 그것들은 죄의 모양을 보게 하고, 죄의 쓴 맛을 느끼게 합니다."

오, 하나님, 오직 당신만이 이 구절을 해석하실 수 있습니다. 이 구절이 이상하기 때문입니다. 영혼 안에 질책할 만한 죄가 아무것도 없는데, 영혼은 불완전함과 죄악의 **쓴 맛**으로 덮여 있는 자신을 볼 수밖에 없다고 합니다. 아, 하나님에게서 온 모든 것이 그 영혼에게는 불결하게 보이는군요.

3. 주여 나를 구원하시고 나를 받아 주십시오. 그 후에 주께서 기뻐하시는 자의 손이 나와 맞서 싸우게 해 주십시오.

참을성 없이 성급한 것처럼 보이지만, 이 문장은 욥의 확신을 가장 강력하게 보여 줍니다. 그는 영혼이 무덤에서 일어날 때, 그리고 하나님의 품으로 받아들여질 때 더는 두려움이 없음을 선포합니다. 두려움 없는 용기로 극악무도한 적들에게 감히 도전합니다. 그 영혼은 더 이상 아무것도 아니고, 하나님께서 대신 싸워 주시는데 무엇이 두렵겠습니까? 어떤 것도 타격 받지 않으며, 하늘은 연속 포격에도 해를 입지 않습니다. 그러므로 자기가 소멸된 영혼은 원수들의 가장 혹독한 타격에도 해를 입지 않습니다.

6. 주께서 나를 사람들의 비웃음거리로 만드셨다. 그리하여 내가 그들 앞에서 본보기가 되었다.

7. 내 눈이 분노로 침침해졌고, 내 몸의 지체들은 여위어 마치 해골처럼

되었다.

8. 의로운 자가 내 상태를 보고 깜짝 놀랄 것이다.

이처럼 욥과 같은 자들은 **모든 이들**의 이야깃거리, 비웃음거리가 되는 것이 사실입니다. 이들에 대한 생각은 사람마다 다르지만, 모두가 이들을 정죄하는 것이 옳다고 생각합니다. 혀의 폭력은 사방에서 핍박을 가중시키고 그들이 내면에서 경험하는 비참함을 심화시켜 그들을 더 고통스럽게 만들고 이상한 혼란으로 덮어 버립니다. 외부에서 듣는 것으로 인해 안에서 악이 일어납니다. 그리고 이 두 가지 악이 연합하여 그 영혼을 강력하게 소멸시킵니다.

정직하게 심판하는 자들과 그렇다고 여겨지는 자들은 너무나도 이상한 **상태**에 **깜짝 놀랍니다.** 그들은 그런 상태를 찬성하지도 이해하지도 못합니다.

9. 의인은 그의 길에서 견고해질 것이요, 손이 깨끗한 자는 그 힘이 커질 것이다.

욥은 계속해서 말했습니다. "내가 이렇게 책망 받고, 정죄 당하고, 멸시 당할 수록, (내가 가고 있는) 소멸의 길은 더욱 의심 받게 될 것입니다. 그리고 **의인**은 더욱더 자기 의에 집착하고 **자기 길을 가기 위해 고군**분투하며 확신에 차서 거기에 몰두할 것입니다. 그러면서 내가 자기 의와 자기 길에 사로잡혔다고 믿을 것입니다. 또 **그 사람의 업적이 대단하고 정결하게** 보일지라도 내가 가고 있는 이 자아 소멸의 길이 비참하기 때문에 그는 자기 길과 힘을 확고하고 견고하게 할 것입니다."

10. 그러니 모두 다 돌아와 회심하라. 내가 너희 가운데서 지혜로운 자를 찾지 못한 까닭이다.

그러나 욥이여, 무슨 생각을 하고 있습니까? 당신은 범죄자로 여겨지고 있고, 다른 이들은 의롭습니다. 그렇게 여겨지고 있는데도 당신은 회심하고 당신이 처한 상황으로 들어오라고 모두를 초대합니다. 만일 당신이 능력과 빛 가운데 있다면, 그들을 안으로 들어오도록 초대하는 것이 옳습니다. 그리고 기꺼이 당신을 따르려는 사람들을 더 많이 발견하게 될 것입니다.

그러나 불행과 악함, 멸시, 치욕이 가득한 길로 누가 당신과 함께 가려 하겠습니까? 당신은 말합니다. 모든 인류가 스스로 지혜롭다고 믿지만 **"지혜로운 자를 찾지 못했다"**고 말입니다. 그들은 당신을 웃음거리로 여깁니다. 한 사람만 지혜롭고 나머지 사람들은 다 어리석다고 믿는 것이 가장 큰 우매함 아닙니까?

그럼에도 불구하고, 오, 신비로운 예언자여, 당신이 옳습니다. 전적으로 하나님의 인도를 받기 위해 자신을 포기하고 내어 드리지 않는 자들은 모두 어리석은 자들입니다. 그러나 하나님을 의지하는 법을 아는 사람, 자기 문제를 철저하게 그분께 맡겨 드리는 자는 모든 사람들 가운데서 가장 지혜로운 자입니다.

11. 나의 날들이 지나가 버렸고 내 마음을 괴롭히던 생각들이 사라져 버렸다.

12. 밤은 낮으로 변한다. 또 나는 어둠 뒤에 다시 빛을 보기를 원한다.

욥은 예언의 영으로 자신의 고통이 끝날 것과 그러한 고통으로 인해 내적 영혼들 안에서 틀림없이 열매 맺게 될 유익한 결과들을 내다보았습니다. 그러면서 이해할 수 없는 길들을 통과하여 하나님께 나아갈 수 있게 자기 자신을 내어 드리지 않는 것은 지극히 어리석은 짓이라고 생각합니다. 또 하나님의 손에 자기 자신을 철저히 내어 드리는 자기 포기가 가장 탁월한 지혜라고 여깁니다.

또 그는 자기를 위해 준비된 행복에 감격한 듯이 외칩니다.

"내 생명의 **날들이 지나가 버렸다는** 것은 사실입니다. 그러나 동시에 그 생명이 소멸되었고, **내 마음**을 찢던 자기 반성(비난)에서 구원 받은 것도 사실입니다. 오직 **정신적 고통만 안겨 준 내 자신으로의 모든 돌이킴이 끊어졌습니다.**" 이러한 자기 반성(비난)이 제거되면, 영혼은 가장 이상한 고통의 한복판에서 온전히 안식하게 될 것입니다.

이것은 그들이 고통과 모호함, 망상의 **어두운 밤**을 평강과 빛과 진리의 **날로 바꾸자** 곧바로 이뤄졌습니다. 그 영혼이 진리 안으로, 선악을 분별하는 단계로 옮겨졌기 때문입니다. 반면에 영혼이 자기 반성에 빠지면 선을 악이라 하며, 악을 선이라고 말합니다. (영혼은 점차적으로 새 생명 안으로 들어가게 될 뿐, 곧바로 견고하게 세워지는 것은 아니기에) 만일 계속해서 어둠이 있어야 한다면 어떻겠습니까? **어둠 뒤에 빛이 회복될 것**이라는 **소망**을 새기게 됩니다.

13. 내가 그것이 끝나기를 기다릴지라도 지옥이 나의 거처가 될 것이다. 또 나는 어둠 속에 내 침상을 마련했다.

14. 내가 부패한 것에게 '너는 나의 아버지이다'라고 하였고, 벌레들에게 '너는 나의 어머니요, 누이다'라고 하였다.

여기에서 욥은 하나님이 계획하시고 영혼이 진보한 정도에 따라 뒤따르는 단계, 곧 연옥 혹은 [신비로운] 지옥에 대해 이야기합니다. 이 단계를 자기에게 적합한 자리로, 자기 반성으로 난처해지지 않는 장소로 **기대한다면**, 지옥은 그의 **거처요**, 거처로 삼으려고 간절히 바라는 **곳**이 될 것이라고 선언합니다. 그리하여 그는 거기서 안식을 발견하고, **그 침상을 가장 짙은 어둠 속에 마련하게 될 것입니다.**

오, 만약 영혼이 이런 곳에서 만족하는 법을 알았다면, 보기에는 너무나도 끔찍할지라도, 분명 여기서 평안을 얻게 될 것입니다. 영혼이 지옥에 마련해 놓아야 하는 **침상**은 하나님의 뜻에 자기 자신을 완전히 포기하고 내어 드리는 것입니다. 그것이 자기를 포기한 영혼들이 안식하는 침상입니다.

이 거룩한 뜻은 하나님 자신이며 무엇보다도 높고 고결한 뜻이기에 틀림없이 지옥에 있는 영혼을 만족시키고, 지옥을 천국으로 변화시킬 것입니다. 이 영혼의 모든 고통은 그가 하나님의 뜻에 완전히 연합되어 있지 않기에, 그리고 없는 것을 갈망하기에, 아니면 없는 것을 바라기에 일어나는 것입니다. 하지만 자기가 가진 모든 것에 만족하는 영혼은, 그곳이 아무리 끔찍하게 보일지라도, 항상 잠잠히 만족하며 지옥 안에서 안식처에 있는 것처럼 지내게 될 것입니다.

욥은 계속해서 말했습니다. "나는 나를 덮고 있는 부패한 것들과 오물을 향해 '당신이 내게 새 생명을 줄 것이니, 당신은 나의 아버지입니다. 또 내 자아를 소멸시키면서 당신은 모든 복 중에서 가장 큰 복을 가져다줄 것입니다' 라고 말했습니다. 내가 이렇게 말한 것은 내 뜻을 하나님의 뜻에 일치시켜 변화시켰기 때문입니다. 또 **나는** 수많은 끔찍한 통증으로 나를 삼키고 먹어 버리는 **벌레들에게도 말했습니다. '당신은 내 어머니입니다.** 왜냐하면 바로 당신이 내게 너무나도 많은 고통을 안겨 주는 아담의 생명을 소멸하고 나에게 새 생명을 낳아 주기 때문입니다.' 그리고 **'당신들은 내 누이들,** 곧 고통을 함께 나누는 신실한 동료들입니다. 나는 당신들을 기르고 보호하며, 당신들도 친절하게 나를 키우고 보호해 줍니다.'"

18장

1. 빌닷이 대답했다.

3. "어찌하여 우리를 네 마음에 짐승으로 여기는가? 또 왜 우리가 네 앞에서 비열한 사람이 되었는가?

4. 만일 네 광기로 네 영혼을 파멸시키게 되었다고 해서, 너로 인해 땅이 버림을 당하겠는가?

오, 욥이여, 당신의 말은 너무 고상해서 사람들이 이해할 수 없고, 당신의 감상과 정서는 너무 순결해서 그들이 즐길 수 없습니다. 당신은 이 인간적인 사람들의 환심을 사기는커녕 오히려 그들의 감정을 상하게 합니다. 그들은 자기들보다 더 순결한 상태를 이해할 수 없습니다. 화가 난 그들은 당신의 말에 벌컥 화를 냅니다. "그들은 말합니다. **'왜 당신은 우리를 짐승으로 여기는 것입니까?** 왜 우리가 이해하지 못하는 상태에 대해 가르치고 교훈하려는 것입니까?' "

만일 그들이 옳다면, 당신보다는 우리에게 알려지는 편이 나을 것입니다. 그렇지만 어리석은 자들이여, 어떻게 그들을 이해할 수 있습니까? 당신은 자신의 눈을 비늘로 가려 그들을 보지 못하게 하고, 당신의 발에 덫을 놓아 그들을 향해 나아가지 못하게 합니다.

그들은 말합니다. "당신이 우리의 길, 인간의 본질적 특성의 길을 정죄하는 까닭에 심지어 **우리는 불쾌하고 더러운 것으로** 여겨지고 있습니다. 우리는 당신의 영혼을 구하려고 애쓰고 있습니다만, 광기 어린 **미친 사람**처럼 **당신의** 영혼을 **멸망시키는 데** 열심인 사람은 바로 당신입니다.

당신의 자기 포기는 사나운 급류가 깎아지른 듯한 산에서 떨어지는 것처럼, 조급하고 맹렬하게 당신을 자멸로 이끌고 있습니다. 반면 우리는 자멸을 원치 않는 평화로운 호수처럼 산 정상에 남아 있습니다. 그러나 기도하십시오. 당신이 자신을 보호하기 위해 어떻게 하는지, 이 급류는 자멸하며 무엇을 하는지 나에게 말해 주십시오"

당신은 언제나 부패와 서리, 가뭄의 영향을 받는 작은 호수 그리고 오직 산짐승들에게만 마실 물을 제공하기에 적당한 작은 호수로 남아 있을 것입니다. 그러나 급류는 자기 몸을 던져 맹렬하고 세차게 흘러가다가 심지어 길을 잃어버리기까지 합니다. 그런데 어디에서 길을 잃어버립니까? 바로 바닷속입니다. 그곳은 모든 악에서 보호받는 곳이며, 온갖 축복으로 가득한 곳입니다.

오, 너무나도 행복한 상실이여, 누가 그대를 이해할 수 있겠습니까? 상실을 가져오신 그분, 오직 하나님만이 이해하실 수 있습니다.

이 모순적인 친구는 다시 아담의 (혹은 아담의 본성을 가진) 땅이 **이 길 때문에** 사막이 되어야 하는지 묻습니다. 만일 각 사람이 자기를 포기해야 한다면, 다른 길들은 어떻게 되겠습니까? 보통은 이의가 제기됩니다.

만일 모든 사람이 묵상에 들어간다면, 행위는 어떻게 되겠습니까? 그러므로 이제 행위는 결코 무익한 것이 아닙니다. 행위는 묵상으로 들어가기 위한 준비이자 문이기 때문입니다. 그리고 항상 시작하는 자들이 있을 것입니다. 사람들이 죽는 만큼, 다른 이들이 끊임없이 태어나고 있습니다. 게다가 행위는 머지않아 회복됩니다. 그리고 그 행위는 살아 있는 이 원칙에 의해 힘을 얻을 때 가장 잘 펼치게 될 것입니다.

그러므로 모든 영혼이 정말로 죽었다면, 하나님 안에서 다시 살아난 후 모든 것을 감탄할 만큼 성취하게 될 것입니다.

6. 악인의 빛은 그의 장막 안에서 어둠으로 바뀔 것이요, 그를 비추던 등불은 꺼질 것이다.

7. 그의 능력의 걸음이 좁아지게 될 것이고,

12. 그의 힘은 기근으로 약해질 것이요, 그의 창자는 굶주림을 느끼게 될 것이다.

13. 그것이 그 피부의 아름다움을 삼켜 버릴 것이요, 장자의 죽음이 그의 힘을 소멸시킬 것이다.

14. 확신이 그의 장막에서 모습을 감출 것이요, 죽음이 왕처럼 그에게 진군해 올 것이다."

내적 영혼들의 상태를 **사악**하고 무법한 자들의 상태와 비교하는 것은 불공평한 처사입니다. 사람들이 이 둘 사이에서 어떤 유사성이나 관련성을 찾고 싶어 해도, 그 차이는 헤아릴 수 없습니다. **사악한 자들의 빛은** 오직 자기 정욕을 충족시키고 그의 야망을 키워 줄 무언가를 두루 찾아 헤매는 죄와 무법의 **어둠으로 바뀝니다.** 의로운 자와 순전한 자의 **빛**은 그를 온전한 믿음으로 나아가게 하려고 **어둠**으로 바뀝니다.

그러나 이 어둠은 죄의 어둠이 아니라 은혜의 어둠입니다. 단지 그 빛이 너무 커서 생긴 어둠에 불과하며, 그래서 사람은 그 빛을 감지할 수 없습니다. 또 마찬가지로 (영혼) 깊은 곳에 어둠이 있을지라도, 평화롭습니다.

그러나 사악한 자들은 그렇지 않습니다. 그들은 여러 가지로 괴로움을 당합니다. 의롭고 순전한 영혼들은 어둠에 처할수록, 악한 자들과는 달리 더욱 자신을 하나님께 내어 드리고 그분을 신뢰합니다. 악한 자들은 훨씬 더 자유롭게 죄를 범하려고, 할 수 있다면 하나님을 없애려 할 것입니다. 그리고 이 영혼들은 하나님이 홀로 다스리시려고 자신들을 멸망시키고 계신다고만 생각합니다.

등불이 꺼진다면, 곧 작은 별들처럼 일반적 은혜인 뚜렷한 **빛들**이 **그 빛을 잃는다면**, 그것은 태양이 그들의 작은 빛을 흡수해 버렸기 때문입니다. 악한 자가 가진 작은 은혜는 죄를 지음으로 빼앗기게 됩니다. **만일** 순전한 자의 정결한 걸음이 **방해 받는** 것처럼 보인다면, 그것은 하나님께서 이 영혼이 연약함 때문에 발전하지 못하는 것을 아시고 다정한 아버지같이 그를 아이처럼 그분의 팔로 안아 옮겨 주시기 때문입니다. 또 그 영혼은 아이처럼 하나님이 그렇게 하시도록 허락해 드립니다. 반면 죄인은 죄의 길로 들어가기 위해 그 길, 곧 선행의 발자취, 걸음에서 떠납니다.

만일 이 순전한 영혼들의 **힘**이 궁핍과 **기근**으로 **연약**해진다면, 그로 인해 그들은 모든 악과 죄에 대해 죽게 될 뿐입니다. 반면 사악한 자들이 연약해지는 것은, 더 자유롭게 악을 행하려고 스스로 성찬과 기도를 끊어버리기 때문입니다. 만일 하나님께서 이 신실한 영혼들에게서 감지할 수 있는 그분의 도움을 거두시면, 그로 인해 그들은 서둘러 알지 못하는 그분, 하나님을 향해 나아가게 됩니다. 하나님을 찾기 위해 하나님 아닌 모든 것을 벗어나게 됩니다. 반면 죄인들은 하나님을 잊고 죄를 지으며 다니고, 어디서나 자신들의 감각을 만족시켜 줄 것을 찾습니다.

그러나 순전한 사람들은 쾌락을 추구하지도, 찾지도 않습니다.

만일 순전한 사람들이 **그들의** 처음 **아름다움을 상실**한다면, 주의를 분산시키고 방해하는 아름다움을 더 이상 소유하지 않기 위해, 배우자의 아름다움에 몰두할 것입니다. 자신의 모습이 얼마나 추한가 발견할수록 자신을 더욱 미워하게 될 것입니다. 사악한 자들은 눈에 거슬리고 추할수록 더욱 기뻐합니다. 하나님을 망각하고 자신을 사랑하면서 말입니다.

첫 번째 사망은 죄이고, 두 번째 사망을 낳습니다. **첫 번째 사망으로** 죄인들의 **행위는 멸해집니다**. 그러나 여기서는 매우 대조적입니다. 이것은 사망이 죽게 하는 것이고, 이는 죄인 된 사람을 근절시키고 멸하고 전멸시키는 것입니다. 죄인 된 사람에게서 활동을 빼앗아 오직 하나님만 행하실 수 있게 하는 것입니다. 이는 그들의 행위를 멸하는 죄가 아니라, 그들의 것을 정복하고 흡수하시는 하나님의 경영입니다.

자기를 포기한 영혼들은 하나님께만 확신을 두는데, 만약 자기 자신을 의존하지 않으면 아무 지탱도 받지 못합니다. 그들의 연약함과 무능력이 나타날수록 더욱더 하나님을 신뢰합니다. 반면에 죄인들은 오직 자신을 신뢰하며, 온갖 것에서 성공하지 못하면 깊은 슬픔과 고민에 빠집니다. 포기한 영혼들은 하나님만이 사시기 위하여 모든 것이 자신의 손에서 쇠하는 것을 기뻐합니다.

만약 그들에게 **죽음이 진군**해 온다면, 오직 위반자 아담을 멸하고 예수 그리스도에게 순복하기 위함일 뿐입니다. 사악한 자들 위에 임한 죽음은, 그들을 예수 그리스도에게서 떼어놓고 그들 속에 죄와 아담의 부패를 일으키기 위해 통치하는 것입니다.

19장

1. **그때 욥이 대답하였다.**

2. **"너희가 언제까지 내 영혼을 괴롭히며, 너희 담론으로 나를 고문하려는 것인가? 내가 잘못을 범하였을지라도, 나의 잘못은 오직 나 자신에게 관여될 뿐이다.**

5. **그러나 너희는 나를 대적하여 일어나고 내가 당한 이 불명예의 상태가 내 죄의 증거라고 선언한다.**

욥은 계속해서 자신에 대한 그들의 잔인함에 대해 당연한 불평을 합니다. 그는 **"당신들은 왜 내 마음을 괴롭게 합니까?"**라고 말했습니다. "내게 죄가 있을**지라도,** 당신들이 나의 슬픔과 고민에 새로운 슬픔을 더하지 않아도 될 만큼 나는 충분히 고난당하고 있습니다. **만약 내가 잘못했다면, 그 잘못은 나만의 것**이고 나는 벌을 받을 것입니다. 하지만 **당신들은** 내게 긍휼을 보이기는커녕 더 핍박하려고 **나를 대적해 일어섭니다.** 당신들은 치욕이 내 탓이라고 합니다. 나의 수치스러움을 이용해 나를 혼란스럽게 합니다. 또한 **내가 당하는 이 불명예가 내 죄를 증명하기를 바랍니다.** 당신들의 행위에 인정이라고는 없습니다."

6. 너희는 하나님께서 나를 괴롭히시고 질병으로 치신 것이 그분의 의로운 심판에 의한 것이 아니라는 것을 최소한 깨달아야 할 것이다.

욥은 하나님께서 자신을 이런 식으로 대우하시는 것이 결코 징벌하기 위함이 아니라는 것을 친구들에게 이해시키려 합니다. 이는 죄인처럼 정죄의 **판결에 의한 것**이 아니라, 하나님께서 그를 번민하고 괴롭게 하시는 순수한 자비 때문이라고 말합니다.

이 말은 너무 영적이어서 쉽게 이해되지 않습니다. 이 영혼에게 하나님께서 보여 주실 수 있는 가장 위대한 자비는 아무것도 보여 주지 않는 것이라는 말은 사실입니다. 이것이 우리가 이 시련이 축복이라는 것을 아는 방법입니다. 죄인들은 하나님을 향해 기도하자마자, 응답을 받습니다. 하지만 하나님은 이 상태에 처한 영혼들의 소리는 듣지 않으십니다. 응답하지 않으십니다. 만약 하나님께서 그들에게 자비로우시다면, 그것은 잔인한 것이 될 것입니다.

7. 만일 내가 극심한 고통 가운데 소리쳤어도, 내 소리가 들리지 않을 것이요. 내가 나의 소리를 높인다 해도, 나에게 공의를 행할 자가 없다.

"당신들은 이제 판단할 수 있습니다. **나는 혹독한 고통 가운데 소리치지만, 듣는 이가 아무도 없습니다. 그런데 하나님께서는** 자신을 부르는 모든 사람에게 여전히 귀 기울이고 계시며 그분의 자비는 무한합니다. 나는 깊은 슬픔과 고민 가운데 어쩔 수 없이 **큰 소리로 부르짖지만, 나를 판단하는 자들 말고는 아무도 나타나지 않을 것입니다.**"

8. 주께서는 내 길을 울타리로 두르셔서, 내가 그 너머로 지나지 못하게 하셨고, 그분이 나의 길을 흑암으로 채우셨으며

욥은 자신이 처해 있는 사악한 상황에서 자신을 구해낼 어떤 수단도 구하지 않습니다. 그는 출구를 찾지도 못하고, 오직 자신을 해하는 가시들만 만납니다. 그는 어느 길로 돌아서야 할지 모릅니다. 사람이 이 상황에서 안식을 찾을 수 있는 방법은 오직 한 가지뿐입니다. 그 길은 포기, 인내, 구원에 대한 무관심 속에 있습니다. 하나님의 뜻이라면 하나님의 선하신 기쁨이 될 때 구원받을 것입니다. 하지만 **길**을 만드는 것은 소용이 없고 열매도 없습니다. 거기에는 어디로 가야 할지 알 수 없는 짙은 **어둠**만 있습니다. 결국 지름길은 잠잠히 머물러 있는 것입니다.

9. 그분이 나의 영광을 빼앗아 가셨으며, 또 내 머리에서 면류관을 벗기셨다.

영혼에게서 모든 고유한 영광을 가져가 버린 오, 행복한 **강탈이여. 이는** 하나님께만 모든 **영광**이 있게 합니다. 하나님께서는 오직 영혼을 멸망시킴으로, 곧 그에게서 모든 실재를 제거해 버리심으로 하나님 자신을 영화롭게 하실 수 있습니다. **머리에서 면류관을 벗기시는 것**은 피조물에게서 모든 능력, 곧 자신을 높일 수 있는 것을 다 제거하시는 것입니다.

10. 그분이 사방에서 나를 치시니 나는 망하였다. 뿌리 뽑힌 나무처럼 그분이 내게서 모든 소망을 가져가 버리셨다.

영혼을 완전히 몰락시키는 방법은 모든 지지물을 빼앗고 **사방에서 멸하는 것**입니다. 만약 영혼이 최소한의 지지물과 도움을 발견하면, 그 영혼은 멸망당하지 않을 것입니다. 물에 빠져 가는 사람이 지지물과 도움을 발견하면 물에 빠지지 않을 것입니다. 만약 사람이 바다를 표류한다면, 매우 가느다란 실 한 가닥이라도 그 실이 끊어지지 않으면, 그의 내면은 무너지지 않습니다. 마찬가지로 우리에게 전멸되지 않은 작은 부분이 남아 있으면 우리는 망하지 않습니다.

그래서 욥은 자신이 사방에서 진멸되어 확실하게 **망하였고,** 스스로 혹은 하나님 외에 그 어떤 것에 두었던 **소망**이 잘린 나무처럼 꺾였을 뿐 아니라(이는 언제라도 다시 싹트기 때문에 작은 부분입니다), 아무것도 남지 않아서 더 이상 자라지 못하는, 뿌리 **뽑힌 나무 같다**고 말합니다. 이런 나무에 비교한 것은 매우 훌륭합니다. 만약 작은 뿌리라도 남아 있으면, 움이 돋기 때문입니다. 마찬가지로 우리 안에 뽑히지 않은 자기 생명에 속한 것이 남아 있다면, 서서히 돋아나 늘어날 것입니다. 하나님은 영혼에게 자비로우실 때, 그에게서 최소한의 존재와 실상도 남는 것을 허락하지 않으십니다.

11. 그분의 분노가 나를 향해 타오르고, 그분이 나를 그의 원수로 여기시니

12. 강도들과 함께 오셔서 나를 가로질러 길을 내시고, 내 장막을 사방에서 포위하셨다.

욥은 하나님께서 자기 생명 안에 남아 있는 모든 것을 제거하시기 위해 사용하신 방법을 묘사합니다. 처음에는 하나님께서 이 영혼에게

진노하시는 것처럼 보입니다. 하나님 안에서 강한 진노 외에는 아무것도 나타나지 않습니다. 하나님께서 그 영혼에게 그분의 정의의 온갖 엄격함을 풀어놓으신 듯합니다. 하나님께는 영혼의 고통을 볼 수 있는 눈과 영혼의 울음을 들을 수 있는 귀가 없습니다. 그분은 그 영혼을 쳐다보지도 않으시고, 혹시 보신다 해도 대단한 **원수처럼 바라보십니다.**

결국 그분은 **강도들**을 보내셔서 무엇이든 영혼에게 남아 있는 좋은 것을 다 빼앗아 버리십니다. 강도들이 그 **영혼을 사방에서 포위하면** 그는 그들을 피해 달아나거나 자신을 지켜 낼 방법이 없습니다. 또 힘이 없어서 무엇을 지키거나 스스로를 보호할 수 없습니다. 만약 누가 그들을 피하려 생각한다면, 그는 천 배나 더 잔인하고 견딜 수 없는 또 다른 강도의 수중에 떨어지게 됩니다. 만약 약간의 성급함을 보인다면, 그는 교만과 자기 만족에 빠지게 됩니다. 결국 아무도 빠져나올 수 없는 것입니다.

13. 그분이 내 형제들을 나에게서 멀리 옮기셨으니 나와 가깝게 지내던 자들이 이방인들처럼 멀어졌다.
14. 친족들이 나를 버렸고 나를 알던 사람들이 나를 잊어버렸다.

"하나님께서는 내가 그분이 보내신 강도들에 포위된 것에 만족하지 않으십니다. 그분은 내가 그들의 손에서 나 자신을 구해낼 수 있는 방법을 모두 없애버리셨습니다. **그분은** 피난처가 될 수 있는 **내 형제들을 나에게서 옮기셨습니다.** 그리고 **내가 잘 알고 지내던 모든 사람,** 비슷한 시련 속에서 나를 위로해 주었을 사람들과 **멀어지게 하셨고,** 내가 그들에게 도움을 구하지 못하게 하셨습니다. **내 친척들이 나를 버렸습니다.** 하나님의 (너무나 가깝고) 친밀한 임재, 곧 나를 지탱해 주던 임재가 나를 떠났습니다. 그리고 **유일하게 이해해 주시던 분이 나를 잊으셨습니다.**”

하나님께서는 이러한 내면적 궁핍과 박탈을 외면적인 것과 연결시키시는데, 잘 알고 지내던 사람이나 우리를 버린 영적 친구들의 향방을 지시하십니다.

15. 내 집에 거하는 자들과 나의 종들이 나를 낯선 사람인 듯 바라본다.
16. 내가 내 종을 불렀으나 그가 대답하지 않으니 내가 내 입으로 그에게 간청해야겠구나.
17. 아내가 내 숨결을 혐오하고, 떠난 자녀들에게 내가 빌었다.

열등한 부분과 우등한 부분이 나뉠 때, 둘은 극심한 고통을 겪게 됩니다. 우등한 부분은 감각들과 이전에 열등한 힘에서 받았던 모든 도움을 빼앗긴 것을 느낍니다. 마찬가지로 열등한 부분도 우등한 부분의 모든 도움을 빼앗긴 것을 느낍니다. 욥이 다음과 같이 말한 이유가 이것입니다.

“**내 장막에 거하던 자들**이 나를 버렸습니다. 내게 도움을 주던 **내 종들**이 우리가 더 이상 함께 있지 않은 것처럼, **나를 낯선 사람처럼 쳐다봅니다.** 여느 때처럼 도움을 받으려고 **내 종을 불렀지만,** 헛수고였습니다. **그는 더 이상** 나에게 **대답하려 하지 않습니다. 나는 내 입으로 그에게 간청했습니다.** 내 뜻, 의지, 곧 가장 사랑하고 필요한 이 **종**을 사용하려고 힘썼습니다.

그러나 그에게는 내 목소리를 들을 귀가 없습니다. 마침내 (아내로 나타나는) 모든 열등한 부분은 내게서 나온, 내부에서 나온 것처럼 보이는 악한 영향력을 두려워합니다. **또** 나는 나를 위로하기 위해 내가 이전에 행하던 대로, **자식들에게 간청했습니다.** 그러나 나는 더 이상 그들을 찾지 못했고, 그들이 어떻게 되었는지조차 알지 못합니다."

문자 그대로 이것은 한 영혼이 친구들, 심지어 영적인 사람들에 의해 내몰리게 된 자기 포기에 대한 것으로 이해됩니다. 그는 극심한 수치로 하나님께서 징벌하시는 사람이고, 친족들조차 경멸하고 회피하는 사람입니다.

19. 이전에 나에게 조언을 해주던 자들이 사람들이 증오로 나를 붙잡았고, 내가 가장 사랑하던 이들이 스스로 나의 원수가 됨을 선언하였다.

이것은 너무나도 마음 아픈 일입니다. 하나님께서 너무나도 친밀하고 깊은 연합을 주시는 영혼들이 있습니다. 그런 영혼은 이런 사람들과 헤어지는 것보다는 자아와 분리되는 것이 더 나을 것입니다. 그럼에도 하나님은 때로 그들이 서로를 싫어하는 것을 허락하시는데, 이렇게 싫어하는 것이 **증오**로 바뀌어야 하고, 이것은 그 영혼에게 극심한 슬픔을 안겨줍니다. 이러한 연합이 하나님이 정하시고 뜻하신 결과일 뿐 아니라, 그로 인해 이렇게 자신을 제거하는 자에게 생기는 큰 상처 때문이기도 합니다.

이것은 또한 **이성과 사려 분별로** 설명할 수 있습니다. 이러한 이성과 사려 분별은 이 영혼이 책임지던 일 가운데 그의 **조언자**가 되어 그를 내어 맡기지만, 정작 영혼은 이 둘을 모두 빼앗기고 있음을 발견합니다. 영혼에 남아 있는 이성과 사려 분별은 영혼을 돕고 지탱시키기 위한 목적이 아니라, 영혼을 정죄하고 **혐오**하기 위한 것이기 때문입니다.

영혼은 계속해서 "내가 더욱 가까이하던 그 힘, **내가 가장 사랑하던,** 나에게 가장 필요하다고 생각하던 것이 나를 저버렸습니다"라고 말합니다. 오, 너무도 끔찍하지만, 사실은 얼마나 유익한 것인지요!

20. 내 살이 소멸된 후 내 뼈가 피부에 달라붙으니 나의 치아 주위에는 오직 입술만 남았다.

너무도 빈곤하고 황폐해진 욥에게는 이제 **마른 뼈**처럼 모든 축복을 빼앗긴 깊은 부분 말고는 아무것도 남아 있지 않습니다. 욥이 '나의 뼈들'이라고 말하지 않고 '내 뼈'라고 말한 것도 바로 이런 이유입니다. 골수도 없는 가장 안쪽의 깊은 부분이라는 것을 보여 주려는 것입니다. 그리고 열등한 부분은 살이나 아무런 지지물도 없이 더럽고 햇볕에 그을린 피부처럼 뼈 위에 남아 있습니다. "**나의 입술**은 **오직** 나의 슬픔을 불평하도록, 나의 불평들로 자라나도록 **겨우 잇몸에 남았습니다**"라고 욥은 덧붙였습니다.

21. 하나님의 손이 나를 치셨으니, 내 친구들이여, 적어도 너희는 나를 불쌍히 여기라 나를 불쌍히 여기라.

오, 가련한 욥이여, 당신의 불평을 나누고, 슬픔을 나눌 수 있는 친구들을 어디서 찾겠습니까? 친구들은 원수로 바뀌었습니다. 그리고 홀로 신실하고 진실한 **친구**이신 하나님께서 당신의 고통에 마음이 움직이지 않아 당신을 도와주시지 않으면, 당신을 **불쌍히 여길 자가 누가 있겠습니까?**

오, 하나님이시여, 악을 초래하신 분은 주님입니다. 주님은 이 영혼을 **만지시고**, 당신의 만지심은 영혼을 티끌로 분해합니다. 만약 당신의 손으로 영혼을 무겁게 짓누르시면, 어떻게 되겠습니까? 아무도 견딜 수 없을 것입니다. 하나님의 팔의 무게를 견딜 수 있는 이는 오직 하나님 한 분뿐입니다. 바로 당신, 못 박히신 그 팔의 무게를 견디어 내신 **예수 그리스도**뿐입니다. 피조물에게 그것은 오직 **만짐**일 뿐이며, 그 만짐은 영혼을 학대하고 티끌로 분해합니다. 피조물은 모든 불평을 친구였던 자들에게 설파합니다. 모든 성자, 너무나 친밀했던 천상과 이 땅의 그 모든 피조물, 이전에 그가 도움을 기대했던 자들은 더 이상 아무 도움도 줄 수 없습니다.

오, 신령한 자비여, 이 고난 받는 영혼에게 당신의 자비를 베풀지 않으시렵니까? 이 끔찍한 연옥을 끝내지 않으시렵니까? 아닙니다. 자비는 이런 소리에 귀가 멀었습니다. 오, 신령한 공의시여, 만족하기를 갈망하시는 당신은 자비가 없이 자비로우신 분입니다. 그렇다면 부디 친히 완성하시고, 충분히 만족하시며, 보복하시고 아무것도 남겨 두지 마십시오. 오직 당신께만 공의를 행하십시오. 바로 이것이 나의 갈망이며, 내가 결코 갖지 못하는 것을 아는 즐거움입니다.

22. 너희가 어찌하여 하나님처럼 나를 핍박하고 내 살로 자신을 만족시키는 것이냐?

"오, 하나님, 주님은 하나님처럼 핍박하시는 것이 사실입니다. 주님은 사람처럼 핍박하지 않으십니다. 가련한 영혼을 멸하기 위해, 그에게서 모든 도움과 모든 피난처를 제거하기 위해 사용하시는 방법을 고안해 낼 수 있는 사람은 없습니다. 주님만큼 재치 있고 훌륭한 압제자는 없습니다. 주님께 전적으로 순복한 영혼들을 괴롭게 하시려고 행하시는 일에 범접하는 일을 할 수 있는 자가 없습니다.

오, 교묘한 강탈자여! 주님은 주께 드려 마땅한 모든 것을 가장 정확하게 받아내시는 분입니다. 그리고 그들에게 비싼 이자를 붙여 되갚게 하시는 기쁨을 위해, 새로운 채무를 지우십니다. 오, 이를 실제로 경험한 자 외에 누가 믿을 수 있을까요. 당신은 그들을 괴롭게 하는 즐거움을 더하시려고 그 값을 더 엄격하게 받으시고, 당신께 빚진 자들은 부채를 갚을 수 없게 되어 파산하게 됩니다.

그러나 오, 사랑스런 하나님, 제가 그것을 꼭 말해야 하겠습니까? 불쾌하게 여기지 말아 주십시오. 당신은 잔인할수록 더 인자하신 분입니다. 사람은 주의 처음 애정 표현들보다 혹독하고 엄격함을 더 좋아합니다. 하지만 아무것드 없는 자에게서 무슨 이윤과 비싼 이자를 받아내실 수 있겠습니까? 그는 다만 당신에게 속한 것만 소유했는데, 이제는 그마저도 상실했습니다. 그에게 속한 것은 멸절되었고, 그는 당신께 드렸습니다. 그렇다면 당신께 진 빚은 어떻게 갚아야 하는 것입니까?

주께서 친히 그것을 갚아 주십시오. 당신은 내게 매일 새로운 의무를 지게 하십니다. 나를 벌거벗기셨고 당신께 갚을 수 있는 모든 방법을 없애셨습니다. 그런데도 당신은 그 값을 받길 원하십니다. 사랑이시여, 주께서 하신 일들을 말하려니, 나는 너무나도 많은 말을 해야만 합니다."

23. 내 말들이 기록될 수 있게 누가 승낙해 주겠는가? 누가 그 말들이 책에 기록되게 하겠는가?

24. 그 말들이 납으로 만든 판에 철필로 새겨지거나, 아니면 단단한 바위 위에 끌로 새겨져야 하지 않겠는가?

"오, 내 **말**을 지워지지 않는 활자로 써서, **다음 세대에 줄 자가 누구입니까?** 누가 **이 말을 철이나 납으로 만든 판 위에, 단단한 돌에 새기겠습니까?** 그렇게 해야 모든 영혼, 가장 마음이 굳은 영혼들이 그 말에 감명받도록, 그리하여 전적으로 자신을 하나님께 내어 드린 영혼들을 하나님께서 인도하시는 방법을 그들이 알도록, 하나님을 따르도록 도울 수 있지 않겠습니까?

이 상황에 내가 사람 중에 가장 불행하고 가장 고난받았을지라도, 나를 위로하고 풍성히 만족시켜 주는 오직 한 가지가 있습니다(그리하여 나는 이 방법으로 사람들이 나를 따르도록 돕고 싶습니다). 그것은 바로 다음 구절입니다.

25. 나는 나의 구속자가 살아 계심을 안다. 그리고 그가 마지막 날에 나를 이 땅에서 일으켜 세우실 것을 안다.

나는 내 모든 악함이 하나님의 **살아 계심**과 하나님께서 영광 받으시는 것을 막지 못한다는 것을 **압니다. 그분은 나의 구속자이십니다.** 그분은 나를 파멸되도록 발기발기 찢으신 후에도 구속하기를 기뻐하시며, 나에게 풍성한 구원을 베푸시는 분입니다. **그분은 살아 계십니다.** 이는 **이 땅에서** 내가 가장 깊은 무의 존재로 들어갈 때, 티끌인 나를 **일으켜 세우시기 위함**이며, 그분의 생명으로 새 생명을 주시기 위한 것입니다."

26. **그리고 나는 다시 나의 피부로 덮일 것이요, 내가 나의 하나님을 내 살 가운데 뵐 것이다.**

27. **내가 나에게 이르기를 내가 그분을 뵐 것이다. 그리고 내 눈이 다른 사람들이 아닌 그분을 바라볼 것이다. 이 소망이 나의 품에서 안식하는구나."**

"하나님께서 나를 생명으로 이끄실 때, 내가 잃은 모든 것이 회복**될 것**이라는 것을 압니다. **나의 살 가운데,** 순전한 아담의 살 가운데서 나의 구속자로 말미암아 회복될 것을 압니다. **내가 그분을 나의 눈으로,** 믿음에 눈먼 나의 눈으로 **뵐 것**이요, 이 일이 나 자신에게 일어날 것입니다. 내가 가장 비참한 상황 속에 있을지라도 **이 소망**을 품는 것을 멈추지 않습니다. 이 모든 것이 소망 없이 보일수록 나는 더욱 소망으로 가득합니다."

20장

1. 그 후에 소발이 대답했다.
5. "하나님을 두려워하지 않는 자의 영광은 잠시요, 위선자의 즐거움도 잠깐인 것을 안다.
6. 그의 교만이 하늘들까지 높아지고, 그의 머리가 구름에 닿을지라도
7. 그는 멸망할 것이요 종국에는 똥처럼 버려질 것이다. 그리고 그를 본 자들이 '그가 어디 있느냐' 물을 것이다.

악한 것에 마음이 끌리는 사람들은 끔찍합니다. 그들은 무엇이든 반대로 생각하고, 진리를 교만의 결과로 여깁니다. 순전한 사람들이 가장 건전한 진리로 선포하는 것을 악의와 **교만**과 **위선**으로 여깁니다. 그들의 판단에 따르면, 하나님만 신뢰하는 것은 우리 자신을 찬양하는 것이며, 예수 그리스도의 구속에서 모든 것을 기대하는 것은 우리 자신에게서 아무것도 기대하지 않는 것입니다. 그러나 이것은 가장 진실된 겸손입니다.

어떤 사람이 극심한 불행으로 인해 하나님으로부터 최소한의 즐거움도 찾지 못하게 되면, 오직 하나님을 기뻐하는 것이 **위선으로 기뻐하는 것**입니까? 이 영혼에게는 이 세상에 불평할 만한 모든 이유가 있지만

오직 하나님이 만족하시기에 만족합니다. 그는 그것이면 충분합니다.

그런데도 그들은 이것을 **하늘들까지 높아**진 악의요 교만이라고 합니다! 그들은 하나님 한 분만을 신뢰하는 이 사람이 결국에는 버려지고, 가장 큰 불행에 빠지게 될 것이라고 선언합니다.

아, 하나님! 가장 큰 불행은 우리 자신을 주님께 내어 드리지 않는 것이며, 가장 큰 부는 주께서 전부를 소유하실 수 있게 모든 것을 잃어버리는 것입니다. 오, 나의 하나님, 나는 내 힘을 의지하여 나를 구원하기보다 차라리 주님을 신뢰하면서 자멸하고, 모든 것을 당신에게 빚진 상태로 있겠다는 합당한 선포를 하겠습니다.

20장은 전체적으로 이 거짓 친구들이 고난 받는 이 가련한 자를 대적하여 말하고 저주하는 것으로 가득합니다. 그들은 욥이, 자신의 존재를 상실한 욥이, 다른 사람들에게서 약탈한 것으로 부유하게 되었다고 비난합니다.

15. 그가 삼킨 부(富)를 토해 낼 것이요, 하나님께서 그 재물을 그의 품에서 끄집어내실 것이다.

그들은 **그가 삼킨 부를 토해 낼 것**이라고 말합니다. 그가 취하지 않은 것을 어찌 토해 낼 수 있겠습니까? 또 모든 것이 결핍된 자에게 돌려 받을 것이 남아 있겠습니까? 가장 궁핍한 자에 대한 이들의 비난은 하나님의 조명 하에 수많은 부를 소유하고 있는 자에게는 매우 적절할 것입니다. 그들은 **자신들이** 욕심껏 **삼킨 부**와 **은혜**를 기쁨으로 맛보고 즐거워하면서 내놓게 될 것이 분명합니다. 또 **하나님께서** 이 세상에서 혹은 다른 세상에서 **그것을 그들의 품에서 끄집어내실 것**입니다.

21장

1. 그러자 욥이 대답했다.

2. "내가 너희에게 간절히 말하니, 내 말을 경청하라.

3. 내가 너희에게 말할 수 있게 허락하라. 그리고 내 말이 끝난 후에 그 것을 비웃으라.

표현의 차이를 통해 이 두 부류의 사람들이 영적으로 어떻게 다른지 쉽게 관찰할 수 있습니다. 사람들이 오직 관대함과 연민으로 대해야 했을 욥이 이제는 엄청난 가혹함과 극심한 불공평으로 대우 받고 있습니다. 그런데도 욥은 여전히 온유하고 친절한 말로 대답합니다. 그는 자신에 대한 비난에 대꾸하기 위해 문제를 일으키지 않습니다.

그는 진리에 대해서만 생각합니다. "내가 당신들에게 간청하니 **내 말에 귀 기울여 주십시오.** 내게 인내해 주십시오. **당신들에게 말하는 것을 허락해 주시고,** 내가 알고 있는 진리에 대해 말하는 것을 용납해 주십시오. 내가 말한 **후에 나를 비웃으십시오.** 내가 진리를 선포하고 하나님의 뜻에 순종하는 것이라면, 나에게 그 비웃음은 문제가 되지 않습니다."

4. 내가 사람과 논쟁하는 것인가? 그렇다면 나에게 괴로워할 이유가 없

겠는가?

5. 내 말에 귀 기울이라. 그리고 깜짝 놀라 네 손가락을 네 입에 갖다 대라.
6. 내 상태를 생각할 때 나는 그로 인해 두렵고, 내 온몸이 떨린다.
7. 무슨 까닭으로 악인이 살고, 어찌하여 그들이 높임을 받고 부를 누리는가?

"**내가 사람과 언쟁하는 것입니까?** 나를 치는 것이 사람이고, 내가 스스로 변호할 수 있기에 **괴로워할 이유가 없는 것**입니까? 나를 괴롭히시는 분은 하나님입니다. 그래서 나는 그분의 편에 서야 하고 사람들을 향한 그분의 행하심에 대한 진리를 고수해야 합니다. 간청하오니 **내게 귀 기울여 주십시오.** 잠잠히 있어 내가 당신들에게 말할 수 있게 해 주십시오. 만약 당신들이 내게 한 말이 사실이라면, 즉 이 모든 재앙이 나의 죄 때문이라면, 빈곤이 절도와 도둑질 때문이라면, 슬픔이 오직 즐거움이 부패한 결과일 뿐이라면, **어떻게 악한 자들이 살 수 있습니까? 어떻게 그들이 존경 받으며 그들의 부유함을 누리는 것입니까?** '악한 자가 흥왕하는 것과 순전한 자가 압제당하는 것이 놀랍습니다' (시 73:3)라고 예언자-왕이 선언한 것은 사실입니다."

욥은 계속해서 말합니다. "그들이 행하는 모든 것이 어떻게 번성했는지 생각할 때 **놀랍니다.** 나는 쇠약해진 자신을 발견하고, 지나온 **상황을 숙고할 때,** 떨게 됩니다. 나는 전적으로 진멸된 자로 나의 하나님을 사랑했기 때문입니다. 그리고 내가 극심한 멸망 속에 처넣어진 것을 의심할 수가 없습니다."

9. 그들의 집이 안전하고 평안하며 하나님이 그들에게 회초리를 대지 아니하시며

10. 그들의 소들은 새끼를 배고 보호하며, 때가 되기 전에 유산되는 일 없이 낳는다.

13. 그들은 그들의 날들을 즐거이 보내다가 순식간에 지옥으로 내려가는구나.

악한 자들의 집은 안전하여 습격을 당하거나 고통 받는 일이 없습니다. 그들에게는 모든 것이 평화롭고, 그들을 괴롭히거나 정죄하는 것이 아무것도 없습니다. 그들은 찬양과 박수를 받습니다. **하나님께서는 그들을** 내적 혹은 외적 십자가로 **핍박하지 않으십니다.** 그들에게는 어떤 **상실**의 고통도 없이 **좋은 것들이 배가되고** 증가됩니다. **그들은 자신들의 날들을 즐거이 보내다가 이 같은 방법으로 지옥에 갑니다.**

오, 하나님, 이는 주의 종들의 경험과는 몹시 다릅니다. 주의 종들의 삶은 슬픔으로 가득합니다. 그러나 이들의 죽음은 이와 같지 않을 것입니다. 한 사람은 생명으로 충만한 채 죽음을 맞이하고, 삶 가운데 **죽음**을 발견합니다. 그러나 다른 사람은 죽었으나 살아 있고, 자신의 죽음에서 생명을 발견합니다.

14. 그들은 하나님께 말한다. "우리를 떠나소서. 우리는 당신의 법도를 알고 싶지 않습니다."

악한 자들이 하나님을 **원하지 않는 것**은 사실입니다. 그들은 자기들의 죄로 하나님을 쫓아내고 **그분의 진리의 길들을 알려고도 하지 않습니다.** 반

면, 자기를 포기한 영혼들은 하나님의 임재 안에 있습니다. 그들에게 어떤 슬픔이 있다면, 그것은 하나님의 부재 때문입니다. 그들은 저항 없이 하나님의 길을 따르고, 오직 그 목적을 위해 자신을 하나님의 인도하심에 내어 드립니다.

22. 가장 거만한 자들을 심판하시는 하나님께 누가 지식을 가르치겠는가?
23. 어떤 사람은 부유하고 번성하여 건강하고 힘이 가득한 채 죽는다.
24. 그의 그릇에는 기름이 가득하고, 뼈는 골수로 흠뻑 젖은 것처럼 가득 차 있다.
25. 다른 사람은 아무런 소유 없이 영혼의 쓰라림 가운데 죽는다.

욥은 죄인들과 고난 받는 자들의 차이점을 아주 잘 묘사하고 있습니다. **어떤 부류의 사람들은** 좋은 것과 **건강, 부유함이 가득한 채** 무덤**으로 들어가고,** 또 어떤 사람들은 모든 것을 강탈당한 채, 절대적인 궁핍 가운데 신비로운 **무덤 속으로 들어갑니다.** 지금까지 말한 것들은 이 구절을 이해할 수 있게 충분히 도움이 되었습니다. 또한 이것은 하나님을 아는 지식인 분별입니다.

30. 악인은 멸망의 때를 위해 남겨지고, 하나님께서는 그를 그분의 진노의 날로 이끄실 것이다.

바로 이런 이유로 하나님께서는 그분의 친구들을 혹독하게 박해하시는 것입니다. 그분은 그들의 사후에 복과 은혜가 넘치게 하시려고 이 땅에서 이 모든 고통을 견디게 하시는 것입니다. 그러나 **하나님께서는 악인을 하나님의 진노의 날에 멸하기 위해 남겨 두십니다.** 그들이 이 땅에서 행했을지도 모를 조금의 선한 것에 대한 보상으로 이런 삶을 허락하시는 것입니다.

34. 너희가 말하는 것이 거짓임을 내가 증명했는데, 어찌하여 나에게 헛된 위안을 주려 하는가?

욥은 **그들의 말이 거짓이라는 것을 알기에, 자신을 헛되이 위로하려 한다**고 합니다. 그러나 만일 그들이 말한 것이 사실이라면, 그를 위로하기는커녕 더욱 괴롭히는 것처럼 보이지 않습니까?

오, 욥이여, 당신의 상실이 보장해 줄 수 있는 위로가 무엇입니까? 그 상실이 오직 당신의 죄 때문이라고 주지시키려 하는 그들의 믿음이 주는 위로는 무엇입니까? 그것은 곧 당신을 절망 속에 던져 넣지 않겠습니까? 숭고하고도 고난 받는 자가 말합니다. "아닙니다. 그들의 말은 조금도 나를 불쾌하게 하지 않습니다. 그것은 단지 진리에 반대될 뿐입니다. 나는 오직 진리를 붙듭니다. 나에게는 다른 관심거리가 없습니다. 순전한 자들과 함께 구원 받기 위해 죄인들과 함께 사라지는 것이 하나님의 뜻이라면, 그 무엇도 상관없을 것입니다. 나는 모든 것을 잃어버렸고 진리 외에는 어떤 것에도 관심이 없습니다."

22장

1. 엘리바스가 말을 시작하여 욥에게 답했다.

6. "네가 근거 없이 네 형제의 담보를 빼앗았고, 헐벗은 자의 옷을 벗겼다.

7. 또 곤비한 자에게 물을 주지 않았으며, 배고픈 자에게 빵을 주지 않았다.

8. 네가 네 팔의 힘으로 소유물을 얻었고

9. 과부를 빈손으로 돌려보냈으며, 고아들의 팔을 꺾었다.

10. 그런 이유로 덫이 너를 둘러싼 것이다.

오, 욥이여, 친구들이 당신이 결코 저지르지 않은 수많은 죄목으로 당신을 고소하지 않으면, 그들 때문에 가해지는 핍박들은 당신에게 너무나도 작은 일일 것입니다. 편견의 끝은 어디까지인지요. 하나님께 칭찬 받았으며, 모든 것을 빼앗길 때 저항 없이 허락한 이 사람이 가장 끔찍한 범죄와 거짓된 공의로 비난을 받았습니다.

예수 그리스도의 종들이 그분과 함께 범죄자의 위치에 서야 한다는 것은 사실입니다(막 15:28). 그들이 받아들여야 하는 핍박에는 한계가 없습니다. 또 종종 너무나도 많은 것들로 비난을 당하는데, 그것이 그들을 대단하고 놀랍게 만듭니다.

오, 하나님의 종들이 보호 받지 못하고 폭풍에 쓰러지는 모습을 보고, 아무 어려움 없이 그들을 끔찍한 범죄자라고 비난하는 사람들이 자기들의 잘못을 깨닫게 되면, 매우 놀라게 될 것입니다. 그들이 더 이상 그것을 인정할 수 없게 될 때, 그들은 그로 인한 벌을 받게 될 것입니다. 우리는 모든 판단을 오직 하나님께 맡겨 드려야 합니다.

29. 굴욕을 당하는 자는 영광 가운데 있게 될 것이다.

30. 그리고 순전한 사람은 그 손의 정결함으로 인해 구원 받게 될 것이다."

욥은 굴욕 당하는 자가 반드시 **구원 받게 될 것이라고 서슴없이 인정합니다.** 바로 이것이 그가 증명하려는 것입니다. 하지만 그는 **순전한 자가 그 손의 정결함으로 구원 받을 수 있다는 것은** 인정하지 않을 것입니다. 이것을 받아들이는 것은 자신의 구속자에게 너무나도 모욕적인 것입니다. 자신의 구속자의 구원 외에 다른 구원을 바라지 않는 영혼에게 구원을 줄 수 있을 만큼 충분히 정결한 손과 일들이 있겠습니까?

"나의 손이나 행위가 자신의 정결함으로 구원을 얻을 수 있다면, 나는 오직 예수 그리스도에 의해서만 구원 받는 기쁨을 위해 내 손이 불결해지기를 원할 것입니다. 그 순결함이 예수 그리스도의 것이 아니라면, 나에게 모든 순결함은 도리어 악한 것입니다. 이 주제에 대해 논쟁하는 것은, 내 생각에 책망 받을 만한 것이고 정죄 받아야 할 것이기에 무의미합니다"라고 욥은 말했습니다.

우리는 여기에서 욥이 일반 구원이 아니라, 철저하게 내면적이고 가장 깊은 자기 소멸로 부름 받은 영혼에 대해 말하고 있다는 것을 이해해야 합니다. 완전한 진리 속으로, 하나님의 모든 것과 피조물의 무의 상태로 들어가도록 부름 받은 영혼 말입니다. 구원을 위해 자신의 행위를 의지하는 일반적인 그리스도인들을 말하는 것이 아닙니다. 나는 행함이 없는 믿음은 죽은 것임을 너무나도 잘 압니다. 하지만 지금은 경우가 다릅니다. 우리가 말하는 영혼은 모든 선한 일을 위해 쓰임 받은 후 오직 자기가 소멸되었기 때문입니다.

자기가 행한 모든 선을 소진해 버리면, 피조물의 영향력을 이기기 위해 하나님의 역사가 그 영혼 안에서 강력해져서 그것들을 그런 식으로 흡수해 버립니다. 그러면 그 영혼은 그의 구원을 확신시켜 주던 축복이 넘침으로 인해(축복이 결핍되어서가 아니라) 그것들을 빼앗긴 것을 깨닫게 됩니다. 모든 권리를 포기하고 자기의 모든 유익에 대해 죽은 영혼들에게, 그들의 구원이 바로 예수 그리스도의 공로로 주어진 것임을 확신시켜 주는 것입니다. 이는 오직 자기 생명을 빼앗기고 완전히 자기가 소멸된 자만이 얻을 수 있습니다.

나는 모든 사람이 오직 예수 그리스도 안에서, 예수 그리스도를 통해서만 구원 받는다는 것을 압니다. 하지만 모든 사람이 자신의 행위가 아니라 오직 예수 그리스도만 의지하기 위해 온전히 자신을 포기하는 것은 아닙니다. 그러나 그들, 곧 자기 행위를 의지하는 자들이 모든 성도가 함께 이 땅에서 행한 그 모든 선을 행했을지라도, 그들의 구원은 자신의 행함으로 이뤄질 수 없습니다. 오직 예수 그리스도 외에는 어떤 구원의 소망도 가질 수가 없습니다.

23장

1. 그 후에 욥이 이렇게 말했다.

2. "내 말에 쓰라림이 가득하고, 나의 극심한 고통이 나의 신음으로 숨막힌다.

(사람들 가운데 가장 고난 받는 자인) 욥은 자신의 말이 **쓰라림**으로 가득하다고 말합니다. 어째서 처음보다 지금이 더 그렇습니까? 그들이 항상 당신과 싸웠던 것은 아니기 때문입니까?

그는 이렇게 대답합니다. "나에게 쓰라림을 주는 것은 그들이 오직 하나님께 속한 것을 우리의 노력으로 돌리고 싶어 하기 때문입니다. 그들은 나의 구속자이신 하나님의 것을 빼앗아 그분의 피조물들에게 너무나도 많은 것을 주고 있습니다. 이것은 내가 거룩한 질투심으로 하나님의 동기를 방어하게 만듭니다. 그들은 진리를 거부합니다. 이것도 내가 신음하는 원인입니다. 나의 첫 불평은, 내 **고통**을 경감시켜 주기는커녕, 오히려 **더욱 슬프게 만들었습니다.** 그들이 내 구속자의 공정한 주장에 대적하고 말로 거짓을 더했기 때문입니다."

3. 내가 하나님을 소유하는 것을, 그분을 찾는 것을, 그리고 그분의 보좌

에까지 닿는 것을 도와줄 자가 누구인가?

욥은 자신이 이야기하는 사람이 누구인지 말하지 않습니다. 그는 아무것도 설명하지 않습니다. 그는 자신의 구원자에게 잘못을 범하여 생긴 고통에 대해 오직 하나님께 말하고 불평하는 것을 모든 사람이 이해하는 것이 당연하다고 여깁니다. 하나님만이 이 슬픔의 원인과 애통에서 발생하는 사랑의 순결함을 이해하실 수 있기 때문입니다.

그는 말합니다. "오, 나의 모든 구원을 좌우하시는 하나님을 소유하도록, 그분을 찾을 수 있도록, 그분과 연합할 수 있도록, 그분을 붙들어 그분께 데려감을 당하도록, 그분을 사랑할 수 있도록, 그리고 모든 이기적인 자기 유익을 상실함으로 그분의 것을 제외하고는 다른 아무 유익을 갖지 못하도록 나를 도와줄 자가 누구입니까?

그분의 보좌에 가까이 갈 수 있다면 얼마나 행복하겠습니까! 보좌가 무엇입니까? 그것은 곧 **아버지**이신 **하나님**입니다. 주님께서 안식하시는 **아버지**의 가슴인 까닭에 그곳에 나를 숨기기 위해 그곳에서 나를 상실하기 위해 결코 다시는 나를 찾지 않기 위해, 나는 주님과 함께 그곳으로 들어갈 것입니다."

4. 나는 그분 앞으로 내 심판을 가져갈 것이다.

5. 그러면 그분이 내게 하실 말씀을 알게 될 것이다. 그리고 그분이 하실 말씀을 내가 이해할 수 있을 것이다.

나는 하나님 앞에 그분이 소송하신 심판을 **가져갈 것**입니다. 오직 하나님만이 공의와 심판을 집행하십니다. 그리고 나는 **그분께서 내게 응답해 주**

실 말씀을 알기를 너무나도 갈망합니다.

나에게는 훨씬 더 큰 갈망이 있습니다. 그것은 아버지의 품 안에 있는 신령한 **말씀**을 이해하는 것입니다. 여기서 신령한 말씀은 진리의 **말씀**입니다. 그렇게 되면 나는 주님이 자기가 소멸된 영혼 안에서 말씀하시는 것 외에 아버지 안에서 어떤 다른 말씀을 하시는지 알게 될 것입니다. 그분은 자기가 소멸된 영혼 안에서 오직 하나님의 모든 것 되심과 만유의 무가치함을 이야기하십니다. 곧 하나님의 능력과 모든 피조물의 철저한 무력함, 오직 두 가지 진리만을 선포하십니다. 그것은 하나님께서 모든 것 되시는 진리이며, 그 외의 다른 것은 무가치하다는 진리입니다.

6. **나는 그분이 힘을 다하여 나를 대적하여 싸우시거나, 혹은 그분의 위대하심의 무게로 나를 짓누르기를 바라지 않는다.**
7. **그분이 나를 대적하여 진리와 정의를 말하게 하실 것이며, 나는 재판에서 승리를 얻을 것이다.**

"나는 **그분이 힘을 다하여 나를 대적해 싸우시는 것을** 원하지 않습니다. 나에게는 싸움을 지원하고 지탱해 줄 것이 아무것도 없기 때문입니다. 그러니 그분이 **그분의 위대하심의 무게로 더 이상 나를 짓누르지 않게** 해 주십시오. 이것은 내가 바라는 것이 아닙니다. 나는 더 이상 반역하는 무가치한 존재가 아닙니다. 나를 멸하기 위해 그런 것이 필요할지도 모르겠습니다. 그러나 이제 나는 정복당하여 저항하지 않는 무가치한 존재입니다. 그러므로 나를 대적하는 힘은 조금도 필요하지 않습니다.

나는 그분께 나를 대적하는 진리와 판단을 내려 달라고 간청하며, 내가 승리할 것을 확신합니다. 그분은 내게 모든 인류가 갈망하는 진리, 곧 그분께서 모든 것 되신다는 진리와 우리는 아무것도 아니라는 진리 외에 어떤 것도 말씀하실 수 없기 때문입니다"

8. 내가 동쪽으로 향해도, 그분은 모습을 보이지 않으시고, 내가 서쪽으로 가도, 나는 그분을 이해하지 못할 것이다.
9. 내가 왼쪽으로 갈지라도, 어떻게 해야 할까? 나는 그분께 이를 수가 없다. 또 내가 오른쪽으로 향해도, 그분을 보지 못할 것이다.

욥의 이 독특한 표현은 우리가 아무리 주의를 기울이고 수고해도 하나님에 관한 어떤 지식이나 진리도 얻을 수 없다는 것을 알려 줍니다. 하나님께서는 모든 지식과 모든 연구와 모든 이해를 뛰어넘으시는 분입니다. 오직 믿음만이 우리에게 하나님에 관해 가르쳐 줄 수 있습니다.

10. 그러나 그분은 나의 길을 아시며, 불을 통과하는 금처럼 나를 연단하신다.

하나님만이 **이 길을 아십니다.** 그 길은 탁월하지만, 믿음과 자기 포기로 인해 너무나도 황폐하고 감추어져 있습니다. 욥은 "이 길은 하나님께서 인도하신 길입니다. **그분이 나를 순금같이 연단하셨습니다**"라고 말했습니다.

금을 어떻게 연단합니까? **불 속에서 연단합니다.** 사람들은 금을 녹이고 용해시켜서 흙과 불순물로부터 정결하게 합니다. 하나님께서는 영혼에게도 똑같이 행하십니다. 그분께서는 부끄러움과 고난의 혹독한 시련 속에서 사랑의 불로 영혼을 녹이고 용해시키십니다. 그리고 영혼을 녹이고 소모시키시면서 그 안에 있는 모든 세상적이고 물질적인 것을 멸하시고 오직 정결하고 온전한 사랑의 순금만 남기십니다.

11. 내 발이 그분의 걸음을 쫓았고, 내가 그분의 길을 지켰으며 거기서 벗어나지 않았다.

13. 그분만이 그러하시니, 그분이 계획하신 일을 성취하시는 것을 막을 자가 없고 그분은 진정 기뻐하시는 것을 행하신다.

욥은 **자신의 발이** 하나님께서 자신을 위해 정해 놓으신 **그 길을** 언제나 **따랐고,** 자기 포기의 길에서 결코 벗어난 적이 없었다고 선포합니다. 자기 포기의 길은 참으로 훌륭한 것입니다. 그리고 모든 사람이 자기를 멸하면 멸할수록 그 사람은 더욱 견고히 세워집니다.

사람들은 모두 너무나도 연약해서 수치 가운데 있는 다른 영혼들을 위로할 수 없습니다. 수치 가운데 있는 영혼들은 모두가 자기들을 위로하기는커녕 오히려 낙담시키려 할 때, 가장 극심한 고통 속에서 오히려 힘을 얻습니다. 또 어떤 사람들은 가장 작은 시련 속에서 동정받으면서도, 그 시련을 견뎌 내려고 마음을 다잡기가 어렵습니다. 어떤 이들은 가장 끔찍한 고통 가운데 학대받으면서 모든 것을 위해 자신들의 믿음과 확신과 복종을 키워 나갑니다.

오, 날카롭고 예리한 눈을 가진 자들은 누구나 이런 상황의 탁월함을 곧 발견할 수 있을 것입니다.

욥은 계속해서 **'하나님만이 그러하십니다'** 라고 말합니다. 그리고 그것이면 충분합니다. "내가 계속 고뇌하고 더욱 불행해지게 해 주십시오. 이는 문제가 되지 않습니다. **그분만 만족하시면** 됩니다. 그분은 불행하실 수가 없습니다. 아무도 그분의 계획을 저지할 수 없고, 누가 어떻게 해서든지 그것을 막으려 해도 **그분의 뜻이 성취되는 것을 막을 수는 없습니다.**

나는 오직 그분의 뜻만을 구하기 때문에 그분이 행하시는 모든 것에 만족합니다. 나는 그분께서 나와 함께하기를 갈망하시는 모든 것에 자신을 새롭게 복종시킵니다."

14. 그리고 나에 대한 그분의 뜻을 완수하실 때에, 그분께는 나를 괴롭게 하시는 다른 유사한 방법들이 많이 남아 있다.

"**그분이** 내 안에서 아무런 **저항 없이 그분의 뜻을 성취하실 때,** 그 모든 것 가운데, 내가 갈망하는 대로, **여전히** 나를 괴롭게 하실 **무한한 다른 방법을 발견하실 것**입니다."

순전한 사랑은 결코 충분하다고 말하지 않기 때문입니다. 한 종류의 고난이 다 끝나면, 그분은 또 다른 고난을 만들어 내십니다. 그러므로 어떤 사람이 한 가지 고난이 이제 막 끝났다고 생각한다면, 연인이 그의 슬픔을 즐거워하는 법을 배울 때까지, 그가 감히 손가락을 대어 만지지도 않던 싫어하는 것이 자신의 음식이 되기까지 더욱 슬프고 비참한 고난이 뒤따르게 됩니다. 그분은 계속해서 많은 사람들 가운데서 이와 동일한 뜻을, 동일한 방법으로 모든 세대 가운데 성취하실 것입니다. 그리고 그런 사람들은 모두 하나님 앞에 있습니다.

17. 내가 현저한 어둠으로 인해 길을 잃지 않았고, 내가 처한 이 애매한

상태가 그분의 얼굴을 완전히 가리지 않았기 때문이다.

"모든 사람의 눈에도, 나의 판단에도 **내가 길을 잃은 것처럼** 보이는 것은 **어둠 때문**이지 내가 실제로 **그러한 것은 아닙니다.** 나는 항상 하나님의 선하심을 신뢰하며 나의 소망을 바꾸지 않습니다. 하나님께서 어떤 행로를 택하시든 나는 그분께서 하실 모든 것을 갈망합니다."

24장

1. 전능하신 분의 때는 숨겨져 있지 않으나, 그분을 잘 아는 자들이 그분의 날들을 알지 못한다.

욥은 **하나님의 때**와 인도하심이 그분의 친구들에게 **숨겨져 있지 않다**고 선포합니다. 그들은 자신들을 위로하기 위해 박해하시는 것이, 곧 자신들을 생명으로 이끄시기 위해 죽이시는 것이 하나님의 방법이라는 것을 압니다. 그러나 **그들은 얼마나 많은 날들** 동안 하나님께서 자신들을 괴롭히려 하시는지, 그 고난들이 언제 끝날 것인지 **모릅니다.** 이 모든 것은 오직 하나님만 알고 계시는 그분의 비밀 속에 있습니다.

26장

5. **거인들이 그리고 그들과 함께 거하는 자들이 물 밑에서 신음한다.**
6. **그분 앞에서 지옥이 벌거벗은 듯이 드러나고, 암흑의 구덩이도 가려지지 않는다.**

여기에서 욥이 말하는 **거인들**은 강하고 높임 받는 자들이지만, 고난의 **물 밑에서 신음하는** 자들이며, 결국 그 고난에 질식된 자들입니다. 이들은 또한 자기들의 부지런함으로 구원 받을 것이라고 생각하는 자들입니다. 주님, 주께서는 당신의 능력을 나타내 보이시려고 그렇게 행하십니다.

당신 앞에 지옥이 드러납니다. 지옥을 가리는 것이 무엇입니까? 그것은 바로 죄입니다. 그러나 하나님 앞에서 이 지옥이 **벌거벗은 것처럼** 나타납니다. 그분은 영혼들이 지옥을 지나가게 하시면서 그들을 지옥의 고통 가운데 남겨 두시고 지옥의 덮개를 가져가 버리십니다. 그러나 오직 그분만이 지옥을 드러내실 수 있다면, 그분 없이 **암흑의 구덩이**를 피할 자가 아무도 없습니다. 또 그곳에 떨어지지 않게 보호해 줄 수 있는 **덮개**가 없을 것입니다.

오, 하나님, 구원이 주의 손에 있음은 얼마나 진리인지요! 이 구절은 매우 깊은 의미가 있고 불가사의합니다. 이를 경험한 영혼은 잘 이해할 수 있을 것입니다.

7. **그분은 협곡 너머 북편 바람을 펼치시고, 땅을 허공에 매달아 놓으신다.**
11. **그분의 뜻이 나타나자 하늘의 기둥들이 두려워 떤다.**

하나님은 성령의 입김으로 상징되는 북쪽 **바람**을 막힌 것이나 채워진 것이 아무것도 없는 **빈 공간 가득히 펴십니다.** 순수하고 깨끗한 **흙으로 형성된** 이 사람은 **허공에 매달려** 있습니다. 그를 지탱해 주시는 하나님 한 분의 능력을 제외하고는, 어떤 도움도, 어떤 지지도 찾지 못합니다.

오, 사랑이시여! 오직 당신만이 사람이 품을 수 없는 것을 하실 수 있습니다.

사람들이 감탄하는 **하늘의 기둥들**과도 같은 이 위대한 영혼들은 하나님의 두려운 **명령**이 **나타나자 두려워 떱니다.** 그것이 나타나는 것만으로도 두려움을 초래합니다. 왜 그렇습니까? 그들이 온전한 포기의 방법을 모르기 때문입니다. 그들은 가장 작은 멸시와 핍박에도 두려워합니다. 반면에 **허공에 매달린 땅처럼,** 자기가 소멸된 영혼들은 고통 없이, 저항 없이, 두려움, 염려 없이 그 일을 해냅니다.

13. **그분의 영이 하늘을 단장하시고 그분의 손이 도우심으로 똬리를 튼 뱀이 내어 쫓긴다.**

영혼을 단장하고 아름답게 하시는 분은 하나님이십니다. 영혼은 하나님께서 거하실 처소로 계획되었기 때문입니다. 그분께서 손의 능력으로 거짓과 인간의 본질적 특성인 **날렵한 뱀을 무찌르십니다. 거짓과 인간의 본질적 특성은** 극악무도한 **뱀이 사람 안에 불어넣은 악의입니다.** 그분께서는 죄인인 아담의 모든 것을 쫓아내시고 경이로운 방법으로 **천국**을 **단장**하시고 아름답게 하십니다.

14. 우리가 방금 이야기한 것은 오직 그분의 길들의 일부에 불과하다. 우리가 겨우 그분의 말씀을 살짝 맛볼 수 있었는데, 누가 그분의 위대함의 우레를 깨달을 수 있겠는가?

욥은 계속해서 하나님 편에서 말합니다. 사람들이 피조물의 공로로 돌리고 싶어서 임의로 바꾸는 하나님의 위대함과 능력을 보호하기 위해서입니다. 그는 영혼들을 향한 하나님의 경이로움을 **세세히 열거**한 후에 말합니다. "**이것은** 온전히 순전하고 거룩한 **그분의 길들의 일부에 불과**합니다. 우리가 무엇에 관심을 가졌든지 **우리는 바닷물의 맛**을 본 사람처럼, **그분의 말씀과** 그분의 인도하심을 살짝 겨우 받아들인 것일 뿐입니다. **그분의 위대하심의 우레**와 무한한 능력을 **누가 능히 묵상**하고 견딜 수 있겠습니까?"

27장

1. 욥이 덧붙여 말했다.

2. "내 판결을 빼앗아 가신 하나님이 살아 계시니 그는 내 영혼을 쓰라림으로 채우신 전능하신 분이다.

3. 나에게 생명의 호흡이 있는 한, 그리고 하나님의 영이 내 안에 있는 한,

4. 내 입술이 거짓을 말하지 않을 것이다.

욥은 하나님을 향한 열심과 열정으로 그리고 하나님의 진리에 대한 사랑으로 **하나님**만이 **살아 계시며**, 오직 하나님 안에만 진정한 생명이 있고, 하나님의 생명이 없으면 모든 것은 오직 죽음뿐이라고 계속해서 덧붙여 말합니다. 그리고 그분의 선하심을 따라 자기에게서 **이성**과 판결을 실행할 모든 능력을 **빼앗아 가시는** 분이 바로 하나님이라고 말합니다.

"능력을 행사하여 **내 영혼을 괴롭게 하신 분**이 하나님이십니다. 이것은 하나님께로부터 오는 것이기에, 하나님께서 주지 않으시는 모든 즐거움을 누리는 것보다, 나는 불행 속에서 오히려 더 행복한 자신을 발견합니다.

나에게 생명의 순간이 있는 한, 나는 이 삶을 하나님께서 어떤 분이신가를 선포하는 것에 사용할 것입니다. 그리고 생명을 주시기 위해서 **내 안에 계시는 동안,** 나는 오직 그분의 진리만을 진리의 은총 안에서

말할 것이며, 하나님의 진리에 맞서는 비 진리를 위해서는 어떤 **거짓도 말하지 않을 것**입니다.

오, 나의 하나님, **모든 사람이 거짓말쟁**이라는 것(시 116:11)은 얼마나 사실입니다. 오직 당신만이 진리이십니다. 오, 말씀이신 하나님이여, 당신은 하나님의 풍성이시고 진리의 풍성함이십니다. 또한 그 사람 안에서 말씀하시지 않으면 누구도 진리 안으로 들어올 수 없습니다.

10. 악한 자가 전능하신 분을 기뻐할 수 있으며 항상 하나님을 부르겠는가?

11. 나는 하나님의 능력으로 너희를 가르칠 것이요, 전능하신 분의 속성을 하나도 너희에게 숨기지 않을 것이다.

연인은 침묵할 수 없다는 말이, 사랑하는 사람에 대해 잠잠할 수 없다는 말이 얼마나 사실인지요! 욥은 하나님의 위대하심에 대해 말하는 것을 억제할 수가 없습니다. 그는 고난 받고 절망으로 내몰릴수록, 더욱더 열렬하게 하나님을 알리고 하나님을 사랑하게 됩니다.

"**악한 자가** 하나님의 무게 아래 짓눌리는 자신을 본다면, **그분의 능력 안에서 즐거워할 수 있겠습니까?**"라고 욥은 말합니다. "나는 나의 고난과 연약함 안에서 즐거움을 취할 것입니다. 그것으로 하나님의 능력이 더욱 나타나기 때문입니다. 내가 그분의 신령한 능력 아래 내던져질수록 그분이 너무나도 **강해서** 아무도 그분을 대적할 수 없기에 나는 더욱 기뻐합니다.

악한 자가 항상 하나님을 자신의 하나님으로 **부를 수 있겠습니까?** 그분이 그를 수많은 복으로 축복하셨을 때처럼, 그를 상처 입게 하시고 고난받게 하시고 멸하시고 죽이실 때도 그분을 사랑할 수 있겠습니까? 나는 그분을 더욱 사랑합니다. 그분께서 나에게 무정하고 잔인하실수록 더욱 사랑스러우신 그분을 발견합니다."

오, 악한 사람은 그런 사랑을 할 수 없습니다. 혹시 그가 그런 사랑을 한다면, 그는 악해지기 위해 사랑하는 것을 바로 그만둡니다.

"**나는 능력으로,** 나의 **하나님**의 통치권으로 **당신들을 가르치기를 간절히 원합니다.** 내가 열정적으로 사랑하는 **그분의 속성에 대해 당신들에게 숨기지 않으려** 합니다." 그분은 죽이고 살아나게 하시려고 그분의 **능력**을 사용하십니다. 상처를 입히고 낫게 하시기 위해 그렇게 하십니다. 그분의 손에 죽는 것은 생명처럼 달콤하고, 그 상처는 치유만큼 즐겁습니다.

28장

3. 그분은 흑암의 때를 제한하셨고, 세상에 알려지지 않은 곳의 암석과 사망의 그림자까지 모든 것의 종말을 생각하신다.

욥은 **하나님께서 어둠**과 난해함의 **시기를 정해 두셨다**고 말합니다. 모든 것에 운명을 지우고 감독하시는 분이 하나님입니다. 누구도 정해진 시간을 연장하거나 단축할 수 없습니다. **그분은** 영혼이 통과하는 단계마다 **모든 시간의 종말을 생각하십니다.** 시간을 종결하는 것은 그분께 속한 것이며, 한 단계를 통과한 후에 다음 단계로 들어가게 하는 일도 그분의 일입니다.

세상에 알려지지 않은 곳의 암석은 애매한 상황의 영구성입니다. 이를 이해하기 위해서는 영혼이 오랜 기간 양자택일의 상태에 있었음을 이해해야 합니다. 완전한 상실과 낮이 없는 어둠 속으로 들어가기 전에, 어느 시기는 어둠 안에, 또 어느 시기는 빛 안에 있었습니다. **세상에 알려지지 않은 곳의 암석**은 이후에 영혼을 영원한 낮과 영원한 빛 안으로 들어가도록 준비시키는 어둠의 확고함, 불변함, 냉담함, 그리고 견고함을 뜻합니다. 세상에 알려지지 않은 곳의 암석은 **죽음의 그림자**입니다. 그것은 점차적으로 죽음을 생산하는데, 영혼이 지속적인 어둠 속으로 이끌림 받지 않으면 영향을 받을 수 없기 때문입니다.

모든 빛은 아무리 흐릴지라도 죽음을 방지하고 연기시킵니다. 주어진 모든 생명이 힘을 전이시키고 죽음을 방지하듯이 말입니다. 그래서 대다수의 영혼은 완전하게 기질적인 죽음에 이르지 않은 채, 결코 진정한 절망을 느끼지 않고, 그들을 지탱해 주는 삶의 순간과 빛을 항상 간직하고 이 과정을 통과합니다. 그들은 항상 어떤 의지가 되는 것을, 어떤 비밀스러운 소망을 가지고 있기 때문입니다. 하지만 그들은 이 사실을 인정하지 않습니다.

4. 급류가 사람으로부터 격리되어, 가난한 자가 잊어버린 길들과 그 길에 더 이상 없는 자들을 신속히 지나간다.

몹시 애매해 보이는 이 구절은, 우리가 물의 나뉨과 비교하여 열등한 부분에서 우등한 부분이 **분리되었다**고 말한 내용을 생각하면 쉽게 이해될 수 있습니다. 이들은 **급류**처럼 맞닥뜨리는 모든 것을 넘어 **지나가면서,** 평범한 **사람들과 분리되어 공통점이 거의 없는** 사람들을 한데 모읍니다. 이들의 수는 매우 적은데, 이렇게 넘어가면서 발견되는 영혼이 거의 없기 때문입니다. 급류는 모든 빈곤과 **망각 가운데 있는 영혼들**을 지나쳐갑니다. 넘어가지 못할 자가 아무도 없습니다. 심지어 **그 길 밖에 있는 사람이나** 가장 마지막에 도착한 사람까지도 말입니다.

마지막에 도착한 사람들 가운데 어떤 이들은 담대하고 용맹한 독수리처럼 다른 새들을 넘어서 (그들보다 높이) 납니다. 그러나 이러한 영혼들은 물의 나뉨이 완성되고, 물이 아무것도 남기지 않고 완전히 쓸어 버렸을 때 (13:24,25 설명 참고), 놀라운 상실을 통과해야만 합니다. 오, 이것은 너무나 드문 일이며 사람이 말할 수 있는 것보다 훨씬 더 드문 것입니다.

5. 시절을 좇아 양식을 내는 이 땅이 불에 살라지며

하나님께서 정하신 때에 어린아이들과 힘센 자들에게 음식을 공급하기 위해 양식이 풍성한 땅이, 부유하고 기름진 땅이 오랫동안 불모의 땅이 되어야 할 뿐만 아니라, **불에 의해 소멸되어야** 하고, 어떤 생물체도 없이 진멸되고 전멸당해야만 합니다.

6. 이들은 사파이어를 내는 바위들이요, 그곳에는 금도 있다.

그 땅이 완전한 멸망에 이르러 그 안에 소멸되거나 전멸되지 않은 것이 없을 때, 그 소멸이 하나님이 계획하신 대로 완전해졌다고 내가 말할 때, 그 땅의 **어둠**과 죽음의 **돌**이 **사파이어로 변화됩니다. 그 땅은** 어둠 안에서 영혼이 소유한 확고부동함을 빛 안에서 동일하게 소유하게 됩니다. 이런 이유로 멸망의 때에 그 땅의 돌은 **사파이어**와 **보석이 있는 곳이 될 것이라고 성경은 말합니다. 그것은** 어둠 속에 있던 아름다운 빛의 날 속에서 동일한 확고부동함으로 존재합니다. 거칠고 평탄하지 못한 땅은 완전한 사랑의 가장 순결한 **금으로** 변화됩니다.

7. 거기에 이르는 길은 새들도 알지 못하고, 독수리의 눈도 그것을 본 적이 없다.

새들, 곧 하나님의 길을 걷기보다는 날아가는 이 영혼들, 그들의 깨달음으로 천국에 이르는 영혼들은 무척 애매하고 숨겨진 **이 길을 알지 못합니다.**

"오, 하나님, 당신만이 길을 드러내실 수 있고, 당신께서 기뻐하시는 자만이 통과할 수 있습니다. 하지만 당신께서 인도하시지 않은 자들에게는 언제나 무지로 남아 있을 것입니다." 발견한 먹이를 움켜쥐는 독수리처럼 깊은 지식의 눈은 그 길을 **보지도 못합니다.** 그 길은 사물을 이해하는 일반적인 길에서 멀리 떨어져 있습니다.

8. 상인의 아들들이 그 길을 따라가지 못했고, 암사자도 그 길을 지나간 적이 없다.

상인의 아들들은 노력과 근면함과 자선 베풀기, 선행으로 천국을 **사려 하는** 영혼의 가장 거룩한 행위를 나타냅니다. 이들은 녹과 좀과 벌레들이 해할 수 없는 훌륭한 물품과 안정된 교통과 축적된 보화를 어떻게 선택하는지를 확실히 알고 있는 행복한 **상인들**입니다. 그러나 이들은 모두 그 길 입구에 있으면서도, 그 길을 **지나가지도 따라가지도 못했습니다. 사나운 사자,** 곧 모든 위험을 극복한 담대하고 용맹한 영혼, 모든 적을 무찌르고 승리한 영혼, 자신이 행한 모든 것을 완성하고, 모든 반대를 정복한 영혼들도 이 길을 **지나간 적이 없습니다.**

9. 그분이 바위를 향해 손을 뻗으셨고, 산들을 그 기초까지 뒤집어엎으셨다.

이 구절을 온전히 이해하려면, 이 영혼이 하나님의 전능하신 손에 **뒤집어엎어지기** 전에 먼저 자신이 자기 힘으로 들어올린 산과 같다는 것을 반드시 알아야 합니다. 그 산은 모든 사람에게 칭송 받으며, 확고부동한 바위처럼 행복하게 세워진 것처럼 보입니다. 그러나 **하나님께서는 이 바위를 향해 손을 뻗으시고** 손도 대지도 않으신 채, 곧바로 **뒤집어엎으십니다.** 이 영혼이 하나님의 손길에 소멸될 수 있다면, 가장 극심한 슬픔을 야기할 수 있다면(우리의 거룩한 고난자가 다른 곳에서 언급했듯이, 19:21), 참 좋을 것입니다.

친구들이여, 하나님께서 내게 손을 대셨으니 적어도 나를 불쌍히 여겨 주십시오. 하나님께서 치시려고 그 능력을 그에게 향하는 것처럼 **그분의 손을 뻗으실** 때, **그분께서는 그 영혼을 완전히 뒤집어엎으십니다.**

10. 그분은 바위들 가운데 강들을 가둬 두시고, 그분의 눈은 모든 진귀한 것들을 보셨다.

이 **강**은 그 물이 맑고 순수해서 작은 소리를 내며 부드럽고 고요하게 흐를지라도, 갑자기 **가로막혀** 어둠의 **바위들에** 삼켜집니다. 그러면 강물이 **더 이상** 흐르지 않습니다. 아무것도 숨길 수 없는 신령한 **눈**이 **이와 같은 방법으로 존귀하다 여겨지는 모든 것을 지켜보았습니다.** 그분은 오직 그것을 무너뜨리고 멸망시키기 위해 보신 것입니다.

11. 그분은 또한 강의 깊은 곳들을 주의 깊게 살피시고 그 숨겨진 것들을 빛으로 인도하신다.

오, 하나님, 주님은 주의 깊게 살펴보시지도 않고 귀중하게 보이는 것들을 바라만 보시는 것에 만족하지 않으십니다. 당신은 위엄 있고 장대하게 흐르는 강의 **가장 깊은 곳까지 들어가셔서 살피시기 때문입니다.** 뭐라고요! 왕국의 부를 상징하는 그 강들은 상인들에게 매우 유용하며 몹시 아름답습니다. 그 위로 수많은 사람이 항해하며 마침내 모든 사람이 격찬하는 강들은 모든 방향으로 그들의 명성을 내보냅니다.

나의 하나님, 당신께서는 가장 깊은 부분들 속에서 강들을 살피기 위해 가십니다. 그렇다면 당신은 무엇을 찾으십니까? 부유함인가요? 아닙니다. 부유함은 오직 바다 깊은 곳에서만 찾을 수 있습니다. 이 물은 다른 물들과 다릅니다. 다른 물들의 표면은 아름답지만, 심연에는 진흙과 모래만 있지만, 이 물은 심연에 보물을 가득히 지니고 있어도 표면에는 거품과 어둠만 있습니다.

그런데 (이런 표현을 사용하기에) 바다는 눈에 띄는 특성을 가지고 있습니다. 바다는 줄어들지도, 늘어나지도 않습니다. 하지만 강은 때에 따라 달라집니다. 가뭄에는 줄어들고, 물을 조금이라도 공급받으면 수위가 올라갑니다. 오, 이것이 영혼들 안에서 얼마나 자연스러운 일인지 볼 수 있는 사람이 누구일까요? 이 얼마나 감탄스러운 강입니까, 그러나 바다는 그렇지 않습니다. 상실하지도, 흘러들어 가지도 않는 바다. 강은 더 이상 바다와 함께 있지 않지만, 하나이며 바로 그 바다입니다.

강과 같은 영혼은 나누어 주면서 고갈됩니다. 이 때문에 나누어 주면 안 되는 것입니다. 하나님께서 그들을 축복으로 채우실 때, 자연스럽게 수위가 올라갑니다. 때로 자신들의 교만과 메마름에 무지한데도 말입니다. 그러나 하나님 안에서 변화되어 바다가 된 영혼은, 변함없이 지속적으로 스스로 교통하면서, 수위가 오르지 않아도 그칠 새 없이 공급받습니다. 바다는 언제나 동일하며, 바다의 표면은 눈을 즐겁게 할 수 없는 거품으로 덮여 있지만, 심연에는 모든 부유함이 존경스럽고도 측량할 수 없는 방법으로 담겨 있습니다. 내가 조금 주제를 벗어났으나, 무익하지 않을 것입니다.

그때 하나님께서는 **강의 깊은 곳**에 무엇이 있는지 보시려고 숨겨진 장소들을 살피십니다. 오, 사랑이시여, 당신은 그곳에서 무엇을 찾으십니까? 그것은 진흙과 모래이고, 가장 미약한 것에 동요되고 방해 받는 불결한 땅 주인과 매우 강한 인간의 본성적 특성입니다.

오, 사랑이시여, 당신은 이 강에 있는 것을 **나타내시려고** 어떻게 하십니까? 당신은 강의 심연을 휘저으시고 문제를 일으키십니다. 그러면 온통 흙탕물이 되어 불결하고 탁해집니다. 그 물은 다만 방해하는 것이 없었기에 아름답고 맑았을 뿐입니다. 이 물을 괴롭힘이 얼마나 위대한 축복인지요! 그것은 악의 근원, 곧 인간의 본질적 특성을 치유하면서 모든 악을 **치유하는 못**(pool)**입니다**(요 5:4). 치유되기 위해서는 진흙이 보이도록 심연을 휘저어야만 합니다. 만약 그렇지 않으면, 강물은 언제나 맑고 잔잔하게 보일 것입니다.

12. 그러나 어디에서 지혜가 발견될 것인가? 그리고 분별이 있는 곳은 어디인가?

13. 그 가치를 사람이 알지 못하고, 즐거움 가운데서 사는 자들의 땅에서 그것을 찾을 수가 없다.

그렇지만 **지혜를 찾을 수** 있는 자가 어디에 있습니까? 오, 지혜시여, 예수 그리스도시여, 오직 하나님 한 분 안에서 진보의 때의 풍성함 속에서 자신을 실현시킨 자들만 하나님을 발견합니다. 어리석음으로 여겨지는 지혜, 당신은 어디에서 찾을 수 있습니까? **당신의 지식이 있는**

곳은 어디입니까? 만약 **하나님께서 계시해 주시지 않으면,** 신령한 지혜의 근원과 유래를 누가 이해하겠습니까?(눅 10:21)

지혜를 알고 배우기 위해 우리는 거룩한 지혜의 근원이자 기원이신 하나님 안에 사로잡혀야 합니다. 그 근원은 아버지의 품입니다. 그곳에서 영혼은 예수 그리스도와 함께 숨겨져, 진실로 예수 그리스도가 어떤 분인지 배우게 됩니다. 외적으로, 자기 생명의 행위로 주어진 모든 지식은 매우 희미하고 깊이 없는 지식입니다. 말씀의 영원한 세대를 발견하고 그것을 말하기 위해서는 사도 요한처럼 하나님의 품속에 있어야 합니다.

오, 말씀의 하나님! 당신의 진리를 말하기 위해, 당신이 어떤 분이신가에 대한 지식을 얻기 위해, 오, 자존하시는 지혜여, 우리는 주님께 몰입하고 아버지의 품안에 당신과 함께 숨겨져야 합니다.

그러나 자존하고 성육신하신 지혜를 누가 알겠습니까? 욥은 그것에 관해 우리에게 무엇인가를 말해 주어야만 합니다. 그는 **'사람은 그 길을 모릅니다'** 라고 말했습니다. 우리 안에 어떤 죄성이 축출되지 않고 남아 있으면, 이 지혜를 발견하는 것은 불가능합니다. 오, 존경스러운 심연이여! **지혜는 영적 즐거움 속에 살고 있는 자들의 영혼 속에서는 찾을 수가 없습니다.**

14. 깊은 구덩이가 말하기를 "그것은 내 안에 없다" 하며, 바다가 말하기를 "그것은 나와 함께 있지 않다" 한다.

무와 비참함의 **깊은 물이 말합니다.** "이 지혜가 **내 안에** 없습니다. 내가 광대해도 오직 지혜가 나를 포함하지, 내가 지혜를 포함할 수 없기 때문입니다." 격렬함에 삼켜진 사나운 **바다,** 가장 위대한 은혜의 바다, 그러나 여전히 갇혀 있고 제한되어 있는 **바다**가 말합니다. "이 지혜, 곧 예수 그리스도께서 **우리와 함께 계시지 않습니다.** 그렇다면 우리가 어디에서 그것을 찾을 수 있다는 말입니까?"

15. 그것은 순금으로 얻을 수 없고, 은의 무게로 살 수 없다.

하나님을 향한 우리의 사랑이 가장 훌륭하고 정결한 순금일지라도 지혜의 가치에는 떨어지고, 지혜를 살 수 있으리라는 기대와도 거리가 멉니다. 모든 행실과 가장 거룩한 선행도 하나님 앞에서는 지혜와 비교가 되지 않습니다. 말씀의 성육신은 어느 것과도 비교할 수 없는, 하나님의 순전한 선하심의 열매이기 때문입니다. 가장 밝게 타오르는 천사, 성도들의 가장 거룩하고 순전한 행위도 위대한 축복에 비할 수 없으며, 어떤 연관도 품을 수 없습니다. 만약 사도 바울이 그 영광에 대해 이처럼 말했다면(롬 8:18), 지혜이신 예수 그리스도에 대해서는 얼마나 더 많이 증거해야 하겠습니까? 오, 예수 그리스도시여, 당신은 누구에게 당신을 계시하십니까?

16. 그것은 인도 직공의 염색물, 혹은 매우 진귀한 붉은 줄마노와 사파이어 보석과 비교할 수 없고
17. 금이나 상아도 그것의 가치에 비길 수 없으며, 금으로 된 그릇으로도 그것을 바꿀 수 없다.

모든 참회와 교회를 피로 붉게 만든 순교자들은 진실로 구원을 얻을 만한 가치가 있습니다. 그러나 인간의 어떤 공덕으로 신령한 지혜를 얻을 수는 없습니다. 신령한 지혜는 틀림없는 하나님이시며, 하나님의 은혜로 얻을 수 있습니다.

순결한 믿음을 상징하는 **진귀한 붉은 줄마노**는 그것이 갈망하는 모든 것을 성취하고 **산을 옮길** 만큼 효험이 있지만(막 11:23), 신령한 지혜를 끌어모을 만한 능력은 없습니다. 상아에 비교된 순결한 사랑과 처녀의 순전함도 이 거룩한 지혜와 결코 비교가 되지 않습니다. 지혜와의 관계에서 순수한 사랑은 순수한 것이 아닙니다. 처녀의 순결함도 지혜의 순결함에 비하면 불결한 것이고, **결코 그것에 비길 수가 없습**니다.

거룩한 고해자와 모든 성자들의 영혼인 **금 그릇들**로도 그 지혜를 값 주고 살 수 없고 신령한 지혜를 **바꿀 수도 없습니다.** 천사와 성자와 순교자와 처녀와 성모의 거룩함까지 모두 한데 모아 보십시오. 그 모든 것을 지혜와 비교하거나 성육신을 얻을 수 있는 저울에 단다면, 그 무게와 가치에서 그 모든 것은 곡식 한 알보다 작습니다.

오, 너무나 조금 알려진 지혜여! 당신은 오직 아버지만이 당신을 알려주십니다. 오직 성령님만이 당신을 사랑하십니다. 오, 주께서 지식 없이 지혜에 대해 살짝 알려 주신 자들은 측량할 수 없는 지혜에 깊이 빠져 삼켜져 버렸습니다! 영원토록 이 지혜의 새로운 것들이 성도들에게 계시될 것이며, 성도들은 지혜가 무엇인지를 완벽하게 알 수 있는 영원을 지나지 않아도, 매 순간 사랑스러움과 새로운 아름다움에 넋을 잃게 될 것입니다.

오, 지혜여! 나를 상실합니다. 당신 안에서 자신을 잃지 않을 자가, 당신께 빠져들지 않을 자가 누가 있겠습니까!

18. 가장 탁월하고 훌륭한 것들도 그 지혜와 이름조차 겨룰 수 없다. 그

러나 지혜는 그것이 발생하는 곳에서부터 이미 비밀스런 근원을 갖고 있다.

예수 그리스도이신 이 지혜에서 나온 것이 아니면, 그것이 아무리 훌륭해도 가치가 없습니다. 가장 가치 있는 것도 지혜가 없으면 무가치한 것입니다. 가장 하찮은 것도 지혜와 함께라면 소중한 것이 됩니다. 모든 것에 가치를 부여하는 것은 바로 지혜입니다. **지혜는 비밀스런 근원에서,** 신성한 광대함에서 교통하기 위해 밖으로 나왔기 때문입니다.

20. **지혜는 어디에서 오는가? 그리고 깨달음이 있는 곳은 어디인가?**
21. **그것은 살아 있는 모든 것의 눈에 가려졌고, 하늘의 새들에게도 알려지지 않았다.**

"지혜는 어디에서 옵니까, 그리고 깨달음이 있는 자리는 어디입니까?" 라고 지혜의 연인은 다시 말합니다.

오, 위대한 예언자여, 우리에게 말해 주십시오. 당신은 그것을 어디에서 찾을 수 있는지 우리에게 알려 주지도 않고, 그것이 없는 곳만 말해 줍니다. 당신은 지혜가 갈망하는 사람이나 혹은 그것을 향해 달려가는 사람이 얻을 수 있는 것이 아님을 잘 알기 때문입니다.

그러나 지혜는 그분에 대한 것이며, 홀로 그것을 지니신 분, 그분만이 주실 수 있습니다. **그것은** 죄의 삶이든 혹은 은혜의 삶이든 **살아 있는 모든 것의 눈에 숨겨져 있다**고 당신은 말합니다. 더욱이 일생 동안 겪는 모든 생동감 있는 훈련이 거룩하고 존귀해도 지혜를 발견하지 못합니다. 하나님의 은사 가운데 가장 숭고한 방식으로 **거하는** 영혼들은 지혜를 아는 지식을 갖지 못합니다. 자신의 묵상의 힘으로 땅을 딛지 않고도 하나님의 임재 안으로 날아오르는 천상적인 **영혼들에게도 신령한 지혜는 알려지지 않았습니다.** 모든 사람이 보지 못하는 그 영혼들은 너무나도 존귀해져서 지혜(예수 그리스도)와는 잘 교제하지 못합니다.

예수 그리스도이신 지혜에 대해 그들에게 말하십시오. 그들은 지혜를 단지 묵상이나 예수 그리스도에 대한 고찰로 받아들일 것입니다. 영혼이 하나님 안에서 상당한 진보를 하게 되면, 때가 차서 일어나는 성육신에 대해 그들에게 말하십시오. 그들은 이것을 영혼이 하나님의 본과 그분의 단계들을 따르도록 예수 그리스도에 의해 빚어지기 위해 전적으로 구별되어야 하는 첫 번째 단계로 여길 것입니다.

22. 멸망과 사망이 말했다. "우리가 우리의 귀로 그 지혜의 명성을 들었다."

조금의 여지도 없는 완전한 죽음, 곧 완벽하게 자기가 소멸되는 전적인 상실이 홀로 **말했습니다. "우리는** 오직 **그 소문만 들었습니다."** 자신을 완전히 상실한(사람이 상실을 경험하면, 그는 하나님 안에서의 상실도 경험합니다 – 작가의 말), 죽고 전멸된 영혼들에게만 지혜(예수 그리스도)에 대한 약간의 지식과 경험이 주어집니다. 이것은 희미한 **소리**일지라도 그들에게 지혜에 대해 알려 주는 위대한 통로가 됩니다. 우리가 어떤 저명한 사람들을 널리 회자되는 그들의 명성을 통해 아는 것처럼, 멸망과 사망은 이 상태에 있는 영혼들에게 하나님께서 드러내신 지혜, 곧 예수 그리스도에 관한 지혜를 먼 곳에 듣게 됩니다.

23. 하나님만이 그 길을 이해하시며, 오직 그분만이 진정 지혜의 처소를 아신다.

그 길은 하나님 자신이시므로 **하나님만이** 말씀의 **길**과 **방향을 아십니다.** 그 길은 그분을 벗어나지 않으며, 그분에게서 나와 그분께로 돌아갑니다. 하나님만이 그 처소를 아십니다. 그곳은 다름 아닌 **그분 자신**이시며 그분 외에는 아무도 그곳을 알 수 없습니다. 그분은 자기가 소멸된 영혼에게 지혜의 어떤 것을 드러내실 수 있습니다. 그렇지만 그것은 멀리서 듣는 것과 같고, 지식이라기보다 소문 같습니다.

이 모든 것은 지금도 모든 인류에게 널리 알려지지 않은, 아무도 그 대가를 알지 못하는 진정한 지혜라고 정확하게 선언할 수 있습니다. 현명한 자들은 이것을 어리석다고 생각합니다. 이것은 유대인에게는 걸려 넘어지게 만드는 돌이요, 이방인에게는 우매한 것입니다. 그럼에도 불구하고 **하나님의 어리석음**(고전 1:25)**이 사람의 가장 위대한 지혜보다 더 지혜롭습니다.**

오직 모든 것의 상실과 완전한 죽음 안에서만 우리는 참된 지혜를 아는 지식을 얻을 수 있습니다. 그것은 우리 자신을 살리는 것이 아니라 도리어 엎드리는 것입니다. 또 현명한 자에게는 숨기시고 작은 자들에게는 나타내시는(마 11:25) 하나님의 모든 뜻에 대한 변하지 않는 단순성을 지니고 있습니다.

잘 짜인 지혜는 일반적으로 모든 인류에게 무시되고, 어리석은 것으로 간주됩니다. 지혜는 누구나 얻을 수 있는 것이 아닙니다. 누구도 완전한 포기를 통해 자신의 지도력과 거짓된 지혜를 잃는 것을 원하지 않기 때문입니다.

29장

1. 욥이 계속하여 말했다.

2. "하나님이 친히 나를 지켜 주시던 그 행복한 날들처럼, 나로 하여금 다시 이전의 내가 되게 해줄 자가 누구인가?

가장 위대하고 신령한 빛으로 가장 많은 깨달음을 얻은 영혼들이 육신의 부패에 만족하기가 어렵다는 것을 깨닫는 것은 놀라운 일입니다. **사람이 이전의 상태를** 갈망하지 않기 위해서는 두려운 전멸이 있어야 합니다. 욥은 우리에게 신령한 상태의 가장 깊은 곳에 무엇이 있는지를 선포했으며, 그것은 바로 아버지의 품 안에 있는 예수 그리스도, 영원한 지혜라고 했습니다.

그런데도 욥은 자신이 빛의 단계에 있는 것으로 인해 슬퍼합니다. 나는 욥이 자신의 성품 안에 나타나는 모든 내적 길을 표현하기를 열렬히 갈망했기에 분명 내면의 모든 연약함 또한 우리에게 보여 주기를 원한다고 믿습니다.

그는 말합니다. "나를 평안과 깨달음이 가득하던 그 시절의 내가, **하나님의** 특별한 공급하심으로 돌보고 보호하시며 너무나도 이해가 되어 **한 걸음씩 그 길을 따라가던 그때의 내가 되게 해줄 자가 누구입니까?** 나는 모든 것들 가운데 그것을 볼 수 없습니다. 하나님께서는 나를 보호하셨습니다.

내가 넘어지지 않게 지켜 주셨습니다. 그렇게 하시려고 모든 거짓된 걸음을 살펴보게 하셨습니다. 나는 모든 원수들을 피해 그분 안으로 피했고, 항상 그분의 임재에 사로잡혀 있었습니다."

3. 그분의 등불이 내 머리 위를 비출 때, 내가 어둠 가운데 그분의 빛 안에서 걸을 때,

"조명의 **등불**과 뚜렷하고 감각 있는 지식이 내 마음을 채운 그때, 보이지 않는 하나님의 빛의 지원을 받으며, 나는 신앙의 가장 모호하고 **어두운 계절들** 속에서도 자신감 있게 **걸었습니다.**"

4. 하나님이 나의 장막에 비밀스레 거하시던 나의 젊은 날과 같았으면

"**하나님께서 실제적이지만 감춰진 방법으로 나의 깊은 곳에** 처음으로 깊고 유쾌하고 기분 좋은 방법으로 **거하시던** 그때, 곧 그분의 임재로 나를 온전히 채워 주시던 영적 **유아기 시절**의 내가 될 수 있도록 허락해 줄 자가 누구겠습니까? 그 시절 나는 황폐하고 분별력이 없으며 평범하고 혼란스러우며, 보이지 않고 생각도 없는 매우 단순한 상태였지만, 하나님께서 거기에 계심을 느꼈고 알았습니다."

5. 전능하신 분이 나와 함께 계셨고, 자녀들이 내 주변에 있던 때,
6. 나의 발을 버터에 씻기고, 반석이 나를 위해 기름 강물을 내던 때,

"**전능하신 분께서 나와 함께 계실 때,** 그분 능력의 힘으로 내가 놀라운 일들을 행했을 때, 아무것도 두려울 것이 없었을 때, 마치 내가 기이한 일들을 행할 수 있게 그분의 팔의 힘을 지니고 있는 듯했습니다. 나는 주변에서 내가 행한 선한 일들을 보았고, 나의 모든 일이 나를 기쁨으로 채워 주었습니다.

나의 애정이 버터의 달콤함으로 정결하게 되었을 때, 마치 내가 갈망하는 대로, 당신 안에서 발견한 대로 나 자신을 씻은 것 같았습니다. 오, 신령한 임마누엘이시여, **버터와 꿀**을 드시며(사 7:15), 당신은 그것으로 모든 불결함에서 나를 정결하게 하시는 분입니다. 만약 당신의 훈계의 법도 안에서 걸을 때 그 길에서 접하는 티끌로 인해 더럽혀졌다면, 나는 즉시 성스러운 **버터로 나를 씻을 것입니다.** 오, 신령한 구세주여, 살아 있고 모퉁이 돌인 당신께서 당신의 지극히 풍성한 은혜로 내 위에 **기름의 강물을 부으셨습니다.**"

7. 내가 성문에 앉으려 나가던 때, 그들이 거리에서 나를 위해 높은 자리를 예비하던 때,
8. 나를 보는 젊은이들은 스스로 숨었고 늙은이들은 일어나 섰다.
9. 통치자들은 말을 삼가하였고,
10. 귀족들은 침묵하였다.

"얼마나 많은 깨달음과 힘, 능력, 황홀함, 경이로움과 기이한 일들의 신뢰와 명성이 기름의 강물을 소유한 자들에게 주어지는지 참으로 놀라운 일입니다. 모든 사람이 그것을 주목합니다. **귀족들과 지도자들까지도** 너무나도 큰 존경심을 품고, 이 예언을 경청하며 그것으로부터 지혜와 조언을 얻는 것을 즐거움과 의무로 여깁니다."

11. 나의 말을 경청한 귀들이 나를 축복하였고 나를 본 눈들이 선포하며 증거했다.

12. 그것은 가난한 자가 그의 극심한 빈곤으로 인해 큰 소리로 부르짖을 때, 내가 그를 구원하였고 의지할 곳 없는 고아들을 건져 주었기 때문이다.

욥은 영적 번영의 시간을 통과하는 영혼의 모든 상태에 대해 분명하게 이야기해 줍니다. 그 시절을 지나온 모든 사람은 이 구절에 자기들의 모습이 묘사되어 있다는 것을 깨달을 것입니다.

깨달음을 얻은 영혼의 **말을 듣는** 모든 사람들이 그 영혼에게 수많은 **축복을 주는 것이** 사실입니다. 그들의 위대한 구제 행위를 **본** 사람들은 그들을 칭송하며 그들의 숭고함을 **증언합니다.** 병자를 **돌보고 고난 받는 자**를 위로하고 기근에 처한 자에게 빵을 주고, 모든 구제 사업을 얼마나 즐거워하는지, 그들이 얼마나 많은 **고아들**을 돕고 생계를 유지할 방법을 제공해 주는지 증거합니다. 인간은 오직 자신의 부를 나누어 주기 위해 소유하는 것 같습니다. 또 사람은 다른 사람들의 궁핍을 돌아보기 위해 자기 자신을 잊어버리는 것 같습니다.

13. 멸망하게 된 자가 나를 넘치도록 축복해 주었고, 내가 나이 든 자들의 마음을 위로해 주었다.

14. 내가 의의 옷을 입었으니, 판결 가운데 지킨 정의가 나의 의복이 되었다.

성경은 욥이 강탈당하기 전에 어땠는지 상세하게 이야기해 주는데 거기기에는 그럴 만한 이유가 있습니다. 영혼들이 오직 잘 입혀진 후에 벌거벗겨진다는 것을, 그들이 입었던 만큼 빼앗기게 된다는 것을 보여 주기 위해서입니다. 대단히 작게 시작한 수많은 영혼들은 처음에는 궁핍과 결핍의 상태로 들어가서 거기에 있어야 한다고 생각합니다. 그런데 이것은 그들이 크게 미혹된 상태이기 때문입니다. 그렇게 하는 것은 하나님께 속한 일이며, 할 수 있는 만큼 옷을 입는 것이 우리의 일입니다.

멸망하게 된 자의 축복이 욥에게 부어졌는데, 그것은 욥이 도움과 돌봄으로 그를 구해 주었기 때문입니다. 한 사람이 얼마나 많은 영혼을 지옥과 멸망에서 구원하는지요. 도와주지 않으면, 얼마나 많은 가련한 소녀들이 가난과 결핍에 멸망하게 될런지요. 고통 받는 과부들을 입(말)과 손으로 어떻게든 위로하지 않을 자가 있는지요!

진실로 오직 한 분만이 **의의 옷을 입으셨습니다.** 그것은 선한 행동을 하거나 덕을 지니는 것이 아닙니다. 대단히 순결하게 행하는 것이 아닙니다.

오직 한 분만이 완벽하게 정의로우시고, 모든 것을 가장 **공정하게,** 결코 누구도 정죄하지 않고, 모든 이를 판결하고 심판하십니다.

15. 나는 소경의 눈이 되어 주었고 다리를 저는 자의 발이 되어 주었다.
16. 가난한 자의 아버지가 되어 주었고, 내가 알지 못하는 것들을 주의 깊게 조사해 주었다.

어떤 사람이 다른 사람을 진리의 길로, 내면적으로 인도하며 도움을 줄 때, **소경의 눈**이 되어 주는 것입니다. 외적으로는 스스로 먹고 살 수 있도록 음식을 제공해 주는 것이 소경의 눈이 되어 주는 것입니다. **다리 저는 사람**

의 발이 되어 주는 것도 같은 의미입니다. 덕의 길을 가도록 그를 지켜주고, 구제로 그를 지원하는 것입니다.

오직 한 분이 **가난한 자의 아버지와도 같으셔서** 그를 수천 번 소생시켜 주십니다. 이분은 이와 같은 은총을 받기 위해 자신에게 나아오는 자들에게 단지 은총만 베푸시는 것에 만족하지 않으십니다. **그분은** 나아오는 것을 방해하는 수줍음이나 연약함이 있는 사람들을 **주의 깊게 살피십니다.** 이것이 바로 사람이 행할 수 있는 모든 선함입니다.

18. **나는 말했다. "나는 나의 작은 둥지에서 죽을 것이다. 그리고 내 날을 종려나무의 날들처럼 번식시킬 것이다."**
19. **내 뿌리는 물에 가깝도록 뻗어 나가고, 나의 가지 위에는 이슬이 맺힐 것이다.**

"나는 많은 선한 일을 행했었기에 스스로에게 **말했습니다. '나는** 안식의 근원인 **나의 작은 둥지에서 죽을 것입니다.** 거기 이르러 **작은 둥지** 안에 있는 것처럼 지내는 영혼은 그것이 항상 거기에 있어야 한다고 생각합니다. 그는 안식을 완전히 소유하고 온전히 누리는 상태입니다. 마치 아무런 근심도, 걱정도 없이 모든 것을 공급해 주는 어미의 보살핌에 맡겨진 작은 새와 같습니다.

욥은 말했습니다. '나는 그러한 상태에서 죽어야 하고, 그것이 내 모든 상태의 마무리요 완성입니다.'

나는 **내 날이 종려나무같이 번식될 것**이라고 믿습니다. 나는 덕에서 덕으로 나아가며, 은혜에서 은혜로 나아가게 될 것입니다. 가장 깊은 곳인 **내 뿌리는** 하나님과 연합하기 위해 그분의 은혜의 **생수 가까이로**

뻗어 나갔고, 내 능력 위에는 천상의 **이슬**이 영원하고도 영존하는 방식으로 **맺혀 있습니다.**"

20. **나의 영광은 날마다 새로워질 것이며, 내 활은 내 손안에서 강해질 것이다.**

"**내 영광은** 수없이 다양한 방법으로 **날마다 새로워질 것**이며, 나의 고결함은 언제나 더욱 드러날 것입니다. 더 많은 갈등과 분쟁을 견뎌 낼수록 나는 더욱 강해지고 승리할 것이며, **내 활**은 항상 내 손 안에 있기에 약해지기는커녕 오히려 **더 강하**질 것이라고 생각했습니다."

21. **내 말을 들은 자들은 내가 말하기를 마칠 때까지 기다렸다가 나의 충고를 정중한 침묵 가운데 받아들였고**
22. **내 말에 감히 어떤 것도 덧붙이지 못했으니, 내 말들이 그들 위에 이슬처럼 내렸다.**
23. **그들은 메마른 땅이 비를 기다림같이 내 말을 기다렸고, 가을의 끝에 땅이 입을 벌려 비를 기다림같이 내 말을 듣기 위해 입을 벌리고 있었다.**
25. **나는 군대에 둘러싸인 왕처럼 앉아 있었고, 고난 받는 자를 위로하기를 멈추지 않았다."**

사람의 말에 어떤 말도 덧붙이지 않는다는 것은 그 사람에 대한 큰 경의와 존경의 표시입니다. 우리의 말이 듣는 사람들의 영혼 속으로 흘러들어 가서 하나님을 향한 열정으로 가슴 뛰게 할 때, 그것이 하나님의 말씀이라는 것이 드러납니다. 이런 말씀은 **가슴 속으로** 부드럽고 상쾌한 비처럼 **흘러들어 갑니다.** 그래서 사람들은 그것을 받기 위해 의지의 **입을 엽니다**.

욥은 이렇게 말했습니다. "내가 번영하고 풍성하던 시절에 **안식할 때,** 하늘의 위로를 누리던 때, 또 **내가** 고난과 황폐함의 **군대에 둘러싸여 있을 때,** 나는 고난 받는 중에도 (나를 모든 것 위에 높이 들어 올리신 **주권적인** 능력에 의해) **학대 받는 자들을 위로하기를** 멈추지 않았습니다."

30장

1. **그러나 이제는 나보다 젊은 자들이 나를 비웃는다. 나는 그 아버지들을 내 양과 염소 떼를 지키는 개들 가운데 두려 하지도 않았을 텐데.**

"**그러나 이제는** 눈에 보이는 것들이 크게 바뀌었습니다. 사람들이 나에게 표하던 그 모든 존경과 명예와 경의의 흔적 대신, 나보다 **훨씬 나이가 어린 자들이 나를 비웃습니다.** 그리고 더 슬픈 것은 이들이 너무나도 비열하고 그 근본이 너무도 수치스러워서 **가장 천한 일에도 쓰려 하지 않았던** 사람들이라는 사실입니다."

2. **나는 그들이 손으로 한 가장 뛰어난 재주를 아무것도 아닌 것으로 평가했었고, 그들을 살아 있기에도 가당치 않은 자들로까지 간주했었다.**

"**그들은** 너무도 극악하고 범죄 행위가 가득해서 **생명의 가치조차 없고,** 오직 형벌을 받기에 합당하므로 나는 그들을 **무**보다도 더 작게 평가하고 그들의 **일을 경멸**했습니다."

8. 그들의 아버지들은 어리석은 자요, 가장 낮고 비천한 사람들로 땅에서 유리하는 자들의 자식들이다.

9. 내가 그들의 노래의 주제가 되었고 그들의 야유거리가 되었다.

10. 그들이 나를 혐오하고 나로부터 멀리 도망하며, 나의 얼굴에 침 뱉기를 두려워하지 않는다.

"이들은 가장 하찮고 악한 세상적인 사람들입니다. 그런데 내가 지금 그들의 조롱거리가 되었습니다. 심지어 나는 **그들의 노래의 주제가 되었고,** 그들은 **나를 속담으로 바꾸어 조롱하기까지** 합니다."

이런 영혼들이 당하는 핍박은 너무나도 이상합니다! 그들은 존경을 받았던 만큼, 나중에 더 많이 멸시 당하게 됩니다. 그들의 명성이 널리 퍼진 만큼, 철저하게 수치와 오명이 따라붙게 됩니다.

"이 땅의 **부랑자**인 그들이 나를 증오하여 끔찍하게 짓밟고 모욕하고도 **부끄러워하지 않습니다**"라고 욥은 계속해서 말했습니다.

11. 나를 슬픔으로 꿰뚫기 위하여 하나님이 그의 화살통을 여셨기 때문이며, 그가 나의 입에 굴레를 씌우셨기 때문이다.

12. 하나님의 오른손에서 갑작스럽게 나의 환란이 일어나며, 그것들이 내 발을 뒤집어엎어버렸고, 그들의 길에서 물의 넘침같이 쫓아내 버렸다.

욥은 여기에서 자신에게 **갑자기** 임한 넘어짐에 대해 이야기합니다. 그는 이것을 마치 평범하게 일어나는 일처럼 묘사합니다. 사람에게 고통을 가져오시는 분이 하나님이신 것은 사실입니다. 사람이 자신을 발견하는 가장 높고 완벽한 경지에 있을 때, 자신의 강함에서 강함으로 나아가는 것 외에는 아무것도 생각하지 않기에 그가 지속적으로 전진할 때, 하나님께서는 **갑작스럽게 화살통을 여시고** 세상에서 가장 날카롭고 예리하게 **꿰뚫는** 화살들을 보내십니다. 하나님께서 화살을 무더기로 보내시므로, 그 영혼에게는 숨 쉴 틈조차 없습니다.

그분의 고난은 **오른손에서**, 곧 그분의 축복이 오는 바로 그곳에서 나옵니다. 나중에는 이런 의식도 상실하지만, 그 근원이 하나님의 오른손이라는 것은 틀림없는 사실입니다.

그때 이 영혼에게 **갑자기** 시련이 닥쳐오고, 그 **발이 덫에 걸려** 넘어지게 됩니다. 이 영혼은 바르게 서 있었고 하나님의 길을 걷기보다는 달려갔습니다. 그런데도 그의 발은 뒤집히고 내쫓겼으며, 그 **길에서 벗어났습니다**. 이로 인해 이 영혼은 엄청난 고통을 당하게 됩니다. 영혼은 모든 길과 심지어 자신을 포기했다는 흔적까지도 잃어버리게 됩니다. 영혼은 언제나 모든 것을 위해 자신을 포기할 수 있다고 생각했고, 모든 것과 함께 자신을 포기했습니다.

그러나 이제 영혼은 자신에 어디에 있는지 모릅니다. 거기에는 길이 없고, 큰물의 범람처럼 갑작스럽게 발생하는 무시무시한 혼란만이 있을 뿐입니다. 그것은 길을 파괴하고 그 흔적조차도 남겨 두지 않습니다.

13. 그들이 나의 길을 헐었다. 그들은 나를 불시에 공격하려고 기다리고 있었는데, 나를 도와줄 자가 아무도 없다.

영혼은 이전에 조금 알던 모든 길에서 쫓겨난 자신을 발견할 뿐만 아니라, 설상가상으로 전에 **걷던 그 길이 허물어져** 다시는 돌아갈 수 없게 된 것을 발견합니다. 그리고 그의 원수들은 이것을 기회 삼아 그를 놀라게 하려고 **기다렸다가** 결국 공격하고 **정복해 버립니다.**

14. 원수들이 나를 맹렬하게 덮치니, 성벽의 갈라진 틈과 같고 열린 문과도 같다. 그들은 비참함 가운데 있는 나를 압도해 버렸다.

"그들에게 오랫동안 닫혀 있던 문이 **열렸습니다.** 그리고 그들은 잔인하게 나를 억누르지 못하게 막을 것이 없다는 사실을 깨닫자, **내게 맹렬하게 달려들었습니다.** 나는 성벽으로 둘러싸인 요새와도 같았습니다. 하지만 **성벽은 무너졌습니다.** 나의 원수들이 맹렬하게 나를 **덮쳤습니다.** 그들은 나를 대적하는 자신들을 강하게 하고 더 과격해지려고 가장 연약한 곳을 **공격하여** 나를 더 **비참하게** 만들었습니다."

15. 나는 무가치한 존재가 되었다. 주께서 나의 갈망을 바람처럼 가져가 버리셨고, 내 구원은 구름처럼 사라져 버렸다.

"내가 이야기하던 그 모든 악(재앙)이 나에게 임했습니다. 나는 철저하게 전멸당했고 한 줄기 소망도 없습니다. 오, 나의 하나님! 당신이 그 소망을 가지고 계십니다. 나는 소망을 완전히 빼앗겨서 아무것도, 심지어 내가 처해 있는 전멸의 상태에서 구원 받을 소망까지도 남아 있지 않습니다. 당신께서는 나에게 어떤 구원의 소망도 남겨 놓지 않으셨습니다. **구원은** 완전히 **사라져 버렸고** 나에게는 아무것도 없습니다. 내 모든 구원은 안전을 철저하게 상실하는 것이기에, 나는 더 이상 구원을 찾지 않으며, 오직 주님만을 찾을 뿐입니다."

이러한 파멸 가운데 하나님께서 의도하시는 것은, 우리가 모든 구원의 소망을 잃고 오직 예수 그리스도만을 의지하도록 인도하시는 것입니다. 우리는 우리의 행위와 노력으로는 결코 얻을 수 없는 것을 예수 그리스도의 공로로 마침내 얻게 됩니다.

16. 이제 내 혼이 내 안에서 쇠하기 시작하고, 고난의 날들이 내게 임한다.

욥은 자기 소멸로 자신의 생명과 모든 자존감을 상실했음을 잘 알고 있었습니다. 사람은 모든 것이 서서히 지나가는 것을 느낍니다. 그것은 마치 죽어 가는 사람이 그의 생명이 서서히 사라지는 것을 감지하는 것과 같습니다. 욥은 이 상태를 잘 표현하고 있습니다. **"내 혼이 쇠하기 시작하니"**

오, 바로 그때에 진실로 고난의 날들이 시작되는 것입니다. 그 영혼에게 남겨져 있던 특별한 부분이 더 이상 어떤 도움이나 위안도 주지 못하기 때문입니다.

17. 밤에는 슬픔으로 뼈들이 쑤시고, 내 살을 갉아먹는 벌레들이 쉬지 않는다.

고통은 **밤중**에 사람이 쉬려고 생각할 때에 더욱 커지고 예리해집니다. 욥의 표현대로 뿌리 깊은 고통입니다. **결코** 안식을 주지 않습니다. 이 상태의 고통은 한순간의 휴식도 허락하지 않고 뼈가 쑤시는 통증을 일으킵니다.

18. 수많은 벌레들이 내 의복을 갉아먹었고, 그것들이 나를 겉옷의 옷깃 처럼 휘감았다.

옷, 곧 의복은 외면, 겉을 매우 잘 표현합니다. 외면은 벌레가 갉아먹어 사라지는 의복처럼 서서히 파괴되기 때문입니다. 이제 이 고결한 사람의 외면을 이루는 것은 조금도 남아 있지 않습니다. 그의 내면적 질서도 뒤집혔습니다. 모든 것이 그의 엄청난 고난에 파괴되었고, 이전의 그가 어땠는지는 흔적도 없습니다.

고통이 영혼의 가장 깊은 부분을 꿰뚫을지라도, 여전히 불행은 외면적인 것이며, 영혼의 심연에 있는 것이 아님을 보여 주기 위해 욥은 이런 방법으로 자신을 표현하고 있습니다.

19. 나는 오물처럼 되었고 불꽃같으며 재같이 되었다.

이 영혼은 너무나도 부패하고 비참해진 자기 안에서 이런 **오물**, 곧 불결함만을 보면서 자신을 오물에 비교합니다. 자신의 눈은 물론 다른 사람들의 눈에도 더러워질까 무서워서 발로 밟는 것조차 싫은, 혐오스러워서 만지지도 않는 오물보다도 못한 존재로 보입니다.

오, 하나님, 이 얼마나 이상하고도 끔찍한 상태인지요! 그것은 번쩍하는 빛 혹은 **불꽃** 같아서 오직 꺼지기 위해, 티끌과 재가 되기 위해 나타나는 것처럼 보입니다.

20. 내가 주께 부르짖는데도 주께서는 나에게 귀 기울이지 않으시고, 내가 주 앞에 똑바로 서도 주께서는 나를 보지 않으신다.

이렇게 시험 받는 영혼에게 가장 견디기 힘든 것은 더 이상 하나님을 찾지 못하는 것입니다. 하나님께 더 이상 **듣는** 귀가 없고, **볼** 수 있는 눈이 없으신 것 같습니다. 그분께 부르짖을수록, 그분은 더욱 냉혹해지십니다.

오, 영혼이여, 당신은 이런 상태에서 어떻게 할 것입니까? 하나님은 오직 당신의 믿음을 키워 주시고 더욱 자기를 포기하게 하시려고 그렇게 하십니다. 자신을 버리고 전적으로 그분께 맡겨 드리십시오(포기하십시오).

'내가 주님 앞에 똑바로 설지라도, 하나님께서 나를 보지 않으십니다.' 이것은 두 가지를 표현합니다. 하나는, 욥이 **성실과 정직을 지켰으므로** 그가 자신이 처한 비참함과 불결함의 상태로 인해 죄에 빠지지 않았다는 것입니다. 다른 하나는, 순전한 사람이 고난 받는 것만큼 연민을 일으키는 것이 없는데도, 하나님께서는 징계 당하는 죄인처럼 그를 보지도, 불쌍히 여기지도 않으신다는 것입니다.

그럼에도 고난 받는 자는 자신의 **정직과 성실을 지키고**, 큰 고통 가운데 완전히 자신을 포기합니다. 하나님의 도우심과 고통의 끝을 보장해 주는 상태로 자신의 위치를 바꾸지 않고, 그냥 하나님 앞에 머물러 있습니다.

하나님께서 때로는 고통의 끝을 연기하신다 것이 사실입니다. 그러나 그것은 자기 포기 가운데 있는 영혼을 더욱 강하게 하시고, 도움을 연기하심으로 영혼의 확신을 증가시키기 위함입니다. 이것은 오직 강건한 영혼들만을 위한 것입니다.

21. 주께서는 나에게 잔인한 분으로 바뀌셨고, 주의 손의 가혹함으로 나

를 대적하셨다.

마치 하나님의 모든 온유하심이 **잔인함으로 바뀐 듯**하고, 그분의 이전 자비가 가장 혹독한 심판으로 바뀐 것처럼 보입니다.

"오, 나의 하나님이여, 주께서 나의 구원을 위해 주의를 기울이시던 공급마저도 **반대 방향으로** 돌아섰고, 주님은 오직 나를 파멸시키시려고 내게 몸을 굽히시는 것 같습니다. 이전에 나를 들어 올리시던 **손**은 나를 집어던지는 엄격하고 혹독한 손이 되었습니다."

22. 주께서는 나를 마치 바람 속에 두시려고 작정하신 듯 들어 올리셨으며 그 후에는 내가 떨어져서 완전히 부서지게 하셨다.

자비로우신 하나님에 대한 기억 때문에 욥은 이렇게 말합니다. 그는 주님께 이렇게 아뢰니다. "**주님,** 나를 이렇게 **높이 들어 올리신 것**은 오직 나를 파괴하시기 위해서입니까? 전에는 주께서 나를 바람의 날개로 신속하게 옮겨 주셔서 걷기보다는 날아가는 것 같았습니다. 하지만 그렇게 들어 올려진 것은 나의 추락을 더욱 치명적으로 만들었을 뿐입니다. 주께서는 나를 더 높이 들어 올리실수록 더욱 높은 곳에서 떨어지게 하십니다. 즉, "**나를** 바람처럼 **들어 올리신 다음,** 그 높이에서 나를 **떨어뜨리셔서 철저하게 산산조각 내셨습니다.**"

23. 나는 주께서 나를 모든 생물들의 거처로 예정되어 있는 죽음으로 데려가실 것을 안다.

하나님께서 죽음 이후에 지정해 두신 이 거처는 바로 무덤입니다. 그리고 영혼은 하나님께서 영혼을 극심하게 시험하실 때와 영혼을 멸하실 때를 믿음으로 명확하게 압니다. 그로 인해 영혼은 약해지고 모든 것에 대해 **죽게 됩니다. 하나님은** 그 영혼에게 고통 가운데 안식을 주실 것입니다. 그 영혼은 서서히 자기 존재를 잃어가면서, 곧 무(無)의 존재가 되면서 조금도 고통 받지 않게 됩니다.

24. **그러나 그럼에도 불구하고, 주께서는 손을 펴사 그들을 완전히 멸하지는 않으시니 그들이 쓰러질 때에 주께서 친히 구원하실 것이기 때문이다.**

욥은 하나님께 자신을 내어 드린 영혼들을 파멸시키거나 망가뜨리는 것이 하나님의 계획이 아님을 보여 줍니다. 만약 하나님께서 **그들을** 무겁고 강하게 **내리누르신다면,** 그들 안에서 하나님을 대적하는 모든 것을 없애버리시려는 것입니다. 하나님은 그들이 구원의 소망을 철저하게 상실하기를 간절히 바라시는데, 그렇게 하여 그들을 구원하는 기쁨을 누리시려는 것입니다. 그래서 **그들이** 곧 멸망할 것처럼 보일 때, 높은 산 정상에서 **떨어졌을 때,** 하나님께서는 **친히** 자비의 전능하신 능력으로 그들을 **구원해 주십니다.**

25. **이전에 내가 고난 받는 자를 위해서 울었으니, 내 영혼이 가난한 자를 향한 연민으로 가득했다.**

"내가 이전에는 다른 사람들이 견디는 극심한 고통에 슬퍼하였습니다.

하지만 하나님께서 나를 위해 예비하신 것에 비하면, 그들은 오직 고통의 그림자만 보았을 뿐입니다. **나는** 그들의 궁핍에 연민을 가졌는데, 그것은 나의 궁핍이 보여 주는 그림자에 불과합니다."

26. 내가 축복을 구했으나 내게 화가 임했고, 빛을 소망했으나 오직 흑암을 발견했다.

"이 모든 일들 가운데 나는 항상 훨씬 더 선한 일을 하리라, 그러면 선한 일의 보상으로 더욱 풍성한 축복이 주어질 것이라 **기대했습니다**. 그러나 나는 오히려 정반대라는 것을 깨달았습니다. **내게 화가 임했을** 뿐입니다. 나를 이끌어 준 작은 불빛을 통해 더 큰 빛 안으로 들어가기를 **소원했지만, 오직 두려운 어둠만 발견했습니다.**"

27. 내 창자에서 불이 타올라 나에게 조금도 쉼을 주지 않으며, 고통의 날들이 내 앞을 막아섰다.

이런 상태가 지속되는 기간과 그 격렬함은 대단히 이상합니다. 사람이 그 단계에서 벗어났다고 생각하는 바로 그때, 상태가 점점 더 악화됩니다. 만약 그런 상태에서 구원 받을 것을 기대하는 날이 온다면, 바로 그날이 고통이 더 격심해지는 날입니다. 거기에는 **조금도 쉼이 없습니다.**

영혼은 오직 자신의 비참함에 만족할 때에야 쉼을 얻을 수 있습니다. 이런 **고통의 날들은** 우리가 예상조차 하지 못한 때에 **우리에게 엄습합니다.** 기념할 만한 거룩한 날이 있다면, 그것은 가장 끔찍한 날이며 영혼이 가장 기괴하게 파멸 당하는 날일 것입니다.

오, 우리가 하나님을 섬길 때 약간의 쾌락을 즐긴 것에 대해 참으로 그분은 얼마나 높고 많은 이자를 지불하게 하시는지요. 그분은 얼마나 엄격한 징수자이신지요.

28. **내가 매우 슬프나 분노하지 않고 걷다가, 별안간 일어나 수많은 이들 가운데서 울부짖기 시작했다.**
29. **나는 용의 형제이고 타조의 동료가 되었다.**
30. **내 몸의 피부가 타서 까맣게 되었고, 내 뼈는 열기에 타들어 간다.**
31. **내 수금이 애곡하는 소리로 변하였고, 내 악기들이 구슬픈 곡조가 되었다."**

왕(선지자)이 말한 것처럼(느 2:2), 깊은 슬픔과 고민의 첫 번째 현상은 얼굴에 **수심**(**슬픔**)이 가득하여 **걷는** 것입니다. **"내가 왜 수심이 가득한 얼굴로 걸어 다니겠습니까?"** 그런데도 욥은 **'비분과 분노에서 자유하다'** 고 말했습니다.

사람이 너무나도 분노하고 과격해지면 또 다른 상황이 생깁니다. 자신의 상황 가운데 더 이상 평안과 평온을 찾을 수 없게 되면, 그는 그 상태에서 벗어나려고 노력합니다. 그러다가 **수많은 고통에 둘러싸인 채,** 힘을 다해 부르짖고 도움을 간구하기 위해 **별안간 일어섭니다.** 그러나 이것은 오히려 그의 고통을 더욱 가중시킬 뿐입니다.

욥이 말했습니다. "나는 격분한 가운데 **용들,** 곧 **가장 사나운 짐승들의 형제가 된 것** 같았습니다. **나는** 가혹함과 잔인함으로 **타조의 친구가 되었습니다.** 그리고 내가 난폭해졌기 때문에 **내 피부,** 곧 나의 외면이 그 아름다움과 빛나는 자선 실천을 간직하던 모든 것을 서서히 잃어버렸습니다. 나의 외면은 빛을 잃고 **까맣게** 되었으며 흉해졌습니다. 그래서 이전에 존경을 받았던 만큼 혐오감을 일으킵니다.

내 뼈, 이를테면 내 속에 더 깊고 실질적인 것들이 **메말라 버렸습니다.** 나를 감동으로 채운 하나님의 임재가 모든 것들과 함께 사라졌습니다." 그것이 어떻게 메말라 버렸습니까? 사랑의 **열기**에 의해서입니다. 성경이 이것에 관하여 특별히 언급하는 데는 이유가 있습니다. 지각할 수 있는 하나님 임재의 상실이 사람들이 생각하는 것처럼, 차가움이나 나태함의 결과가 아니라, 오히려 **열정의** 결과라는 것입니다.

사랑은 영혼 안에 있는 윤기들을 전부 메마르게 합니다. 그리고 이러한 신령한 사랑의 열기는 강력하고 맹렬한 기세로 적은 골수와 자산으로 자신을 지탱하던 피조물 특유의 편협하고 제한적인 사랑을 서서히 소멸시킵니다.

그런데 동시에 이 신령한 불은 그 사랑이 완전히 메말라 사라져 버리고 그 안에 있는 모든 불순물이 철저하게 소멸되었을 때 훨씬 더 강하게 영혼 안에 거하게 됩니다.

이것은 불이 붙은 나무와 같습니다. 불은 나무를 태워 버리기 위해 먼저 그 나무를 마르게 하여 안에 있는 모든 습기를 제거합니다. 그러므로 이 신령한 불은 나아가 영혼 안에 있는 모든 사랑에 대해 전쟁을 일으킵니다. 사랑을 메마르게 합니다. 불이 자기를 거스르는 습기와 싸우며 나무를 마르게 하는 만큼, 나무에서 어떤 거품이나 포말이 빠져나오는데, 대단히 역하고 혐오스럽습니다.

동일한 방법으로 신령한 불이 영혼 속으로 들어오면, 먼저 영혼을 소멸하고, 영혼은 자신의 본질적 특성이었던 불순물과 심연에 있는 모든 악성을 강압적으로 끌어냅니다. 그래서 피조물이 그토록 불결하게 보이는 것입니다. 그 불결함이 영혼에서 빠져나가면, 그 나무가 마르면, 나무는 불이 붙기 쉬워지고, 본성을 잃는 것만큼 불의 본성을 받아들이고 결국 불로 변화됩니다.

그러나 나무가 처음부터 불이 되는 것이 아니라는 것을 주목하십시오. 불이 나무를 점령하면 나무는 그 본성을 잃어버리게 됩니다. 불은 지속적으로 나무를 압박합니다. 결국 나무가 불이 되기 위해 스스로 나무이기를 멈출 때까지, 나무는 끊임없이 불에 굴복합니다.

그렇지만 나무가 뜨거워지기 시작할 때 불에 놓였을 때보다 더 축축하게 보이는 것처럼, 그렇게 되는 것이 냉기가 아니라 열기 때문인 것처럼, 순결한 사랑의 불이 내면을 점령하면, 모든 냉기와 불결함이 분명 외부에 있는 것처럼 보입니다. 그러나 냉기가 아니라 열기에 의해 그렇게 됩니다.

그리하여 이 상태에 있는 영혼들, 곧 자신이 미지근하다고 여기며 무척이나 괴로워하는 영혼들은 크게 미혹됩니다. 그들은 **'하나님께서는 미지근한 사람을 토해 내신다'** 고 말합니다. 이 말은 실제로 미지근한 사람에게는 사실입니다.

그렇지만 그들의 외면이 미지근하고 차갑게 보일수록, 그들은 내면에서 더욱 소멸되고 있습니다. 하나님께서 그들 안으로 들어오시면, 먼저 그들 안에 있는 미지근함을 모두 내보내십니다. 사실 이 과정은 마치 하나님이 내면의 불순물을 외면으로 토해 내시는 것처럼, 뿜어 내시는 것처럼 보입니다. 그래서 이 상태에 있는 영혼들은 새로운 불결함이 생겼다고 여기며 미혹되는 것이 분명합니다.

하지만 이것들은 그들이 이전에 가지고 있던 바로 그 불결함이 지금 밖으로 밀고 나온 것입니다. 불이 나무에 어떤 영향력을 미치는지 한 번도 본

적이 없는 사람은 전에 이 나무에게서 어떤 더러움도 보지 않았기에, 이것이 새롭게 생겨난 불결함이라고 생각할지도 모르겠습니다. 이것은 내적인 사람들을 속이는 것입니다. 그들은 자신이 전보다 더 정욕적이고 더 교만하며, 더 불결하다고 생각합니다. 그로 인해 심하게 고통 받습니다. 그러나 그게 전부입니다. 단지 그들이 그것을 몰랐을 뿐입니다.

욥의 표현처럼 **그들의 수금이 애곡하는 소리로 바뀝니다.** 가지고 있던 모든 힘이 차츰 사라지고, 그들이 누리던 기쁨과 자유가 슬픔으로 변합니다.

계속해서 비유하자면, 나무가 불이 되기 전에 습기를 잃고 까맣게 되어 소멸된 것처럼 보이듯이, 물방울(눈물), 혹은 **애곡하는 소리**로 바뀌는 것입니다. 이 영혼에게는 고난밖에 없습니다. 그는 겉으로 드러나는 자신의 불행 때문에 흐느낍니다. 그러나 사실 이것은 행운입니다.

나무는 자신이 손상되고 파괴되었기에 우는 것처럼 보입니다. 더럽고 지저분해져서 우는 것 같습니다. 그런데도 이것은 나무에게 행운입니다. 나무의 종말은 불태워지는 것입니다. 나무는 파괴되고 소멸되는 것만큼, 나무의 속성을 상실하는 만큼, 훨씬 더 완벽한 속성을 얻게 되는데, 그것이 바로 불입니다. 영혼은 그의 전부와 육체적인 본성을 상실하면서 온전히 영적이고 천상적인 존재가 됩니다. 이것은 이런 상태에 있는 영혼 안에서 일어나는 모든 일들을 잘 나타내 줍니다.

31장

1. 내가 처녀에 관하여는 생각조차 하지 않기로 내 눈과 언약을 맺었다.

욥의 모든 말 가운데 유일하게 범한 실수가 이 장에 있습니다. 지금까지는 내적 상태 혹은 단계들에 대해 너무나도 아름답게 표현했습니다. 우리는 욥의 경험을 읽고 지금까지의 경험들 때문에 그가 이런 식으로 말할 수밖에 없었다는 것을 깨달을 필요가 있습이다.

그러나 이번 장에서 그는 자신이 고통 받는 이유인 이 모든 악이 자기 안에 없었다고, 그것들이 틈탈 기회를 준 적이 없다고 확신하고 싶어 합니다. 더구나 그것을 증명하기 위해 자신이 행한 모든 선한 행실의 명확한 근거까지 제시합니다.

이것이 욥의 잘못이고 하나님께서 책망하실 만한 것이라 해도, 거의 모든 내적 영혼들이 이런 잘못을 저지르는 것이 분명하기에 우리에게는 대단히 도움이 됩니다. 사람들은 전에 자기들이 어떠했는지에 대해 그리고 이전에 행한 선행들에 대해 생각하며 기분 전환을 합니다. 그런데 그것들이 자기들이 겪고 있는 모든 일과는 너무나도 반대되는 것들이어서, 그로 인해 종종 자기들은 그런 잘못을 저지른 적이 없다고 생각하게 됩니다. 그러면서 자기들을 덮친 고난과 재앙을 키우고 있습니다.

그렇지만 그들은 보지 못했을지라도, 분명 그 모든 잘못은 처음부터 그들의 본질적 특성 속에 있던 것입니다. 그래서 하나님께서 안에 있는 것들을 짜내시는 것입니다. 하나님께서는 내면에 불순물이 있기 때문에 외면적인 것을 추하게 만드십니다. 그런데 사람들은 이것이 하나님께서 보내신 새로운 고난이라고 불평하는 것입니다.

그러나 그렇지 않습니다. 하나님께서는 우리의 악한 성품을 바꾸고 감추시기 위해 우리의 내면에 두신 선한 것들만 밖으로 끌어내십니다. 그리고 하나님께 속한 것을 제하면, 우리의 자연적인 부패 외에 아무것도 남지 않게 됩니다. 그런데도 사람들은 이것이 새로운 불순물이라고 불평하는 것입니다. 사실 그것들은 모두 내면에 있던 것으로 감춰져 있었을 뿐입니다. 또 하나님께서 그들의 악의가 감지되지 않게 막으셨습니다.

하나님이 모든 것을 제거하신 후에야 우리는 우리가 진정 어떤 존재인지 느끼게 됩니다.

영혼이 모든 선한 것을 빼앗기고 본성적 악의 가운데 있는 자신을 보는 것은 끔찍한 일입니다. 그것은 마귀보다 수천 배나 나쁜 상태입니다.

제노바의 성 캐서린은 한번 모든 축복을 빼앗긴 자신의 영혼을 본 적이 있다고 합니다. 그녀는 너무나도 무서웠습니다. 하나님께서 기적적으로 그녀를 붙잡아 주셔서 그 광경을 없애 주시지 않았다면, 그녀는 공포로 죽었을지도 모른다고 말입니다.

우리에게는 자랑할 것이 없습니다. 우리가 하나님의 것을 도둑질하지 않고 자랑할 수 있겠습니까? 우리에게 속한 것을 그대로 남겨 두신 하나님은 잘못이 없으십니다. 그러므로 우리가 영광을 얻으려 한다면, 하나님께 속한 것이 아닌 우리 안에 있는 것으로 해야 합니다.

33장

19. 하나님은 그 사람이 병상에서 슬퍼하고 고민하게 하심으로 징계하신다. 또 그분은 그의 모든 뼈들이 완전히 마르게 하신다.

20. 그는 자신이 처한 상태에서 당하는 그 고통을 심히 두려워하고, 이전에 그가 기뻐하던 영양분이 그의 영혼에 혐오스러운 것이 되었다.

28. 마침내 하나님이 그의 영혼을 구원하셨다. 그리하여 그 영혼은 사라지지 않고 살아서 그 빛을 볼 수 있게 되었다.

29. 하나님은 이 모든 일들을 사람에게 세 차례 행하시는데,

30. 그 영혼들을 타락에서 돌이키시기 위함이며, 그들을 산 자들의 빛으로 비추시기 위함이다.

이 몇 구절들은 내적인 삶에서 벌어지는 어떤 일들을 구체적으로 설명하고 있습니다. 이것은 욥의 말들로는 설명이 되지 않던 것들입니다.

첫째, **하나님께서는 사람이** 묵상에 잠겨 **안식하고 있을 때,** 내면의 매우 극심한 **고통으로 그를 치십니다.** 이것은 설명할 수 없는 압박입니다. 답답함, 집어삼킬 듯한 통증이 **뼈를 바싹 마르게 하는** 것 같습니다. 이것은 연약함이 아니라 고통입니다. 만약 연약함이라면, 대단히 고통스러운 것입니다. 이런 종류의 고통은 빛이 비치는 삶에 속합니다.

나아가 사람은 이런 상태에서 자기 영혼에 **영양분**을 주던 모든 것이 싫어집니다. 혐오스러워집니다. **심지어 두렵기까지** 합니다. 이 상태에서 그는 하나님의 말씀을 이해할 수도, 읽을 수도 없고, 아무것도 할 수 없습니다. 또 그는 성찬에 다가가면서 종종 이상한 고통을 경험하기도 합니다. 하나님께서는 이런 혐오감 같은 것으로 그가 이전에 성찬에 대해 가졌던 열렬한 갈망을 정결하게 하십니다. 이것은 절대적으로 필요한 일입니다. 거룩한 음식에 대한 그의 열성과 갈망이 강렬했던 만큼, 지금은 그것이 끔찍하게 싫어집니다. 그것이 영혼을 극도로 슬프게 합니다. 그는 성찬에 대한 공포에 깜짝 놀랍니다. 그런데도 그는 성찬에 참여할 수밖에 없습니다.

성찬은 자기 사랑과 본질적 특성의 해결책입니다. 그는 이전에 이러한 자기 사랑과 본질적 특성을 사용하여 모든 거룩한 행위들을 해왔습니다.

마침내 하나님께서 이 영혼을 이런 상태에서 구원해 주십니다. 그렇게 하여 그 영혼이 스스로 (감지할 수 있는) 부정하고 악한 상태에 있다는 것을 깨닫고 사라지지 않게 하십니다. 그러나 영혼은 하나님 안에서 생명에 이르게 되고 다시 **그 빛**을 붙잡게 됩니다.

하나님께서는 (위대한 계획을 가지고 계신) 영혼들에게 이러한 상태를 세 번 통과하게 하십니다. 첫 번째는 깨달음을 얻는 수동적인 길입니다. 이때 하나님은 영혼이 신비하고 가공되지 않은 믿음으로 들어가기를 갈망하십니다. 그러나 이것으로는 이 영혼이 수동적인 길을 가는 내내 수많은 다른 길을 취하는 것을 막을 수 없습니다. 그들은 때로는 자유의 길로, 때로는 반감의 길로 들어섭니다.

영혼은 깨달음을 얻고 효과적인 길에서 나올 때 이와 비슷한 경험을 하는데, 매우 단순한 방법이긴 해도 여전히 자기 능력으로 행동할 수 있습니다. 이것이 영혼이 조명, 곧 깨달음의 길을 지나 홀로 사랑의 수동적인 길에 들어가게 하는 첫 번째 정화입니다.

여기에서 영혼은 그 의지에 접촉되어 조금 더 순결하고 깊게 하나님과 연합하게 되는데, 이것은 대단히 즐거운 것입니다. 이런 상태에서 영혼 안에 멈추지 않는 기도가 일어납니다. 그는 더 이상 스스로 말 한마디도 할 수 없고 아무 행동도 할 수 없으며 기도도 할 수 없습니다.

하나님은 그분이 기뻐하실 때 영혼이 이런 일들을 행하게 하십니다. 하지만 영혼은 은밀하고 깊은 것에 빠져 있는 자신을 발견합니다. 그는 그것을 대단히 즐거워합니다. 다른 어느 부분보다 의지 안에서 더 깊고 중심적으로 작용하게 하려고 여기에서 환상과 황홀의 경지가 종결됩니다. 지금까지는 놀라운 조명으로 깨우침을 얻었습니다. 이것은 갑자기 시작되어 큰불을 일으키는 것처럼 보이는 불에 불과합니다.

하지만 새로운 정화로 인해 모든 것이 중단되는데, 하나님이 기뻐하실 만큼 길고 엄격한 것입니다. 영혼은 신실하게 자신이 박탈당하게, 빛을 빼앗기게, 즉 다른 모든 빛을 빼앗기게 허락합니다. 그 열정이 아무리 대단하고 그 삶이 완전히 천국 같을지라도, 철저히 파괴되어야 합니다. 그것이 너무나도 가혹한 것일지라도, 겉보기에 자연스럽고 실제적으로 완전히 새로운 삶으로 들어가게 하려는 것입니다. 그리고 첫 번째 정화와 다른 것들 안에 있는 능력의 죽음을 통과한 영혼이 서서히 이끌려 가게 하려는 것입니다.

이 새로운 삶은 안정적인 상태이며, 완전히 수동적이고 분명한 또는 지각할 수 있는 영혼의 빛이 없는 상태입니다. 그런데도 거기에서 살아 있는 원리가 느껴집니다. 그것은 영혼을 감동시키고 앞으로 나아가게 합니다. 그로 인해 조명, 곧 깨달음의 길에서 누리던 모든 것보다 훨씬 더 깊고 순전한 기쁨을 누리게 됩니다.

영혼은 여기에서 강력하고 깊이 있는 방법으로 어떤 판단이나 차별, 지식 없이, 하나님과 온전히 연합되고 결속되고 연결된 것을 느낍니다. 영혼은 자신의 모든 삶을 구성하는 이 연합을 기뻐합니다. 또한 그로 인해 그것이 아무리 거룩할 행동이라도 모든 외적 행동들이 싫어집니다. 그러면 영혼은 마리아처럼 침묵과 안식 속에 거하기를 사모하는 것 외에 어떤 것도 갈망하지 않게 됩니다.

"그러나 행복한 연인이시여, 거기서 무엇을 하십니까? 나는 안식을 누리는 것 외에는 아무것도 하지 않습니다. 내가 그것을 기뻐할수록, 그것은 더 커집니다. 나는 그것이 평안이요 쉼이라는 것 외에 어떤 것인지 알지 못합니다."

이런 상태에 있는 사람들은 모든 것이 이루어졌다고 생각합니다. 그리고 이들은 첫째 사망을 통과하고 모든 조명과 가장 거룩하고 선한 행실의 상실을 통과한 만큼, 더욱 그렇다고 믿습니다.

조명과 수동적 상태, 혹은 순전한 사랑의 상태 가운데 다른 상태와 마찬가지로 빛과 어둠, 자유와 무능력의 교체가 있다는 것을 이해해야 합니다. 영혼이 각 상태에 합당한 완전한 정화에 이를 때까지 교체되야 할 것들이 많습니다.

첫 번째 정화 또는 연옥은 영혼이 조명의 삶을 통과하여 순전한 사랑으로 들어가게 합니다. 그 후 영혼은 순전한 사랑과 수동적 믿음의 상태에서 나와 신비롭고 가공되지 않은 믿음 속으로 들어가기 위해 훨씬 더 정결해지고 처음 것보다 더 오래 지속되고 이상한 또 다른 연옥을 통과해야만 합니다. 여기에는 지각할 수 있는 사랑이 아무것도 남아 있지 않습니다. 모든 것을 빼앗깁니다.

영혼은 있는 그대로의 믿음 외에는 다른 어떤 지원도 없는 매우 단순하고 빈곤한 상태에 처하게 됩니다. 의지의 깊은 곳에 있던 지원을 상실했습니다. 그리고 더 크고 오래 지속되는 안식이 남아 있지만, 더 이상 그것을 안식으로 누리지 못하게 됩니다. 그것은 안식이라기보다는 무감각과 무자비처럼 보입니다. 그러나 안식이 느껴지지 않을지라도, 그것은 훨씬 더 지속적이고 안정적이며, 견고하고, 덜 변덕스럽고, 덜 가변적인 안식입니다.

이 안식은 본성에 의존하지 않기 때문에(그 모든 것을 초월하였기에) 변화에서 자유롭습니다. 이 상태에는 능력이 있습니다. 하나님께서 이상한 헐벗음으로 밀어 붙이시기를 갈망하며 열정적으로 압박하는 몇몇 영혼이 있기 때문에, 그들에게 어떤 지원도 허락하지 않으십니다. 헐벗은 믿음의 상태는 서서히 능력뿐만 아니라 중심 깊은 곳의 사망과 철저한 상실로 나아가게 됩니다. 이것이 진정한 연옥이 되고, 거의 모든 경우 가장 깊은 부패를 만들어 냅니다.

치욕의 상태가 이 두 번째 정화를 일으키는데, 이것을 통과하는 영혼은 극소수에 불과합니다.

세 번째 단계의 정화는 영혼을 신비롭고 가공되지 않은 믿음의 상태에서 나와 오직 하나님 안으로 들어가게 합니다. 이것은 철저한 자기 소멸이고, 육체적인 것이 아닙니다. 육체는 결코 그럴 수 없습니다. 이것은 신령하고 또한 정신적인 것입니다. 또 가장 강력하지만, 영혼이 살아 있는 모든 것에 대해 죽고 이미 두 종류의 부활을 체험했으므로, 가장 통증이 덜한 정화입니다.

두 종류의 부활이란, 하나는 온전히 수동적인 정화이고, 다른 하나는 철저하게 신비로운 상태에서 이미 위대한 불변성을 이미 소유하고 있습니다. 그래서 이 마지막 연옥에서 완전히 자기가 소멸됨으로 무(無)의 상태가 되어 (주께서 주의 영을 부으사 그들을 새롭게 지어질 것이라고 기록되었듯이) 새롭게 창조될 준비가 됩니다. 영혼은 오직 하나님 안에서 새 생명을 받고, 가장 악한 불신과 루시퍼의 교만으로 범죄하지 않는 한, 더 이상 죽기 위해 살지 않게 됩니다.

이것이 영혼이 통과해야만 하는 **세 가지** 정화 또는 연옥입니다. 그리고 성경은 말씀합니다. **하나님께서** 그들을 아담의 타락에서 구원하시기 위해 이 **세 단계의 정화**(연옥)**를 예정해** 놓으셨다고 말입니다. 그래서 하나님은 이 빛으로 그들을 조명해 주셔서 그들이 영원토록 하나님 안에서 살게 하신 것인 분명합니다.

38장

1. 그때 주님께서 회오리바람 가운데서 욥에게 말씀하셨다.

2. "지식이 없이 말하는 자가 누구냐?

4. 내가 땅의 기초를 놓을 때 너는 어디에 있었느냐? 너에게 깨달음이 있거든 내게 말하라.

하나님께서 마지막 소멸 단계에 있는 피조물을 멸하려 최후의 일격을 가하시기 위해서는, 영혼이 이야기했던 그 모든 비참함 가운데 있고 모든 사람에게 버림 받아도, 하나님이 친히 등을 돌리지 않으시면 안 됩니다.

하나님은 귀신들을 일으키십니다. 그리고 서로 맞서게 하십니다. 또 그분은 그들에 맞서는 피조물들을 하나도 빠짐없이 모두 일으키십니다. 그런 다음, 마지막으로 하나님께서 친히 그들에게 맞서십니다.

그렇지만 오, 하나님! 당신은 누구에게 맞서 팔을 드십니까? 그것은 작은 티끌입니다! 아, 누가 이 무게를 감당할 수 있을까요!

하나님은 영혼이 진리라고 여기던 모든 실수와 방황과 잘못을 보게 하십니다. 영혼이 지니고 있는 지식 일부가 하나님의 것이고 대단히 순수하고 고상한 것이라도, 하나님께서는 그가 완전히 무지하다는 것과 자기가 아는 것은 전부 다 아무것도 아니라는 사실을 깨닫게 하십니다.

오, 하나님이시여, 바로 이것이 나중에 이 영혼의 모든 기쁨이 됩니다. 당신은 측량할 수 없는 분입니다. 주님은 영혼에게 위대한 빛을 전하여 주의 비밀들을 계시하신 후에, 여전히 그가 아무것도 알지 못함을, 완전히 무지하다는 것을 깨닫게 하십니다.

위대한 사도는 **"오, 하나님의 지혜와 지식의 풍성함이여"**(롬 11:33)라고 부르짖었습니다. 그는 하나님께서 친히 자신을 나타내 주셔서 그 동안 드러나지 않았던 엄청나게 광대하고 심은 지식을 감동 받은 후 이렇게 말했습니다.

하나님이 말씀하셨습니다. "욥아, 내가 땅의 기초를 놓을 때, 너는 어디에 있었느냐?" 주님은 진실로 인간의 창조에서부터 전멸에 이르기까지를 말씀하셨습니다. 그러나 나머지는 어떻게 됩니까? 주님은 그것에 대해서는 아는 것이 없으십니다. 이 땅의 기초는 무엇입니까? 오직 신령한 능력입니다.

7. 새벽 별들이 함께 나를 찬양했을 때, 그리고 하나님의 모든 자녀들이 기쁨으로 변화되었을 때,

새벽 별들은 다름 아닌 천사들입니다. 그들은 무의 상태에서도 하나님을 찬양합니다. 그리고 성도들은 영광의 소망과 신성한 능력을 아는 지식, 그리고 그것의 측량할 수 없음에 기뻐서 어쩔 줄 모르는 하나님의 자녀들입니다. 이는 하나님께서 모든 것으로부터, 모든 것으로 말미암아, 심지어 전멸 가운데 있는 자들에게까지 찬양 받으신다는 것을 보여 줍니다. 태초에 하나님은 모든 거룩한 자들에게 찬양 받으셨고, 그들은 영원토록 하나님을 찬양해야만 합니다.

하나님께서는 그들에게서 받으셔야 하는 영광에 앞서, 그들의 찬양을 이해하시고 보시며 스스로를 영화롭게 하십니다.

13. 네가 손으로 땅의 끝을 잡고 있느냐? 네가 그곳에서 악인을 흔들어서 쫓아낸 적이 있느냐?
14. 그 새겨진 형상이 진흙처럼 보존되었고, 그것이 의복처럼 남겨질 것이다.

하나님께서는 욥에게 그의 연약함과 무지를 선포하십니다. 이것은 모든 피조물에게 해당됩니다. 만약 욥이 자연 법칙의 일반 과정을 이해할 수 없다면(간단하고 명백한 것입니다), 어찌 거룩한 영의 숨겨진 길들을 깨달을 수 있겠습니까?

영혼이 자신에 관한 하나님의 숨겨진 인도하심을 꿰뚫어 통찰할 수 있다고 생각하는 것은 가장 큰 실수 가운데 하나입니다. 거기에 일반적인 길이 있는 것도 사실입니다. 그러나 특별한 계시 없이는 발견할 수 없는 특별한 길이 있습니다. 모든 것은 배우기에 달린 것이 아니라, 하나님께서 각각을 위해 감춘 그 길에 관해 특별한 지식을 얼마나 주시느냐에 달려 있습니다.

이 구절은 하나님께서 한 영혼을 소멸시키기 위해 인도하시는 방법을 보여 주십니다. 하나님께서 이 영혼에게 표적을 주시는데, **진흙에 찍힌** 사람의 **형상**, 곧 그의 본성의 **부패**가 이전의 순수함을 회복하게 될 것입니다. 그러면 그는 아무것도 없는 상태로 남겨져 쇠하거나 사라지지 않게 됩니다. 옛 사람은 제거되고 새 사람을 입게 됩니다.

15. 악인은 그 빛을 빼앗길 것이며, 그들의 힘센 팔은 부러질 것이다.

하나님의 인도하심을 받기 위해 자신을 내어 드리는데 신실하지 않은 자들은 빛을 빼앗깁니다. 그리고 자신을 의지하는 이들의 **팔은 부러지게 될 것**입니다.

16. 네가 바다 속 심연에 들어가 보았느냐? 또 네가 심해의 가장 깊은 극단에까지 가 보았느냐?

하나님은 욥에게 광대한 **바다 깊은 곳에 들어가서** 그 깊이를 발견할 수 있느냐고 질문하십니다. 하나님께 사로잡힌 영혼들은 모두 그분이 계획하신 대로 이곳을 탐험합니다. 하나님께서 이 신령한 바다 가운데 가장 완전하게 삼키신 영혼일수록 선택받은 사람입니다. 그리고 그 바닥까지 들어간 자는 말씀이신 예수 그리스도 외에는 아무도 없습니다. 그분만이 아버지의 모든 위대하심 속으로 들어가 철저하게 살피고 탐구하셨습니다.

그러나 사람이 아무리 거룩하고 그 안을 철저하게 탐구한다 해도, 아주 살짝 탐험한 것입니다. 하나님의 심연은 무한하고 끝이 없습니다. 그래서 이것이 적절한 표현은 아니지만, 성도가 아무리 깊이 하나님께 빠져 있어도 남아 있는 깊이에 비교하면, 여전히 자신이 표면에 있을 뿐임을 깨닫게 됩니다.

17. 사망의 문들이 네게 열린 적이 있느냐? 네가 그 어둡고 침울한 입구들을 본 적이 있느냐?

하나님은 사망으로 인도하는 모든 길들을 **사망의 문들**이라고 말씀하십니다. 그 길은 모두 같은 결론에 도달할지라도 매우 다른 것입니다. 게다가 영혼이 통과하는 어둡고 이상한 장소들은 알려진 것이 없어서, 사람이 무엇을 경험하든지 항상 제한적입니다. 사람이 이해할 수 없는 많은 것들이 있음을 고백해야만 합니다.

19. **빛이 어디에서 거하는지 나에게 말해 보아라. 어둠의 처소는 어디에 에 있느냐?**
20. **그렇게 하기 위해서는 네가 각 사람을 그의 종말로 인도하고 그들의 처소로 향하는 길들을 깨달아야 할 것이다.**

하나님께서는 욥에게 **빛이 있는 곳이** 어디인지 질문하십니다. 우리는 눈이 멀어서 빛을 어둠으로 여기거나 어둠을 빛으로 여깁니다. 참빛은 사도 요한이 말한 것처럼(요 4:5~9) **생명과 빛입니다.** 이 빛이 거하는 곳은 바로 하나님 안입니다. 그리하여 이 빛이 영혼들 안에서 두루 비치게 됩니다. 이 빛은 **어둠** 속에서 빛납니다. 어둠이 비록 깨닫지 못할지라도 말입니다.

그러나 이 빛은 이 새로운 세상으로 들어오는 모든 사람을 조명해 줍니다. 그래서 이 빛은 또한 **어둠의 처소**입니다(그 안에서 빛을 발하기 때문입니다). 그렇지만 우리는 너무나도 무지하여 이것을 알지 못합니다. 진짜 어둠은 우리 자신의 의지대로 행하는 것이고, 참된 빛은 하나님의 뜻과 의지 안에 있다는 사실을 모릅니다. 이 신령한 뜻을 이해하며 저항 없이 따르는 것이 신령한 빛 안에 있는 것입니다.

이 빛은 또한 우리를 하나님께서 영혼들에게 정해 놓으신 **종말로 이끄는** 상황에 처하게 합니다. 우리는 우리를 향한 하나님의 인도하심과 우리의 내면에 있는 **그 길들을 발견하기 위해** 이 빛을 소유해야 합니다.

하지만 참 빛이신 예수 그리스도께서 우리 안에서 높이 들림 받고 커지지 않으시면, 우리는 그렇게 할 수 없게 됩니다.

22. 네가 눈(snow)의 창고 속에 들어가 보았느냐? 또 우박 창고를 본 적이 있느냐?

23. 내가 원수의 때와 전쟁과 전투의 날들을 위해 예비해 놓은 것이다.

이것들은 예정된 **때를 위해** 가둬 놓은 것입니다. 영혼에게 대단한 열성과 사랑이 있을 때에는 눈이 모두 녹은 것처럼 보이고 더 이상 우박이나 폭풍이 없는 것처럼 보입니다. 그러나 **하나님께서는** 그것들을 **원수의 때를 위해 남겨 두십니다.**

오, 하나님! 바로 이때 당신은 오히려 그들에게 가까이 다가가시는 것처럼 보입니다. 이 영혼을 주님의 우박, 곧 주께서 드러내시는 지각할 수 있는 차가움으로 한층 더 억누르지 않아도 그는 원수에게 충분히 압박당하고 있지 않습니까?

그러나 이렇게 행하시는 것이 하나님의 인자입니다. **눈**은 차갑게 보여도 여전히 따뜻한 것이며, 서리에게서 곡식을 보호합니다. 마찬가지로 우리 영혼의 표면을 덮은 이 **눈**은 차갑게 보이지만, 그럼에도 불구하고 따뜻하고, 자신의 온기로 땅에 뿌려진 씨앗들을 보호합니다.

이것은 또한 **전쟁의 날들을 위해 예비해 놓은 것입니다.** 우리를 치실 것처럼 보이는 하나님이 우리의 원수들을 치시고 그들의 힘을 빼앗으십니다.

25. **누가 맹렬한 폭우에게 방향을 알려 주었으며, 천둥에게 큰 소리로 길을 알려 주었느냐?**
26. **아무도 없는 광야에, 사람이 거하지 않는 땅에,**
27. **버려지고 황폐한 곳을 채우기 위해, 그리고 푸른 약초가 움 돋기 위해 비를 내리게 할 자가 누구냐?**

하나님께서는 욥에게 진실로 오직 **하나님만이 맹렬하게 쏟아지는 폭우에게 방향을 알려 주시는 분**이라는 것을 이해하느냐고 물으십니다. 하나님이 친히 영혼 안으로 들어오시면 모든 은혜가 홍수처럼 흘러넘칩니다. 그것은 살짝 내리는 비 같지 않습니다. 마치 하나님이 은사만 보내 주실 때, 영혼이 경험하게 되는 것과 같습니다. 또한 바로 그때 **천둥 같은 목소리로** 영혼을 사망과 무덤에서 구원하시고, 새 생명으로 다시 살게 하십니다.

크고 많은 비는 오직 **버려진 땅 위에** 내립니다. 거기서 아담에게 속한 모든 것이 분리됩니다. 그 비는 **사람이 더 이상 보이지 않는** 사망과 무덤의 땅에 내립니다. 왜냐하면 그것이 마지막 사망이요, 그곳에 있는 사람은 다시는 죽지 않는 생명으로 옮겨졌기 때문입니다.

거기에는 더 이상 인간의 본질적 특성이 없고, 사망과 아담의 부패(타락)의 싹이나 조짐도 없습니다. 그 모든 것이 제거되었습니다. 죽어야 할 것들은 아무것도 없고, 완전하고 온전한 순결만 남아 있습니다.

하나님이 크고 많은 비를 내리시는 것은 **버려지고 황폐한 곳을 채우시기 위함입니다.** 하나님께서는 아담에게 속한 것을 몰아내지 않으시고, 다만 그곳을 그분 자신으로 채우십니다. 하나님께서는 황폐함을 기쁨으로, 사망을 생명으로, 불모지를 기름지고 비옥한 푸르름으로 바꾸십니다.

41. 까마귀 새끼가 먹을 것이 없어서 이리 저리로 다니며 하나님께 부르짖을 때에 그 까마귀에게 먹을 것을 공급하는 자가 누구냐?

하나님이 친히 죄인의 필요를 공급해 주십니다. 여기서 죄인은 자기 죄에 지쳐 이 땅에서 자신을 만족시켜 줄 수 있는 것을 아무것도 발견하지 못하는 까마귀로 나타납니다. 그들의 힘과 능력에서는 스스로를 만족시키거나 배를 불릴 만큼 충분한 즐거움을 **찾지 못하기에 어린 방랑자들과 부랑자들처럼 하나님께 부르짖습니다.**

오, 그때에 그들을 위해 **다른 음식**을 준비하시는 분이 바로 하나님입니다. 죄인이 회심하기 위해 언제라도 하나님께 전심으로 부르짖으면, 그분은 반드시 귀기울여 들으십니다.

39장

6. 내가 그에게 광야에서 집을 주었고, 소금샘에 거하게 하였다.

거처가 **소금 땅**에 있다는 것은 지혜 안에 거하는 것이며, **지혜**이신 **예수 그리스도**와 함께 거하는 것입니다. 광야의 **집**이신 하나님 안에서 그분과 함께 숨겨지는 것입니다. (여기서 말하는 외로운 피조물인) 영혼은 그곳에서 오직 하나님과 함께 있는 자신을 발견합니다.

7. 그는 수많은 도시들을 비웃으며 더 이상 갈취자의 소리를 듣지 않는다.

하나님 안에 당도한 영혼은, 모든 소음과 피조물들의 수군거림이 더 이상 그에게 문제를 일으키거나 고통스럽게 할 수 없으므로, **수많은 도시들을 멸시합니다.** 그 무엇도 그의 안식을 방해하거나 그의 주의를 영원한 연합에서 분산시킬 수 없습니다. 그는 양심의 꾸짖음인 **갈취자의 소리를 더 이상 듣지 않습니다.** 악의가 제거되어 양심이 잠잠해졌고, 양심은 더 이상 어떤 것으로도 질책하지 않습니다.

8. **그가 푸른 초장을 찾기 위해 산의 모든 지경을 주시하고, 모든 푸른 식물을 구하는구나.**

날개가 다 자란 새처럼 영혼은 하나님의 품속으로 날아들어 가면서 **가장 높은 곳**, 곧 말로 표현할 수 없는 기쁨 가운데 하나님이 그에게 주어 먹게 하신 가장 훌륭한 것들을 **바라봅니다.** 거기서 그는 어려움 없이, 두려움 없이, 신성한 목자께서 마련해 놓으신 푸른 장소를 찾아 달립니다. 이 신성한 목자는 그를 하나님께로, 비옥하고 열매가 가득한 초장으로 인도해 주십니다.

27. **독수리가 네 명령을 받고 날아오르겠느냐? 그가 네 명령을 받고 높은 곳에 그의 둥지를 짓겠느냐?**
28. **그것은 바위 사이에 거하며, 깨지고 접근하기 어려운 바위틈에 둥지를 짓는다.**

독수리는 오직 전능자의 **명령에** 따라 음부에서 나와 하나님의 품안으로 들어가는 영혼처럼 **날아오릅니다.** 독수리는 **높은 곳에 둥지를 짓고** 하나님 안에서 안식합니다. 또한 감정에 좌우되지 않는 **바위와** 거룩한 확고함 **사이에 거합니다.** 독수리는 파괴되어 **깨어진 바위 틈에 둥지**를 지었습니다. 그런데 이제 **접근하기 어려운 바위, 곧** 오직 견고하고 확고부동한 하나님 안에 거합니다. 하나님은 반석이시며, 하나님께서 친히 이끄시지 않으면 접근할 수 없는 분이십니다.

29. **독수리는 거기에서 먹이를 응시하며 그 눈은 먼 곳을 바라본다.**

30. 그 새끼들은 피를 빨아먹으니, 어느 곳에서든지 죽은 시체가 보이면 그곳에는 독수리가 있다.

이 구절은 영혼이 어떻게 하나님을 떠나지 않고 사도의 단계로 들어갈 수 있는지를 표현하고 있습니다. 그는 먹이를 보고 **거기서 그것을 가만히 지켜봅니다.** 다시 말해 이 단계에서는 하나님께서 먹이를 주기 원하시는 영혼들을 알고, 그들은 먹이를 받습니다.

그리고 독수리는 **새끼들**, 마치 **시체처럼** 자기들을 부패로 더럽히는 피조물들로 즐거움을 삼는 양자(養子)들을 내다보면서 그것을 알고 도움을 주기 위해 그곳에 나타납**니다.** 그리하여 여전히 약하고 불완전한 어린 영혼들은 알지도 못하는 사이에 도움을 받게 되는데, 그것이 그들에게는 어느 정도 기적처럼 보입니다.

(다음 구절부터는 일부 장과 절의 번호가 지금의 한글 성경과 조금 다릅니다-역주)

31. 주께서 다시 욥에게 말씀하시며 이르셨다.

32. "하나님과 논쟁하는 자가 쉽게 잠잠히 있겠는가? 누구든지 하나님에게서 흠을 찾은 자는 이것에 대답해 보아라.

이 놀라운 구절은, 오직 모든 거룩한 뜻에 순복한 영혼만이 하나님께 저항하지 않으며 하나님의 인도하심에 의문을 갖지 않는다(또는 **그분과 논쟁하지 않는다**)는 것을 보여 줍니다. 이것은 그분의 임재의 안식을 누리며 그분 앞에서 **잠잠**할 수 있는 단계입니다.

하나님께 순복하는 자는 언제나 하나님 앞에서 **잠잠**합니다. 그는 자신을 위해 아무것도 바라지 않습니다. 다만 하나님이 함께 해주시는 모든 것, 곧 자신을 위해 정해 놓으신 모든 것에 철저히 만족하며, 하나님께 아무것도 요구하지 않고 무엇을 바치지도 않습니다. 그는 오직 사랑하고, 복종하고, 잠잠히 있을 뿐입니다. 모든 것을 고려할 때, 완벽하게 수동적이고, 철저하게 침묵을 지키는법을 아는 사람들은 전적으로 순복하며 자아를 포기한 영혼들입니다.

다시 말해, **'하나님에게서 흠을 찾은 자는 이것에 대답해 보라'** 는 말은 참으로 의미심장합니다. 그것은 하나님의 인도하심을 판단하는 자들, 철저하게 항복하지 않는 자들은 자신들의 행위에 대하여 **하나님 앞에서 설명할 수 있어야 한다**는 의미입니다. 또 반역한 아담처럼 하나님의 질문에 답해야 한다는 뜻입니다. 그러나 항상 순종적인 사람들은 그렇게 해야 할 이유가 없습니다. 하나님 앞에서 침묵하는 것이 모든 것을 대신하기 때문입니다.

33. **욥이 주께 대답했다.**
34. **"내가 너무나 경솔하고 무분별하게 말했으니 어찌 대답할 수 있겠습니까? 내가 오직 내 손으로 입을 가릴 뿐입니다.**
35. **내가 한 가지를 말했는데 말하지 말았어야 했습니다. 그러므로 더는 그것에 다른 것을 더하지 않겠습니다.**

욥은 이 구절에서 말로 저지른 자신의 모든 잘못을 분명하게 고백합니다. 우리는 하나님께서 인도하시는 방법 또는 길을 판단합니다. 이런 판단 때문에 우리는 평안과 침묵을 잃어버리고 어려움에 빠지게 됩니다. 또 판단은 또 다른 판단으로 이어지면서 이 문제로 복잡해지고 깊은 슬픔에 빠지게 됩니다. 수많은 악의 해결책이 판단과 의지를 멈추는 것입니다.

먼저 판단을 멈추면 아무것도 살펴보지 않기에 언제나 평안합니다. 두 번째로 의지를 멈추면 우리는 철저한 복종으로 들어가게 됩니다.

40장

6. 하나님께서 회오리바람 가운데 욥에게 말씀하시고 대답하셨다.

10. "너는 광채와 아름다움으로 옷 입고 우뚝 솟은 보좌에 올라 영광으로 가득 채움을 받으며 가장 장대한 의복을 갖춰 입어라.

이 구절에서 하나님께서 가르쳐 주시는 것이 있습니다. 이 단계에서는 우리가 포기했던 것을 다시 회복하고, 떨어졌던 처음 단계로 다시 올라가게 되는데, 우리가 무능력하다는 사실입니다.

하나님의 목적은 오직 우리를 자유와 생명으로 회복시키고, 우리를 부패의 오물에서 끌어내시며, 영원함이 가득한 새로운 삶으로 들어가게 하시는 것입니다. 이런 단계들 가운데 우리가 할 수 있는 것이 아무것도 없다면, 주께서 우리를 구원해 주실 때까지 비참함 가운데 평화롭고 잠잠하게 있읍시다. 이전의 **사랑스러움**이나 **매력**(이것은 덕 혹은 선의 실천을 매우 잘 표현하고 있다)을 되찾을 수 있는지에 대해서는 생각하지 맙시다.

13. 교만한 자를 티끌 속에 숨기고, 그 얼굴을 무덤에 묻어라.

14. 그리하면 네 오른손이 너를 구원할 수 있다고 내가 인정해 줄 것이다.

하나님은 욥에게 말씀하십니다. "만약 네게 **교만한 자를** 완전히 소멸하게 할 수 있다면, (그들의 교만의 보좌인) **그들의 얼굴을** 치욕의 **무덤에 묻어버릴** 수 있다면, 네가 이런 일들을 행하는 것을 내가 보게 된다면, 네가 **스스로를 구원할** 수 있고 네가 처한 상태에서 스스로를 구해낼 수 있을 것이라고 내가 믿어 주겠다."

하나님께서 욥에게 주시는 모욕은 정당합니다. 우리는 욥이 그러했듯이, 잠시라도 우리 자신을 이 끔찍한 상황에서 구해낼 수 있을 것이라고 생각하는 경우가 있습니다. 하지만 하나님은 오직 우리의 연약함을 드러낼 뿐인 미약한 시도를 비웃으십니다. 이것은 마치 말이 끌고 갈 수 있는 기계를 들고 어린아이가 끌고 가려고 헛되이 시도하는 것과 같습니다. 무지함 때문에 몇 번 미약하게 시도해 보지만, 스스로 쓸데없는 문제를 일으키고 있다는 사실을 충분히 깨닫고 포기합니다.

15. **내가 너와 함께 창조**한 **베헤못**을 **보아라. 그가 소처럼 꼴을 먹느니라.**

베헤못(Behemoth: 거대한 짐승, 하마로 번역되기도 함-역주)은 **하나님께서 우리와 함께 창조하신** 자기사랑입니다. 하지만 그것은 우리가 더 큰 능력으로 종국(최종 목적지)에 이르게 하는 역할만 하게 되어 있었습니다. 그럼에도 불구하고 아담의 죄로 인해 그것은 어쩔 수 없이 **소처럼 꼴,** 곧 땅의 것을 **먹게** 되었고, 영혼을 종국으로 인도하기는커녕 오히려 거기서 끌어내고 있습니다.

베헤못은 우리의 모든 원수들 중에서도 가장 크고 위험한 존재입니다. 이것이 처음에 우리에게 유익을 주었던 만큼, 죄가 들어온 이후에는 그만큼 위험한 것이 되었습니다. 죄가 들어오기 전에 우리를 종국으로 인도하던 힘이 컸던 만큼, 죄가 들어온 후에는 종국에 이르지 못하게 쫓아내는 힘도 강한 것입니다.

16. 그의 능력은 그의 허리에 있고, 그의 힘은 그의 아랫배에 있으며

그(자기사랑)**의 능력**은 탐욕이며, **그의 힘**은 모든 것을 자신의 전유물로 삼으려는 것입니다. 그러므로 아무것도 그를 피할 수 없습니다.

허리와 **배**는 내면과 외면을 의미합니다. 모든 것이 그를 강하게 합니다. 또 그가 살아 있는 한 아무것도 그에게서 달아날 수 없습니다. 그는 모든 것을 먹어 치웁니다.

18. 그의 뼈들은 놋으로 만든 관 같고, 그의 연골은 쇠 막대기 같으니

놋관이 울리면 소리가 나듯이, 자기사랑도 자신이 행한 모든 선의 소리가 울려 퍼지게 합니다. 이것은 오직 자기의 명성을 높이기 위함입니다. 나팔을 불어 자기의 업적을 모든 곳에 들리게 하고, 모든 것이 겉으로 보이게 만들고 싶은 욕망으로 스스로를 높이고 칭송합니다.

그의 능력은 탁월합니다. 그것은 인간의 본질적 특성으로 가득하기 때문에 자신의 무력함이나 권위에도 굽히지 않습니다.

19. 하나님의 길들의 시작이다. 그것을 창조하신 분이 그분의 칼을 대실 것이다.

하나님께 자신을 내어 드리기 **시작**한 사람은 모두 이런 식으로 시작합니다. 그들은 모르고 있지만, 그들을 움직이게 하는 것이 바로 자기사랑입니다. 영혼들은 그것을 자기사랑과는 완전히 거리가 먼 하나님의 순전한 사랑이라고 여깁니다. 이 자기사랑이 하나님의 **칼을 끌어들이게** 되는데, 그것은 하나님을 제외한 모든 사람에게 절대적인 영향력을 행사하는 자기사랑을 좀더 빨리 파멸시키기 위함입니다.

20. 산들이 그에게 먹을 것을 가져오고 들의 모든 짐승들이 그곳에서 뛰노니

영적인 것들 가운데 가장 높은 곳이 **그**(베헤못, 자기사랑)**의 음식**입니다. 그는 가장 저급하고 더러운 것까지도 먹는데, 그렇게 하여 자신을 겸손하게 만들어야 합니다. 아무것도 그를 피할 수 없습니다. 그는 모든 것을 삼켜 버립니다.

21. 그가 그늘 아래 잠들고, 갈대 사이에 그리고 습기 찬 곳에 숨는다.
22. 흑암이 그의 영을 덮고, 시냇가의 버드나무들이 그를 에워싸고 있다.

자기사랑은 깊은 평온, 도취, 환희 가운데 있는 그늘 아래에서 **잠이 듭니다**. 그는 거기서 오직 사랑과 깊은 슬픔의 불에서 나오는 것처럼 보이는 **눈물**과 안식을 발견합니다.

인간은 하나님을 사랑하기를 갈망하면서 눈물을 쏟지 않으면 하나님의 임재를 인식할 수도, 그분의 사랑스런 포옹을 받을 수도 없습니다. 그의 상태에서는 원하는 만큼 하나님을 사랑하는 것이 불가능하기 때문입니다.

심지어 **흑암**, 구름, 어떤 흐릿한 것들이 **그의 영을 덮습니다.** 말하자면, 그를 보호하는 겉옷 역할을 해주는 것입니다. 게다가 **시냇가의 버드나무들이 그를 에워싸고** 그늘이 되어 줍니다. 그러나 그들은 그를 돕고 지탱해 주는 역할도 합니다. 이것이 바로 그들이 서로 떨어지지 않는 이유입니다. 포기(내어드림)의 **급류**가 사람들을 신성한 바다 속으로 휩쓸어 가버려서 그들이 멸망하지 않게 보호하려는 것입니다.

23. 그가 강물을 들이마시면서도 그것을 작은 일로 여길 것이며, 심지어는 요단 강이 그의 입속으로 흘러들어 오게 될 것이라고 생각할 것이다.

그는 자신의 커다란 품으로 영적 기쁨의 **강**과 시내들을 **삼켜 버립니다.** 이 모든 일에 그는 놀라거나 두려워하지 않습니다. **심지어는** 평화의 강, **요단**이 그의 **입속으로 흘러들어 오게 될 것**이며, 그것을 마시게 될 것이고 확신합니다. 영혼이 아담 안에, 즉 인간의 본질적 특성 가운데 남아 있는 한, 그가 받아들인 모든 것이 이러한 자기사랑에 단번에 사로잡히고 휩쓸린다는 것은 참으로 이상한 일입니다.

24. 그러나 하나님이 그의 두 눈을 잡으실 것이요, 그의 콧구멍은 경건한 행위들로 꿰뚫어질 것이다.

그럼에도 불구하고 하나님은 그의 지식으로 **그를 치실** 것입니다. **그의 깨달음**은 그에게 덫이 될 것입니다. 그는 자기 **기질**대로 **땅에 매이게** 될 것입니다. 그리고 자기를 높이는 것에 대해 생각하는 사람은 수많은 연약함을 경험하면서 갑작스럽게 자신이 땅의 깊은 곳에 매여 있다는 것을 깨닫게 될 것입니다.

이것이 바로 하나님이 자기사랑을 깨뜨리시는 방식입니다. 오직 그분만이 이 일을 하실 수 있습니다. 그러나 이 과정은 고통스럽습니다. 그래서 그 과정을 견디는 영혼은 모든 은혜와 복들 중에서도 가장 큰 복인 이것을 악으로 여기게 됩니다.

41장

1. 네가 능히 리워야단(Leviathan: 거대한 바다 동물, 악어로 번역되기도 함-역주)을 낚시로 끌어 올릴 수 있으며, 끈으로 그의 혀를 묶을 수 있겠느냐?

2. 네가 그의 코에 고리를 걸 수 있겠느냐? 아니면 고리로 그의 턱을 꿸 수 있겠느냐?

3. 그가 네게 수없이 간구하겠느냐? 혹은 네게 부드러운 말로 이야기하겠느냐?

4. 그가 너와 조약을 맺겠느냐? 그리고 네가 그를 붙잡아 영원토록 너를 섬기게 하겠느냐?

하나님께서는 이 구절들을 통해 우리가 원수들에게서 스스로를 구원하려고 애쓰고 바라는 것들이 쓸모없는 것임을 보여 주십니다. 전에 말했듯이, 우리가 가장 두려워해야 할 것은 자기사랑과 인간의 본질적 특성입니다. 그러나 이것이 위험한 것이라면, 또한 우리의 힘으로는 극복할 수 없는 것입니다. 이것은 우리가 우리 자신을 하나님께 내어 드리는 것과 우리 자신에게 아무것도 기대하지 않는 것이 필요하다는 것을 보여 줍니다. 또 하나님의 선하심을 신뢰하고 우리 자신을 신뢰하지 않는 것입니다. 그러면 자기사랑과 인간의 본질적 특성을 파괴할 적절한 무기를 발견하게 됩니다.

인간적 본성적 특성은 모든 것을 먹고 성장합니다. 오직 하나님만이 **그 입을 다물게** 하실 수 있고, 오직 그분만이 그 영혼이 자기의 모든 행위로 스스로를 부양하지 않게 막아 주십니다. 만약 인간의 자기사랑이 없다면, 사탄의 힘은 조금 덜 위력적일 것입니다. 자기사랑을 버리십시오. 그에게서 당신을 해치는 모든 능력을 빼앗아 버리십시오.

그러나 무지한 인간은 자기의 양식인 자기사랑이 제거되면, 파멸 외에 아무것도 없다고 믿습니다. 하나님께서는 바로 이 자기사랑을 뿌리 뽑으시려고 사탄과 영에 대한 육신의 저항을 사용하시는 경우가 있습니다. 그러면 인간은 **듣기 좋은** 말들만 하면서 정중하게 그렇게 하지 말아 달라고 힘을 다해 하나님께 기도합니다. 하지만 하나님은 **그런 기도**를 듣지 않으십니다. 만일 하나님께서 자기사랑에 긍휼을 베푸신다면, 그것은 순전한 사랑에게는 잔인한 것입니다. 또 영혼이 간구하여 무사하고 안전해지면, 그 때문에 그는 망하게 될 것입니다.

하나님은 다시 욥에게 말씀하십니다. "네가 능히 자기사랑과 **계약을 맺어** 너에게 복종키며, 죄가 없을 때 행하던 것처럼 너를 섬기게 할 수 있겠느냐?" 이것은 불가능한 일입니다. 그것이 당신에게 복종했다고 생각하는 바로 그때, 자기사랑은 더 큰 힘을 얻어 갑작스럽게 일어날 것입니다. 그러면 오직 하나님만이 그것을 멸하실 수 있습니다.

5. **네가 새와 놀아 주듯이 그와 놀아 주겠느냐, 혹은 그를 네 종들처럼 묶어 놓겠느냐?**
6. **네 친구들이 그를 조각내게 할 수 있으며, 상인들이 그것을 나누게 할 수 있겠느냐?**

7. 네가 어부의 그물을 그의 가죽으로 채울 수 있겠으며, 그 머리의 저장고를 물고기로 채울 수 있겠느냐?
8. 네가 네 손을 그것 위에 얹겠느냐? 싸울 것을 생각하고 더 이상 말하지 말라.
9. 그런 자의 기대는 마침내 그를 속일 것이요, 모든 사람들 앞에서 내던짐을 당하게 될 것이다.

당신은 그(리워야단)**를 속여 마치 새처럼** 그물로 잡을 수 있습니까? 그는 당신보다 힘이 세지 않습니까? 또 당신이 그를 묶어 필요에 따라 **종**을 부리듯이, 구석진 곳에 쇠사슬로 매어 둘 수 있겠습니까? 바로 이것이 인간이 범죄하기 전에, 그(리워야단)를 제어하던 방법입니다.

당신의 영적 **친구들**에게 무슨 도움을 받든지 간에, 그것, 곧 자기사랑을 잘라 낼 수 있습니까? 그들은 '우리가 자기사랑을 억제하지 (혹은 제거해버리지) 않았다면, 우리 자신을 하나님께 내어 드릴 필요가 없다' 고 말하면서 그럴 수 있다고 생각합니다.

하나님께서는 욥의 모습으로 그들에게 이 일을 해낼 수 있겠는지 질문하십니다. 이것은 스스로 강해지는 히드라(Hydra: 머리가 아홉 개인 큰 바다뱀-역주)입니다. 히드라는 머리가 잘리면, 다시 새로운 머리가 나옵니다(히드라는 한 개의 머리가 잘리면 스스로 두 개의 머리가 생긴다고 함-역주).

그러나 **누가** 이 무시무시한 **머릿속 창고를 채울 수 있겠습니까?** 그것은 마치 추악한 배처럼 그 안에 자기가 훔친 것들이 전부 들어 있습니다. 그는 이런 식으로 자기의를 만끽하면서 모든 덕을 계속 간직합니다. 그것을 자기 소유로 삼고, 악의를 전달하며, 하나님께 사로잡히도록 자신을 내어드리지 못하게 방해합니다. 그것은 물고기들이 바다에서 헤엄치지 못하게 방해하는 리워야단 같습니다.

이렇게 은혜, 은사, 능력, 승리 등 모든 비축물들을 간직합니다. 어쩌면 당신은 이렇게 생각할지도 모르겠습니다. '그래도 내 힘으로 그를 쇠사슬로 묶어 제압할 수 있을 거야.' 그와 벌였던 전쟁과 당신이 그를 쓰러뜨릴 수 있다고 믿었을 때 무슨 일이 일어났었는지 **기억하십시오.** 부디 그것을 기억하며 잠잠히 있으십시오.

또 자기 힘을 의지하는 자의 **소망은 그를 속일 것이며, 그에게** 파멸시킬 능력이 있다고 여기던 **모든** 사람 **앞에서 엎드러지게 될 것**이라고 덧붙입니다.

10. 내가 그를 악한 생각으로 격동시키지 않을 것이다. 왜냐하면 누가 나에게 저항하겠느냐?

11. 나에게 그 처음 것을 준 자가 누구이기에 내가 그에게 속한 그것을 다시 갚겠느냐? 하늘 아래 있는 모든 것들이 다 내 것이다.

하나님께서는 이 구절에서 우리의 원수를 집어 던지시는 것과 그를 자극하여 우리를 대적하게 만드시는 것이 결코 잔인한 것이 아님을 보여 주십니다. 이것은 오히려 넘치는 자비입니다. 그런 일이 없다면, 우리는 평생을 인간의 본질적 특성 가운데 머물러 있어야만 할 것입니다.

하나님이 말씀하셨습니다. "내가 최소한의 잔인함을 사용하려 한다면, **누가 나에게 저항하겠느냐?** 내가 그들에게 베풀어 준 은혜에 감사하기보다는, 오히려 자기들을 그런 식으로 불공평하게 대한다고 생각하는 자들은, 받은 은혜를 내가 기뻐하는 대로 사용하기 전에 내가 그들에게 빚진 것, **갚아야** 할 것만 보려 한다. 그들이 **내게 뭐라도 바친 적이**

있다면, 또는 그들에게 나에게서 받은 적이 없거나 내게 속하지 않은 축복이 있다면, 나는 그것을 그들에게 되돌려 줄 것이다."

"누가 주께 먼저 드릴 수 있겠느냐"(롬 11:35)는 사도 바울의 말은 이 구절을 뒷받침해 줍니다. 우리가 하나님께 받지 않은 것이 아무것도 없다는 것은 진리입니다. 그럼에도 불구하고 하나님이 우리를 위해 그분께 속한 것들을 빼앗아 가실 때, 우리는 마치 하나님께서 우리에게 무엇을 잘못하신 것처럼 불평합니다.

12. 내가 그를 살려두지 않을 것이다. 내가 그의 말의 힘이나 그의 가장 영향력 있는 기도에 관심을 두지 않을 것이다.

그(소멸 가운데 있는 자기애)가 진심 어린 간구와 **가장 감동적인 언어로 내게 애원할지라도,** 그가 나의 영광을 위한 것이라며 호소할지라도, 나는 순전한 연민으로 그를 **살려두지 않을 것이다.** 나는 그의 간구에 응답하지 않음으로, 내 능력이 아니면 구원 받을 수 없다는 것을, 오직 내 뜻에만 복종해야 한다는 것을 그에게 가르쳐 줄 것이다.

13. 누가 그의 가죽을 벗기겠으며, 누가 그의 입속으로 들어가겠느냐?
14. 누가 그의 얼굴 문을 열겠느냐? 공포가 그의 이빨을 둘러싸고 있구나.
15. 그의 몸통은 소리 나는 놋과 같고, 촘촘하고 서로 바싹 붙어 있는 비늘로 덮여 있다.

누가 그의 악의를 발견하기 위해 **그의 가죽을 벗길 수 있겠느냐?** 이것은 그가 질 좋은 훌륭한 옷을 입고 있기 때문이다.

누가 그의 깊은 곳에서 무슨 일이 일어나는지, 그의 목적이 무엇인지, 그가 무엇으로 이루어져 있고 안에 무엇을 담고 있는지 알아내기 위해 **그의 입속으로 들어가겠느냐?**

누가 그의 얼굴 문을 열고 가장 눈에 띄고 빛나는 행위 가운데 인간의 본질적 특성이 있는지 살펴보겠느냐? 그것은 **공포가 그의 이빨 주변에 거하고** 있기 때문이다. 다시 말해 그는 자기를 노출시키는 어떤 일을 하지 못하게 영혼을 계속해서 불안하게 합니다. 그리고 영광이 그의 양식이기에, 마음에 들지 않는 것은 모두 그의 기분을 상하게 하고 이 영혼에게 헛된 두려움을 일으킵니다. 자기사랑을 받드는 사람에게는 결코 평안이 없습니다. 그러나 우리 주님을 섬기는 자는 평온의 왕국을 소유합니다.

그의 몸은 너무나도 큰 힘을 **가지고 있어서** 마치 모든 공격을 막아낼 수 있는 **소리 나는 놋쇠** 같습니다. 그것에 닿거나 뚫고 들어갈 수 있는 것은 아무것도 없습니다.

19. 그의 입에서는 타오르는 횃불을 닮은 등불들이 나오며

우리에게 막강한 두 대적이 있을 때, 하나님께서는 하나가 다른 하나를 멸하게 만드십니다. 자기사랑은 모든 지옥보다도 훨씬 더 무서운 것입니다. 자기사랑 없이는 지옥이 우리에게 해를 입힐 수 없기 때문입니다. 그것은 언제나 눈에 띄는 깊은 경건의 광채 아래 숨겨져 있습니다. 그의 **입의** 모든 말은 **빛**이요 열기입니다. 그것은 마치 큰 화재를 일으킬 것만 같습니다. 그러나 불이 붙자마자 꺼져 버리는 짚불에 불과합니다. 그들은 영향력 없는 눈부신 광채를 지니고 있습니다. 바로 이런 이유로 하나님은 우리를 대적하여 사탄이 일어나게 하시고, 고통 가운데 서서히 자기사랑을 그 거처에서 쫓아내시는 것입니다. 물론 자기사랑은 최대한 잘 숨어 있으려 합니다. 그러나 그것이 아무리 조심하고 주의를 기울일지라도, 언제나 변함없이 지켜보시는 하나님 정의의 눈을 피할 수는 없습니다.

20. 그의 콧구멍에서는 화로 위에서 펄펄 끓는 솥에서 나오는 것같이 연기가 나오는구나.

만약 그의 사랑의 불이 너무나도 강하게 보이고, 그의 말들이 무척 영적인 것 같다면, 그는 오히려 **연기가** 덜 **나게** 합니다. 그리고 정말 이상하게도 상당한 증기를 내보냅니다. 그것들은 교만의 입김으로, **솥처럼** 끓어오르며 모든 것을 검게 만드는 **연기**를 내보냅니다.

21. 그의 호흡이 숯에 불을 피우고, 그의 입 밖으로 불길이 나오며
22. 힘은 그의 목에 있으나, 공포가 그의 얼굴에 앞서 가는구나.

타오르는 열기가 너무나도 대단하고 강렬해서 보지 않을 수가 없습니다. 자기사랑에 지나치게 주의를 기울이면, 그것이 순전한 사랑으로 모습을 바꾸는데, 그것이 너무나도 성공적이어서 완벽하게 거룩한 사랑처럼 보이는 경우도 있습니다.

자기사랑의 힘은 무척 강력해 보입니다. 그래서 아무것도 그것을 막을 수 없습니다. 그것은 모든 것을 이깁니다. 자기사랑은 승리를 얻을수록, 점점 더 강해집니다. 하지만 이 모든 것이 사실일지라도 그것은 무익하며 아무 열매도 맺지 못합니다.

궁핍이 그를 앞서 갑니다. 자기사랑은 모든 것을 소멸하지만, 생명을 주지도, 무엇을 생산하지도 않습니다. 바로 이것이 불이요, 풍성한 수확인 하나님의 사랑과는 다른 점입니다. 왜냐하면 태어나고 생산되는 것은 모두 거룩한 영의 결실이기 때문입니다. 그러므로 순전한 사랑은 그만큼 열정적이지는 않아도 열매를 잘 맺습니다. 결코 한순간도 열매를 맺지 못하는 경우가 없습니다. 반면에 자기사랑은 강렬한 불꽃과 매우 심각한 불모지를 만들어 냅니다.

23. 그의 몸의 관절들이 서로 결합되어 있고, 그는 이런 저런 영향을 하나도 받지 않고 번개가 그의 위로 떨어질 것이다.

자기사랑은 모든 부분과 **결합**되어 있어서 분리할 수가 없습니다. 갑자기 없애지 않으면 제거할 수가 없습니다. 게다가 모든 인간은 본능적으로 그것이 파괴되지 못하게 막는 데 동의합니다. 누가 자기사랑과의 전쟁을 말하자마자, 모두가 맹렬하게 그 전쟁에 반대합니다. 자기사랑이 원수처럼 보이는 경우가 있기는 하지만, 인간의 부패한 본성과 쌍벽을 이루기 때문입니다. 자기사랑은 어떤 것에도 놀라지 않습니다. 우리가 헛되이 참회의 번개 같은 것을 쏘며 **대적할지라도** 말입니다.

모든 사람들의 힘을 다 합쳐도 자기사랑에 일격을 가할 수 없습니다. 그것을 멸하실 수 있는 분은 오직 하나님뿐입니다. 바로 이런 이유로, 하나님께서 강력한 원수를 일으키시는 것입니다. 그래서 하나님께서 징계하시는 영혼들을 크게 위로해야 하고, 하나님이 원하시는 것은 오직 그들의 자기사랑이라는 것을 보여 줘야 하는 것입니다. 또 그들이 신실하게 자기 자신을 하나님께 내어 드린다면, 타격이 어느 곳에도 미치지 않을 것을 알려 줘야 합니다.

24. 그의 마음이 돌처럼 굳어질 것이요, 대장장이의 모루처럼 스스로 축소될 것이다.

순전한 사랑의 영향력과 자기사랑의 영향력에는 다음과 같은 차이점이 있습니다. 순전한 사랑은 언제나 그 마음의 상태가 순종적입니다. 초처럼 마음을 녹여 하나님이 그에게 주시기 원하는 모든 감동을 위해 준비시킵니다. 또 마음을 부드럽게 하여 하나님의 모든 뜻에 순종하게 하면서 그 마음을 키우고 확장시킵니다. 마치 초가 녹아 퍼지는 것처럼 말입니다.

그러나 인간의 본질적 특성에 속한 사람들의 **마음**은 (신령한 사랑이 그 일, 곧 하나님이 기뻐하시는 형상을 받지 못하게 방해하는 단단하고 둔한 속성 혹은 기질을 영혼에게서 제거하는 것과 마찬가지로) 자기사랑에 의해 서서히 유연해지고 (순종적이고) 녹게 되는 것이 아니라, 오히려 더 **딱딱하게 굳어지고 좁아지며** 하나님을 대적하게 됩니다. 그러므로 신성한 불은 더 이상 그 마음을 녹이거나 정결하게 할 수 없습니다.

만약 불이 금을 녹일 수 없다면, 금은 흙에서 분리될 수 없습니다. 우리의 마음이 녹지 않는다면, 마음에서 결코 인간의 본질적 특성이 제거되지 않을 것입니다. 이 자기사랑의 불은 녹이기는커녕, 오히려 **굳어지게** 하고, 결국 인간의 본질적 특성에 침수되어 돌이킬 수 없게 만듭니다. 그리하여 그 마음은 자기사랑의 불에 의해 **확장**되고 커지는 대신 편협해지고 **좁아집니다.** 이것은 마치 **대장장의 모루처럼,** 사용할수록 다듬어지는 것이 아니라, 오히려 더 단단하게 굳어집니다. 철을 때릴 때마다 많은 불꽃이 튀지만,

그것으로 철을 녹일 수는 없습니다.

25. 그것이 제거될 때 천사들이 두려워할 것이며, 그들이 두려움 가운데 정결케 될 것이다.

순결하고 **천사처럼 보이는** 영혼들은 누가 그들에게서 자기사랑과 그것이 거하던 곳을 제거하려고 하면 몹시 **두려워할 것**입니다. 그들은 죽는다고 생각할 것이며, 그로 인한 **공포**는 마치 연옥과 같을 것입니다.

그런데 너무나도 순결해 보이는 이 영혼들 안에서 **정결하게** 해야 할 것이 무엇입니까? 그들이 자신들은 물론 다른 이들의 눈에 천사처럼 보일지라도, 본질적 특성을 가지고 있는 한 그 깊은 곳은 언제나 몹시 불결합니다. 그러므로 본질적 특성을 없애버리지 않으면 온전히 정결해질 수가 없습니다.

그러나 그것을 잃게 된다는 **두려움**, 즉 파멸의 확실성이 **그들을 정결하게 할 것**입니다. 정결하게 하는 불은 **두려움**으로 가득한 불이기 때문입니다.

26. 칼이 그를 칠지라도 그가 멈추지 않을 것이요, 그가 창에게나 방패에게도 양보하지 않을 것이다.

27. 그가 철을 지푸라기처럼, 그리고 놋쇠를 썩은 나무토막처럼 나무랄 것이기 때문이다.

28. 화살이 그와 싸우려 하지 않을 것이요, 그를 향한 물맷돌이 그에게는 마른 풀 같을것이다.

하나님은 이 표현으로 인간에게는 자기사랑과 본질적 특성을 파멸시킬 능력이 없음을 보여 주십니다. 그것들은 자기에게 아무런 감동도 주지 않는 삭제의 **칼을 두려워하지 않습니다.** 뿐만 아니라 외면적인 십자가에 불과한 정신적 피로의 **창,** 모든 고행과 그로 인한 쇠약해짐, 금식, 징계를 **두려워하지도 않습니다.** 이 모든 것들로는 그것들을 제거하거나 소멸시킬 수 없습니다.

그는 철을 단번에 불살라 소멸시킬 **지푸라기처럼 여깁니다.** 모든 것이 다 그의 양식입니다. 그에게 가해진 모든 맹렬한 공격은 **썩은 나무토막**처럼 보입니다. 치고 파괴하고 또는 지탱하는 모든 것이 그에게는 아무것도 아닌 것처럼 여겨집니다. 그는 모든 것의 정상에 오르는데, 아무도 그를 막을 수 없습니다.

29. 그를 내려치는 망치의 타격이 그에게는 가벼운 지푸라기 같구나.

자기사랑의 **힘**은 너무나 강해서 외면적인 십자가들을 감지할 수 없습니다. 자기사랑과 모순되는 인내는 오히려 자기사랑에게 영양분이 되기까지 합니다.

30. 해의 빛줄기가 그의 아래에 있고 그가 금을 오물처럼 여기고 그 위로 걸어간다.

자기사랑은 스스로를 높이 들어 올리며, **영혼의 뚜렷한 빛까지** 경멸하고 거부합니다. 자신이 빛을 거부한 것을 이전에 빛을 이용했던 것보다 더 높이 평가합니다. 우리는 심지어 철학자들이 그 빛을 조롱하는 것을 보기도했습니다.

자기사랑은 **금을 오물처럼** 여깁니다.그것이 어떻게 하나님의 은사들을 감사히 여기겠습니까? 그것은 부유함을 경멸하게 하며 하나님의 은사들을 짓밟습니다. 디오게네스(Diogenes: 412 ~ 323 B.C., 그리스의 철학자-역주)가 다른 철학자에게 참기 힘들어 보이는 허영심으로 그렇게 하지 않았습니까? 그래서 그 철학자는 디오게네스에게 '당신은 자만을 훨씬 큰 허영심으로 짓밟았다' 고 말해 줄 수밖에 없었습니다.

31. 그가 바다의 깊은 곳이 가마솥같이 끓게 할 것이며
32. 빛이 그의 발걸음을 비치리니 그가 심원한 통찰력을 지닌 자를 다만 백발의 늙은이로 여길 것이다.
33. 그와 비교할 자가 땅에 없을 것이며 그는 아무도 두려워하지 않도록 만들어졌구나.
34. 그가 오직 높은 것들만 바라보니, 모든 교만의 자식들을 다스리는 왕이다.

자기사랑은 **바다가** 두 가지 방법으로 끓어오르게 **합니다.** 하나는, 소멸하는 불입니다. 그것은 영혼 안에서 열정적인 사랑처럼 보이는 어떤 감각으로 타오르게 됩니다. 또 다른 하나는, 비밀스런 교란으로 바다 수면은 매우 잔잔해 보여도 깊은 곳(심연)에 영향을 끼칩니다.

자기사랑은 존재할 때처럼 누군가가 파멸할 때에도 생겨납니다. 그러나 자기사랑이 존재할 때는 마치 그가 존재하지 않는 듯이 그 잔잔함이 돋보인다는 차이점이 있습니다. **깊은 곳**은 여전히 고통과 혼란으로 **요동**하며, 결코 한결같이 착실하거나 평온하거나 영원하지 않기 때문입니다.

하지만 파멸될 때에는 수면이 파도에 **요동**하는 것처럼 보여도, 깊은 곳은 매우 평온하고 안정적입니다. 바다 표면이 잔잔할 때에는 심연이 불안하므로 대혼란이 가깝습니다. 그러나 해면이 불안할 때에는 심연은 오히려 더욱 잔잔합니다.

그 길이 그의 발걸음을 따라 빛을 냅니다. 자기사랑은 모든 곳에 자신의 거룩함의 흔적과 표시를 남깁니다. 하지만 하나님께 사로잡히는 헤아릴 수 없는 심연에 대해서는 가치를 두지 않고, **늙은이의 백발쯤으로 여깁니다. 백발의 늙은이는** 죽음 외에는 더 이상 아무것도 기대하지 않습니다. 그저 과거에서 자신은 완전히 자유롭다고 생각합니다.

이 땅에 자기사랑과 맞먹는 힘은 없습니다. 그는 모든 소욕을 다 이루고 하나님보다 많은 능력을 가진 것처럼 보여, 사람들로 하여금 하나님보다 자신에게 더욱 순종하게 만듭니다. **그는 두려움 없는 재료로 만들어졌으며** 모든 사람이 자신을 두려워하게 만듭니다.

그는 오직 높은 것들만 봅니다. 그의 야망이 그를 가장 높은 곳으로 데려가며, 마음과 겉모습이 대단한 모든 것에게 데려갑니다. 이것이 그의 최대 야망입니다. 자기사랑은 자기의 거처를 겸손 안에 세우기도 합니다. 그곳에 그의 힘이 거합니다. 마침내 **그는 교만의 왕이** 됩니다. 교만 자체보다도 더욱 오만해집니다. 교만이 도리어 자기사랑에 순종하게 됩니다.

42장

1. 그때 욥이 여호와께 대답하며 말했다.

2. "주께서는 모든 것을 하실 수 있다는 것을 내가 압니다.

5. 내가 전에는 주께 관하여 귀로 들었으나, 이제는 주를 나의 두 눈으로 뵙습니다.

6. 그 때문에 내가 스스로를 꾸짖고, 티끌과 재 가운데서 회개합니다.

욥이 하나님의 선하심으로 자기사랑에 대해 깨닫고 겸손해져서 하나님께 **대답했습니다. "오, 하나님, 나는 당신께서 모든 일을 하실 수 있다는 것을 압니다.** 자기사랑이 강해 보여도, 많은 능력을 가지고 있어도 당신께서는 한순간에 멸하실 수 있습니다. 나는 그것이 내가 행한 모든 것과 내가 가치를 두고 존경했던 것들에 혼합되어 있는 것을 압니다. 내가 생각한 것이 자기사랑을 멸한다고 믿을 때, 도리어 자기사랑을 살찌우게 한 것임을 압니다.

내가 그것이 가장 강하다고 생각했을 때, 당신께서는 그것을 약하게 하셨습니다. 그것에 관해 나를 교훈하시는 것이 당신의 즐거움이셨을 때, **내가 귀로 들었습니다.** 그때 나는 당신에게만 능력과 힘이 있음을 알았고, 당신이 아닌 다른 능력에 대한 질투심으로, 당신께서는 당신 앞에서 자신을 정당화하는 자들을 내던지신다는 것을 알았습니다. 그리고 **지금은 그것을** 다른 어떤 것보다도 무한히 가치 있는 경험의 빛으로 말미암아 명확하게 봅니다.

오, 사랑이시여, **나는 당신을** 힘과 능력을 가진 유일하신 분으로 **봅니다. 나는** 내 어리석음을 꾸짖습니다. 나의 어리석음으로 당신이 계시지 않은 곳에서 당신을 찾아야만 한다고 생각했고, 당신을 발견한 곳에서는 달아나고 말았습니다.

나의 자기사랑은 위장되어 있었습니다. 그것은 모든 것을 빼앗아 갔고 오염시켰습니다. 나는 눈이 멀어 자기사랑이 성취한 것을 오히려 선하게 여겼고, 당신께서 멸하려고 사용하시는 것들을 오히려 악이라고 여겼습니다.

그러나 이제 **나는** 이전의 전멸로 인해 티끌과 재로 분해되었으므로, **신실하게 회개합니다.**"

오, 존경하는 참회여, 더 이상 살거나 존재하기 위해서가 아니라, 무의 상태인 티끌 가운데 있기 위함이어라! 회개는 인간의 자아를 재로 덮은 전멸의 모습이며, 완벽한 회개였습니다. 그 후에 죄는 완전히 소멸되었고, 하나님께서는 이런 회개를 거절하실 수 없으십니다.

7. **주께서 욥에게 이와 같이 말씀하신 후에 엘리바스에게 이렇게 말씀하셨다. "나의 분노가 너를 향해 불 붙었고 너의 두 친구들에게 향했다. 왜냐하면 네가 내 종 욥처럼 내 앞에서 공정하게 말하지 않은 까닭이다.**
8. **그러므로 내 종 욥에게로 가라. 그가 너를 위해 기도할 것이다. 내가 그를 바라보며 그에게 친절히 귀 기울일 것이다. 그리하면 이 우매함을 네 탓으로 돌리지 않을 것이다. 이것은 네가 내 종 욥처럼 바른 마**

음으로 말하지 않았기 때문이다.”

만약 하나님께서 친히 **말씀하지** 않았다면, 우리는 믿지 못했을 것입니다. 엘리바스와 그의 친구들은 오직 하나님 편에서 말한 것처럼 보였을 것이고, 반대로 욥은 오직 하나님에 대해 불평하며 자신을 정당화하려고 말한 것처럼 보였을 것입니다. 그러나 하나님께서는 당신의 **분노가 엘리바스와 그의 친구들을 향해 불 붙었다**고 말씀하십니다. 하나님은 **욥이 그들을 위해 기도해 주기**를 바라십니다.

그렇지만, 오, 나의 하나님이시여, 이것은 무슨 의미인가요! 친히 말씀해 주십시오. **“그들이 옳지 않기 때문**이다.” 오, 하나님이시여! 그들의 말에 주의를 기울여 주십시오. 당신께서는 말하는 사람의 의미와 신실함과 **공정성**을 보시는 분입니다. 다름 아닌 하나님을 기쁘게 해 드리려는 의도를 가진 올바른 영으로 오히려 잘못된 것들이 말해지고 행해졌습니다. 뒤틀린 모양을 지닐 수 있는 가장 아름답고 애정 어린 말보다, 사람의 의미와 신실함과 공정성이 하나님께 더 잘 받아들여져야 합니다.

욥의 친구들은 겉보기에는 하나님의 대의를 변호한다면서 욥이 죄를 지었다고 선언한 바로 그 방식으로 자기들이 순전하다고 주장하려고만 했습니다. 만약 부유함이 순전함을 증명한다면, 빈곤이 유죄를 증명한다면, 불행한 욥을 정죄하는 것으로 그들은 자신이 부유하다고 생각하고 그렇게 고백합니다.

욥에게만 분노하시고, 오직 욥만 책망하시는 것처럼 보이던 하나님께서 꾸짖기를 그만두시자, 이제 그의 칭찬자가 되십니다. 그리고 욥을 위해 다른 이들을 용서해 주십니다. 모든 성도들의 거룩함을 다 합쳐도, 그들의 자아가 소멸되지 않았다면, 오히려 자기가 소멸된 한 영혼이 하나님과 함께

하는 것이 더 많은 능력이 있다는 것은 진리입니다.

10. **주께서 또한 욥이 그의 친구들을 위해 기도할 때에 그의 간구에 따라 움직이시며, 욥에게 그의 이전 소유의 갑절로 주셨다.**
12. **주께서 욥의 마지막 상태를 축복해 주셔서 그것이 그의 이전의 상태보다 한층 더 풍성해졌다.**
13. **그는 또한 일곱 아들과 세 딸을 두었다.**
16. **욥이 이 고난 후에 백사십 년을 살았고, 그의 아들들과 그들의 자녀들을 사 대까지 보았다.**

하나님께서는 욥이 친구들을 위해 드린 **기도**에 감동받으셨습니다. 친구들의 잘못 때문에 합당하게 거절하셨을 축복들을, 욥을 위해 친구들에게 부여해 주셨습니다.

하나님의 선하심은 거기에서 그치지 않습니다. **그분은 욥에게 빼앗겼던 모든 것을 돌려주셨습니다**. 이전의 **두 배로** 주셨습니다. 하나님께서 빼앗으시는 것은 그를 궁핍하게 하기 위해서가 아니라, 거기에 섞여 있는 본질적 특성을 영혼에게서 제거하시기 위해서입니다.

하지만 그 후에 하나님께서는 그 영혼에게 가져가셨던 은사와 축복과 덕망들을 갑절로 되돌려주십니다. 하나님께서는 영혼에게 그분 자신을 주심으로 어떤 은사를 주시는 것이 아니라 모든 선물을 주십니다. 그러므로 하나님을 소유하는 자는 하나님과 함께 모든 보물을 소유하게 됩니다.

나는 상당한 깨달음을 얻은 어떤 영혼들이 빼앗겼던 것들이 회복되지 않았다고 선언하는 것이 무슨 뜻인지 모르겠습니다. 분명히 그것들을 돌려 받았고, 그 영혼은 그 모든 것에 능력이 있습니다.

그러나 영혼 안에 내키지 않는 마음이나 우유부단함이 있는 한, 그 회복은 완성되지 않습니다. 더구나 사람이 소생한 후 사망에서 일어나 행동하고 걸을 수 있는 힘을 회복하기까지는 오랜 시간이 걸립니다.

차이점은 이것입니다. 소생된 영혼, 곧 모든 것이 회복된 자는 더 이상 전처럼 필요에 따라 살지 않습니다. 왜냐하면 사망에서 일으켜진 사람은 그의 삶을 유지하기 위한 동일한 방편들이 더 이상 필요하지 않기 때문입니다. 그는 동일한 방편들을 망설임 없이 사용할 수 있으며, 모든 기능이 그에게 (사용되기 위하여) 주어집니다. 그것은 필요에 따라서가 아니라, 모든 것을 할 수 있는 능력에 의해서입니다. 예수 그리스도께서 부활하신 후 필요에 의해 음식을 드신 것이 아니라, 자신의 진정한 부활을 확정하시기 위해 드신 것처럼. 그분에게 모든 것을 하실 수 있는 온전한 자유를 부여합니다.

욥에게는 일곱 아들과 세 딸이 있었습니다. 이것은 빼앗긴 것처럼 보이던 모든 덕망을 다시 사용하게 된 것입니다. 세 명의 딸은 위대한 순결로 회복된, 상상할 수 없는 영혼의 세 가지 능력입니다. 하지만 이 배상은 어느 특별한 용도, 그 영혼이 하나님을 향해 사용할 수 있는 것이 아닙니다. 하나님 안에서 모든 것은 흡수되고, 상실되며, 매우 완전한 일치로 연합됩니다. 세 가지 능력의 목적은 외면적인 것들을 위해 매우 아름다운 방식으로 사람들을 놀라게 할 것입니다. 세상의 그 무엇도 경이로운 질서로 행하는 능력의 아름다움에 견줄 수 없습니다.

예를 들면, **깨달음**은 모든 외면적인 문제에 대단히 큰 능력과 탁월한 명료함으로 적용될 수 있습니다. 그러면 그 마음이 더 이상 괴롭거나 수치스럽지 않게 됩니다.

기억은 기억할 필요가 있는 것들을 위해 필요할 때 회복됩니다. 쓸모없고 불필요한 회상들로 인해 더는 부담되지 않으며, 오직 적절한 시기에 문제를 제시하고, 그 일의 전후에 점령당하지 않습니다.

의지는 하나님의 뜻(의지)을 따르는 것을 갈망하기에 견고하며 두려움 없이 행하고, 필요하면 다른 모든 의지를 거절합니다. 영혼은 하나님의 뜻을 더욱 확고하게 성취해 나가며, 자신의 두드러진 의지가 없습니다. 오직 그는 하나님께서 갖기 원하시는 의지만을 소유합니다. 능력의 이러한 질서보다 아름다운 것은 없으며, 이것은 다른 어떤 단계에서도 보이지 않을 것입니다.

이 모든 단계의 시련을 통과한 후에, **욥은** 훨씬 더 오래 완전히 거룩한 삶으로 살았습니다. 하나님께서는 그의 사망이 쓰라리고 혹독했던 만큼, 그의 부패가 끔찍했던 만큼, 더 길고 풍성한 삶을 주셨습니다. 하나님께서는 그에게 **위대한 후손**을 주셨습니다. 또한 영혼들을 강제적으로, 신속히 압제하셨다가 다시 그들을 다른 사람들을 도와주고 섬기는 일에 사용하시기 위해 앞으로 몰고 가며 재촉하십니다. 이것은 그에게 더 많은 **자녀**를 주시기 위해서입니다.

이 거룩한 경주는 영혼들을 신속하게 배가시킵니다. 하나님께서는 이들을 통해 영혼들을 얻으십니다. 그들이 얻은 영혼들도 하나님을 위해 다른 수많은 이들을 얻습니다. 그리고 계속하여 놀랍게 증가됩니다. 단 한 영혼이 수많은 사람들을 온전케 하는 일에 기여할 수 있습니다.

순전한 나드 도서안내 02-574-6702

No.	도서명	저자	정가
1	존 비비어의 승리〈개정판〉	존 비비어	12,000
2	교회를 뒤흔드는 악령을 대적하라	프랜시스 프랜지팬	5,000
3	교회를 어지럽히는 험담의 악령을 추방하라	프랜시스 프랜지팬	5,000
4	그리스도인의 삶의 비결〈개정판〉	진 에드워드	9,000
5	존 비비어의 친밀감〈개정판〉	존 비비어	14,000
6	내 백성을 자유케 하라	허 철	10,000
7	내게 신선한 기름을 부으셨나이다	허 철	9,000
8	내어드림	페늘롱	7,000
9	더 넓게 더 깊게	메릴린 앤드레스	13,000
10	마켓플레이스 크리스천〈개정판〉	로버트 프레이저	9,000
11	존 비비어의 축복의 통로〈개정판〉	존 비비어	8,000
12	부서트리고 무너트리는 기름 부으심	바바라 J. 요더	8,000
13	사도적 사역	릭 조이너	12,000
14	사사기	잔느 귀용	7,000
15	상한 마음을 치유하는 기도	마크 & 패티 버클러	15,000
16	상한 영의 치유1	존 & 폴라 샌드포드	17,000
17	상한 영의 치유2	존 & 폴라 샌드포드	13,000
18	성령님을 아는 놀라운 지식	허 철	10,000
19	속사람의 변화 1	존 & 폴라 샌드포드	11,000
20	속사람의 변화 2	존 & 폴라 샌드포드	13,000
21	신부의 중보기도	게리 윈스	11,000
22	아가서	잔느 귀용	11,000
23	악의 속박으로부터의 자유	릭 조이너	9,000
24	어머니의 소명	리사 하텔	12,000
25	여정의 시작	릭 조이너	13,000
26	영광스러운 교회에 보내는 메시지 1	릭 조이너	10,000
27	영분별	프랜시스 프랜지팬	3,500
28	영적 전투의 세 영역〈개정판〉	프랜시스 프랜지팬	11,000
29	예레미야	잔느 귀용	6,000
30	예수 그리스도와의 친밀함	잔느 귀용	7,000
31	예수님을 닮은 삶의 능력〈개정판〉	프랜시스 프랜지팬	12,000
32	예수님을 향한 열정〈개정판〉	마이크 비클	12,000
33	잔느 귀용의 요한계시록〈개정판〉	잔느 귀용	13,000
34	인간의 7가지 갈망하는 마음	마이크 비클 & 데보라 히버트	11,000
35	저주에서 축복으로	데릭 프린스	6,000
36	주님, 내 마음을 열어주소서	캐티 오츠 & 로버트 폴 램	9,000
37	지구상에서 가장 강력한 기도	피터 호로빈	7,500
38	축사사역과 내적치유의 이해 가이드	존 & 마크 샌드포드	20,000
39	출애굽기	잔느 귀용	10,000
40	하나님과 동행하는 사람들〈개정판〉	샨 볼츠	9,000
41	하나님과 사람에게 더욱 사랑스러운 자	듀안 벤더 클럭	10,000
42	하나님과의 연합	잔느 귀용	7,000
43	하나님을 연인으로 사랑하는 즐거움	마이크 비클	13,000
44	하나님 마음에 합한 사람	마이크 비클	13,000
45	하나님의 아름다움을 바라보는 축복	허 철	10,000
46	하나님의 요새〈개정판〉	프랜시스 프랜지팬	9,000
47	하나님의 장군의 일기〈개정판〉	잔 G. 레이크	6,000
48	항상 배가하는 믿음〈개정판〉	스미스 위글스워스	13,000
49	항상 부족함이 없으리로다	롤랜드 & 하이디 베이커	8,000
50	혼동으로부터의 자유	릭 조이너	5,000
51	혼의 묶임을 파쇄하라	빌 & 수 뱅크스	10,000
52	존 비비어의 회개〈개정판〉	존 비비어	11,000
53	횃불과 검	릭 조이너	8,000
54	금식이 주는 축복	마이크 비클 & 다나 캔들러	12,000
55	부활	벤 R. 피터스	8,000
56	거절의 상처를 치유하시는 하나님	데릭 프린스	6,000
57	존 비비어의 분별력〈개정판〉	존 비비어	13,000

No.	도서명	저자	정가
58	통제 불능의 상황에서도 난 즐겁기만 하다	리사 비비어	12,000
59	어린이와 십대를 위한 축사사역	빌 뱅크스	11,000
60	빛은 어둠 속에 있다	패트리샤 킹	10,000
61	목적으로 나아가는 길	드보라 조이너 존슨	8,000
62	컴 투 파파	게리 윈스	13,000
63	러쉬 아워	슈프레자 싯홀	9,000
64	지도자의 넘어짐과 회복	웨이드 굿데일	12,000
65	하나님의 일곱 영	키이스 밀러	13,000
66	너희 지체를 의의 병기로 하나님께 드리라	허 철	8,000
67	추수의 비전	릭 조이너	8,000
68	하나님의 집	프랜시스 프랜지팬	11,000
69	도시를 변화시키는 전략적 중보기도	밥 하트리	8,000
70	왕의 자녀의 초자연적인 삶	빌 존슨 & 크리스 밸러턴	13,000
71	언약기도의 능력	프랜시스 프랜지팬	8,000
72	믿음으로 산 증인들	허 철	12,000
73	욥기	잔느 귀용	13,000
74	나라를 변화시킨 비전: 윌리엄 테넌트의 영적인 유산	존 한센	8,000
75	세상을 다스리는 권세의 회복	레베카 그린우드	10,000
76	창세기 주석	잔느 귀용	12,000
77	하나님의 강	더치 쉬츠	13,000
78	당신의 운명을 장악하라	알렌 키란	13,000
79	자살	로렌 타운젠드	10,000
80	레위기 · 민수기 · 신명기 주석	잔느 귀용	12,000
81	그리스도인의 영적혁명	패트리샤 킹	11,000
82	초자연적 중보기도	레이첼 힉슨	13,000
83	나는 하나님의 음성을 듣는다	킴 클레멘트	11,000
84	하나님의 초자연적인 능력	바비 코너	11,000
85	거룩과 진리와 하나님의 임재	프랜시스 프랜지팬	9,000
86	사랑하는 하나님	마이크 비클	15,000
87	일곱 교회 이기는 자에게 주시는 축복	허 철	9,000
88	일터에 영광이 회복되다	리차드 플레밍	12,000
89	초자연적 경험의 신비	짐 골 & 줄리아 로렌	13,000
90	웃겨야 살아난다	피터 와그너	8,000
91	폭풍의 전사	마헤쉬 & 보니 차브다	13,000
92	천국 보좌로부터 온 전략	샌디 프리드	11,000
93	영향력	윌리엄 L. 포드 3세	11,000
94	속죄	데릭 프린스	13,000
95	신의 성품에 참예하는 자	허 철	8,000
96	예언, 꿈, 그리고 전도	덕 애디슨	13,000
97	아가페, 사랑의 길	밥 멈포드	13,000
98	불타오르는 사랑	스티브 해리슨	12,000
99	그 이상을 갈망하라!	랜디 클락	13,000
100	능력, 성결, 그리고 전도	랜디 클락	13,000
101	종교의 영	토미 펨라이트	11,000
102	예기치 못한 사랑	스티브 J. 힐	10,000
103	모르드개의 통곡	로버트 스턴스	13,500
104	1세기 교회사	릭 조이너	12,000
105	예수님의 얼굴〈개정판〉	데이비드 E. 테일러	13,000
106	토기장이 하나님	마크 핸비	8,000
107	존중의 문화〈개정판〉	대니 실크	13,000
108	제발 좀 성장하라!	데이비드 레이븐힐	11,000
109	정치의 영	파이살 말릭	12,000
110	이기는 자의 기름 부으심	바바라 J. 요더	12,000
111	치유 사역 훈련 지침서	랜디 클락	12,000
112	헤븐	데이비드 E. 테일러	13,000
113	더 크라이	키스 허드슨	11,000
114	천국 여행	리타 베넷	14,000

No.	도서명	저자	정가
115	파수 기도의 숨은 능력	마헤쉬 & 보니 차브다	13,000
116	지저스 컬처	배닝 립스처	12,000
117	넘치는 기름 부음	허 철	10,000
118	거룩한 대면	그래함 쿡	23,000
119	선지자 학교	조나단 웰튼	12,000
120	믿음을 넘어선 기적	데이브 헤스	10,000
121	꿈 상징 사전	조 이보지	8,000
122	삶을 변화시키는 성령의 권능	스티븐 브룩스	11,000
123	영적 전쟁의 일곱 영	제임스 A. 더함	13,000
124	영적 전쟁의 승리	제임스 A. 더함	13,000
125	기적의 방을 만들라	마헤쉬 & 보니 차브다	12,000
126	개인적 예언자	미키 로빈슨	13,000
127	어둠의 영을 축사하라	짐 골	13,000
128	보좌를 향하여	폴 빌하이머	10,000
129	적그리스도의 영을 정복하라	샌디 프리드	13,000
130	성령님 알기	마헤쉬 & 보니 차브다	12,000
131	십자가의 권능	마헤쉬 & 보니 차브다	13,000
132	성령이 이끄시는 성공	대니 존슨	13,000
133	축복의 능력	케리 커크우드	13,000
134	하나님의 호흡	래리 랜돌프	11,000
135	아름다운 상처	룩 홀터	11,000
136	하나님의 길	덕 애디슨	13,000
137	천국 체험	주디 프랭클린 & 베니 존슨	12,000
138	당신의 사명을 깨우라	M. K. 코미	11,000
139	기독교의 유혹	질 섀넌	25,000
140	우리가 몰랐던 천국의 자녀양육법	대니 실크	12,000
141	임재의 능력	매트 소거	12,000
142	예수의 책	마이클 코울리아노스	13,000
143	신앙의 기초 세우기	래리 크레이더	13,000
144	내 인생을 바꿔 줄 최고의 여행	제이 스튜어트	12,000
145	시간 & 영원	조슈아 밀즈	10,000
146	거룩한 흐름, 분위기	조슈아 밀즈	10,000
147	하이디 베이커의 사랑	하이디 & 롤랜드 베이커	13,000
148	하나님의 임재	빌 존슨	13,000
149	영광의 사역	제프 젠슨	12,000
150	초자연적 기름부음	줄리아 로렌	12,000
151	하나님의 갈망	제임스 A. 더함	14,000
152	형통의 문을 여는 31가지 선포기도	케빈 & 캐티 바스코니	5,000
153	임박한 하나님의 때	R. 로렌 샌드포드	13,000
154	하나님을 향한 울부짖음	바바라 J. 요더	12,000
155	춤추는 하나님의 손	제임스 말로니	37,000
156	참소자를 잠잠케 하라	샌디 프리드	13,000
157	영광이란 무엇인가?	폴 맨워링	14,000
158	내일의 기름부음	R. T. 켄달	13,000
159	영적 전투를 위한 전신갑주	크리스 밸러턴	12,000
160	성령을 소멸치 않는 삶	R. T. 켄달	13,000
161	초자연적인 삶	아담 F. 톰슨	10,000
162	한계를 돌파하라	샌디 프리드	13,000
163	블러드문	마크 빌츠	11,000
164	마지막 부흥을 위하여	시드 로스	10,000
165	구약에서 일어난 모든 일들	윌리엄 H. 마티	13,000
166	신약에서 일어난 모든 일들	윌리엄 H. 마티	11,000
167	드보라 군대	제인 해몬	14,000
168	거룩한 불	R. T. 켄달	13,000
169	기적 안에 걷는 삶	캐더린 로날라	12,000
170	당신의 자녀를 향한 하나님의 65가지 약속	마이크 슈리브	8,000
171	무슬림 소녀, 예수님을 만나다	사마 하비브 & 보디 타이니	13,000

No.	도서명	저자	정가
172	스미스 위글스워스의 병 고침〈개정판〉	스미스 위글스워스	12,000
173	뇌의 스위치를 켜라	캐롤라인 리프	13,000
174	약속된 시간	제임스 A. 더함	13,000
175	실패를 딛고 일어서는 믿음	샌디 프리드	12,000
176	스미스 위글스워스의 성령의 은사〈개정판〉	스미스 위글스워스	13,000
177	끝날 때까지 끝난 것이 아니다	R. T. 켄달	15,000
178	완전한 기억	마이클 A. 댄포스	10,000
179	금촛대 중보자들 1	제임스 말로니	15,000
180	마지막 때와 이슬람	조엘 리차드슨	15,000
181	질투	R. T. 켄달	14,000
182	사탄의 전략	페리 스톤	14,000
183	죽음에서 생명으로	라인하르트 본케	12,000
184	금촛대 중보자들 2	제임스 말로니	13,000
185	금촛대 중보자들 3	제임스 말로니	13,000
186	올바른 생각의 힘	케리 커크우드	12,000
187	부흥의 거장들	빌 존슨 & 제니퍼 미스코브	25,000
188	악의 삼겹줄을 파쇄하라〈개정판〉	샌디 프리드	12,000
189	지옥의 실체와 하나님의 열쇠	메리 캐서린 백스터	12,000
190	문지기들이여 일어나라	제임스 A. 더함	15,000
191	안식년의 ㅂ 밀	조나단 칸	15,000
192	교회를 깨우는 한밤의 외침	R. T. 켄달	15,000
193	하나님의 시간표	마크 빌츠	12,000
194	사랑의 통역사	샨 볼츠	12,000
195	예루살렘의 평화를 위해 기도하라	탐 헤스	13,000
196	마이크 비클의 기도	마이크 비클	25,000
197	유대적 관점으로 본 룻기	다이앤 A. 맥닐	13,000
198	폭풍을 향해 노래하라	디모데 D. 존슨	13,000
199	세미한 하나님의 음성을 듣는 방법 스티브 샘슨	12,000	
200	영광의 세대	브루스 D. 알렌	15,000
201	영적 분위기를 바꾸라	다우나 드 실바	12,000
202	하나님을 홀로 두지 말라	행크 쿠네만	14,000
203	하나님이 디자인하신 완전한 나	캐롤라인 리프	20,000
204	대적의 문을 취하라〈개정증보판〉	신디 제이콥스	15,000
205	R. T. 켄달의 임재	R. T. 켄달	13,000

순전한 나드 PURE NARD